U0588053

朔州市档案馆 编研成果

绿色丰碑 铸就

——右玉精神70年

赵永泽 贾尚福 主编

北纬N 39° 59′ 15.23″
东经E 112° 27′ 31.37″

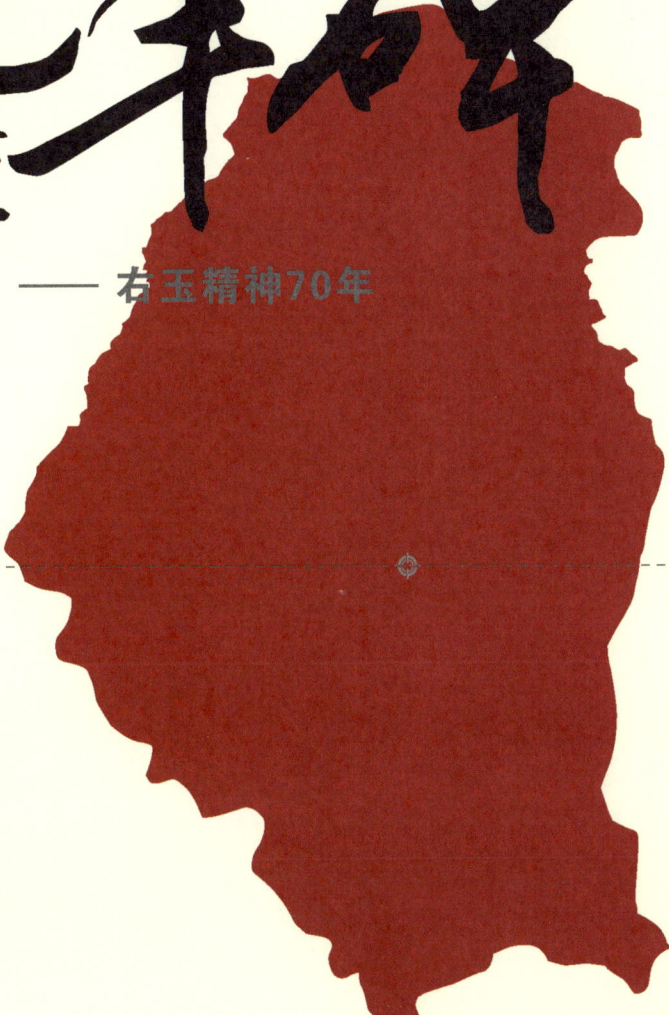

山西出版传媒集团 山西人民出版社

《绿色铸就丰碑——右玉精神 70 年》
编 委 会

编　审：王琳玉

主　编：赵永泽　贾尚福

编　校：刘向东　赵晓皎　郭明兰　石　瑞　尚　丽　蔚　玲
　　　　梁　彪　郭丽娜　张文娟　万宇强　任世珍　李志琴

　　2021 年 6 月 18 日，在庆祝中国共产党成立 100 周年之际，习近平总书记在中国共产党历史展览馆参观"'不忘初心、牢记使命'中国共产党历史展览"。7 月 6 日，习近平总书记对档案工作作出重要批示："档案工作存史资政育人，是一项利国利民、惠及千秋万代的崇高事业。希望你们以此为新起点，加强党对档案工作的领导，贯彻实施好新修订的档案法，推动档案事业创新发展，特别是要把蕴含党的初心使命的红色档案保管好、利用好，把新时代党领导人民推进实现中华民族伟大复兴的奋斗历史记录好、留存好，更好地服务党和国家工作大局、服务人民群众！"这为我们在新时代做精做优档案工作指明了方向。

　　在我们党领导人民百年奋斗的辉煌历程中，历经半个多世纪形成的右玉精神，无疑是践行"不忘初心、牢记使命"的一面旗帜、一座丰碑。

　　右玉县位于晋西北边陲，地处毛乌素沙漠边缘，是山西、内蒙古交界的天然风口地带，中华人民共和国成立前风沙成患、山川贫瘠，土地沙化面积达 76%，森林覆盖率不足 0.3%。因生态环境恶劣，曾被一位外国专家列入"最不适宜人类生存的地区"。

　　中华人民共和国成立 70 多年来，面对恶劣的自然环境，右玉县历届县委、县政府团结带领全县人民凭借"一张铁锹两只手"，一任接一任，群众一代又一代，坚持不懈地植树造林，坚韧不拔地改善生态环境，顽强执着地为右玉大地披绿增翠，把"不毛之地"变成"塞上绿洲"，创造了举世瞩目的人类改造生态环境的奇迹。如今的右玉，满目翠绿、郁郁葱葱，全县近70%的沙化土地得到有效治理，林木绿化率已达57%，年均降水高出周边30多毫米，有力地促进了全县经济社会发展。因此，右玉县被评为"联合国最佳宜居生态县"，被确定为国家生态文明建设示范县和"两山"理论实践创新基地。右玉人在艰苦的探索实践中铸就了以"执政为民、尊重科学、百折不挠、艰苦奋斗"为核心的右玉精神。

右玉精神就是一种坚持不懈的"种树精神"，生成于植树造林、改善生态的实践历程中。右玉精神饱含着执政为民、造福于民的宗旨追求，坚韧不拔、负重拼搏的优秀品格，着眼长远、脚踏实地的鲜明特性和与时俱进、开拓创新的时代精神。右玉的成功实践生动地诠释了习近平总书记倡导的"功成不必在我"的政绩观和"绿水青山就是金山银山"的发展观。右玉精神不仅是生态文明建设的一面精神旗帜，更是党的性质宗旨、光荣传统和优良作风的集中体现，是太行精神（吕梁精神）在新时期的发扬和深化，是新时代加强党的建设的生动教材，也是开展党史学习教育的生动教材。为此，我们编辑出版了《绿色铸就丰碑——右玉精神70年》一书，希望全市各级干部从中获益，继续学习好、传承好、发扬好右玉精神，为建设现代化的塞上绿都再创佳绩、再立新功！

朔州市委书记　姜四清

朔州市市长　吴秀玲

二〇二一年十月

目录

- 概述 001
- 右玉精神大事记 007
- 亲历者述 077
- 绿化功臣 169
- 媒体关注 223
- 文献选辑 253
- 附录：
  - 右玉绿化赋 332
  - 右玉精神赋 334

- 参考书目 336
- 后记 337

概　述

概　述

　　右玉县位于晋西北边陲，北邻内蒙古自治区的凉城县、和林格尔县，与外长城一墙之隔，总面积 1964 平方千米。地处毛乌素沙漠天然风口地带，是风沙成患、山川贫瘠的不毛之地。1948 年 5 月全县解放时，森林覆盖率不足 0.3%。环境的恶劣主要是风沙所致，当时有民谣曰："一年一场风，从春刮到冬。黑夜土堵门，白天点油灯。立夏不起尘，起尘活埋人。"右玉的风分为两种，一种是"黄风"，常刮起于沙漠化地带，往往自西北向东南席卷而来，能快速在平地上积起一座沙丘，甚至将行人掩埋。由于它连绵不断，无头无尾，当地人又管它叫"拉骆驼风"。另一种是"黑风"，平地起风，突然间狂风大作，狂烈的旋风能把碗口粗的大树刮断。风起时遮天蔽日，天昏地暗。右玉风沙厉害，主要是由于森林覆盖率太低。没有森林植被的掩护，才造成风沙大作，气候失调，灾害增加，空气变干，旱灾频繁，冰雹、霜害严重，地力贫瘠，草坡退化，牧业衰落，各种生物很难生存。

　　1949 年 6 月，35 岁的张荣怀刚刚洗去战火风尘，就奉命担任新中国第一任右玉县委书记。上任的头一天，他就遭遇了黄沙狂风的洗礼。通讯员问："张书记，右玉和大同咋就像是两个天地呢？"张荣怀说："右玉距毛乌素沙漠不到100公里，是晋蒙交界的一道风口，所以风大沙多。"话音刚落，只见前面狂风呼啸，黄沙漫漫，霎时间天昏地暗，他二人不仅睁不开眼睛，甚至连站也站不稳。狂风携带着黄沙铺天盖地，来势汹汹。两人扑倒在地上，紧抱着脑袋，抵挡着风沙的袭击。半小时后，狂风过去，他们的半个身子已被沙子埋住。

上任第二天，张荣怀就挎着背包，带着炒莜面，手里拿着军事地图，与县长江永济带着通讯员分头开始对右玉全境进行徒步考察。有时候走一天都找不到一滴水喝，炒莜面干得难以下咽，嘴唇都裂开了血口子。遇到天气不好，起了风尘，张荣怀和通讯员两人常常在风暴中趴倒再站起，站起再趴倒。

在两个月的时间里，张荣怀走遍右玉300多个大小村庄、上千道沟梁河汊，在本子上画下、记下每一道沟、每一处沙丘和沙梁。白天，他行走在山梁沟岔、田间地头；夜里，他走进农户家里，睡在土炕上，和老乡聊天，向群众请教，苦苦寻求着"治沙良方"。在考察中，受高家堡乡曹村东沟村民曹国权在高处风口种树挡住风沙，在沟里种庄稼的启发，张荣怀才明白不种树难种庄稼的道理。

10月24日，结束了近4个月全县徒步考察的张荣怀，主持召开了中共右玉县委工作会议。会上，张荣怀首次提出一个响亮而质朴的口号：人要在右玉生存，树要在右玉扎根。右玉要想富，就得风沙住；要想风沙住，就得多栽树。想要家家富，每人十棵树。1950年的春天，右玉召开全县"三干"会议。会议主题为：向风沙宣战。号召全县人民从当年开始，家家植树，人人植树，党员干部率先垂范。当天，张荣怀和江永济带领全县干部，扛起铁锹，前往右玉老城的西门外，挥锹挖下第一个树坑。这个树坑，为右玉人70多年坚持不懈植树造林拉开了序幕，也为60年后"右玉精神"的诞生奠定了牢固的基石。

中华人民共和国成立后70年来，右玉历任县委、县政府一班人，始终把绿化右玉、造福人民作为为官施政的第一要务，换届不换方向，换人不换精神，一任接着一任干，一张蓝图绘到底，接力绿化七十余载。右玉的绿色接力，第一棒就是张荣怀的"治沙良方"。

搭坐拉煤汽车赶到右玉上任的第4任县委书记马禄元，提出"哪里能活哪里栽，先让局部绿起来"。1956年开始，连续两年，组织6个乡的1000多名群众大战黄沙洼，累计200多天，他都吃住在现场。

第5任县委书记庞汉杰接着干，经过8年奋战，长20公里的黄沙洼终于绿锁沙龙。庞汉杰在右玉植树颇具传奇色彩。"铁锹就是武器，沙滩就是战场。"为了克服劳累、鼓舞士气，他要求植树工地必须"红旗漫卷，喊声震天"。树长大了，庞汉杰却被拖垮了。组织上为了照顾他养病，让他回老家沁源工作。调走4个月后，他又回来了。原来，他实在割舍不下右玉的一草一木，三番五次找组织要求回右玉植树。他在右玉7年，右玉的有林面积扩大了1倍。1986年，庞汉杰终因积劳成疾去世，还不到60岁。

第11任县委书记常禄，1975年到1983年在右玉任职。每逢植树季节，他都带着妻子、孩子和干部群众一起上工地。常禄有句名言："飞鸽牌干部要做永久牌的事。"常禄在右玉8年，要求一个山头一个山头绿化，一道沟湾一道沟湾治理。短线连长线，小片连大片。男女老少齐上阵，人力机械全出动，各行各业都有份，每季大搞半个月，自带干粮抗风沙。他还第一次办起了右玉林业专业学校，先后培育林业专业人才1000多名。1994年，不及60岁的常禄患肝癌病倒。临终前，他嘱咐前去看望他的右玉县领导："一定要看护好我们舍命种起来的树，那是右玉人民的命根子。"

第18任县委书记陈小洪说，右玉的青山绿水来之不易，接好接力棒，保护和建设好右玉的生态环境，是每个右玉干部必备的基本功。现在我们正在搞生态建设的二次创业，扩量增效，发展生态农牧业、生态旅游业，一定要把右玉建设成富而美的"塞上江南"。

第20任县委书记吴秀玲上任以后，提出要使右玉全域绿化，并且从种树向种草转变，从生态林向经济林转变，在右玉同时打赢生态治理和脱贫攻坚"两场战役"。2018年的人均GDP达到62424元，高出全省平均水平17096元；农民人均纯收入达到7870元，高出贫困标准线一倍多。到2020年，全县农民人均收入达到10025元，比上年增长10.1%，右玉正在健步走向富裕。

经过70多年的绿色接力，右玉人创造了生态文明建设的奇迹，使昔日风沙成患的不毛之地，终于变成了"塞上绿洲"，同时孕育形成了感天动地的"右玉精神"，并得到省内外、海内外的高度关注和普遍赞誉。近年来，右玉县获得"联合国最佳宜居生态县""国家生态文明建设示范县""国家可持续发展示范区""最值得向世界推荐的旅游县""绿水青山就是金山银山实践创新基地"等多项殊荣。

概括地说，右玉精神是红色基因孕育出来的，是严酷环境逼迫出来的，是党员干部带领人民群众苦干出来的，也是各级领导激励出来的。所以，习近平总书记在山西考察工作时强调："右玉精神是宝贵财富，一定要大力学习和弘扬。"宝贵财富之一：坚持党的根本宗旨，以人民为中心。中华人民共和国成立后，右玉县历任党政领导始终把全心全意为人民服务作为根本宗旨，始终坚持人民利益高于一切，一切以人民为中心，团结带领全县党员干部群众真干大干实干苦干，自加压力干，坚持不懈干，干成了许多人认为不可能办到的事，最终创造了绿色奇迹。宝贵财富之二：密切联系群众，干群拧成一股绳。右玉植树造林、防沙致富的思路来源于人民群众，接力绿化的实践也是在党的领导下，广大人民群众的积极参加下进行的。正是始终坚持"从群众中来，到群众中去"的群众路线，坚持发动群众，紧紧依靠群众，才形成强大合力，攻坚克难，无往而不胜。宝贵财富之三：求真务实，科学决策。20世纪50年代是哪里能栽哪里栽，先让局部绿起来；60年代是哪里有风哪里栽，先把风沙锁起来；70年代是哪里有空哪里栽，再把窟窿补起来；80年代是适地适树合理栽，又把"三松"引进来；90年代是退耕还林连片栽，绿色屏障建起来；进入

21世纪，是乔灌混交立体栽，山川遍地绿起来；"十三五"期间，是绿水青山秀塞外，金山银山富起来。右玉也有丰富的煤炭等矿产资源，但是右玉人没有选择开发煤炭快速致富的路子，不仅植绿不止，同时坚持经济社会发展与自然环境相协调，走出一条不以牺牲环境为代价的环境污染少、科技含量高、经济效益好、区域资源得到充分发挥的绿色发展之路。宝贵财富之四：坚持问题导向，创造性地开展工作。右玉精神从客观上讲是大自然逼出来的，但从主观上讲更是右玉历任领导班子坚持问题导向，带领人民群众干出来的。面对生存和发展难题，右玉县委、县政府领导没有被困难吓倒，而是迎难而上，以"功成不必在我"的境界，坚持不懈防风固沙、植树造林，右玉人民在创造了从"不毛之地"变"塞上绿洲"这一奇迹的同时，走出了不照搬照抄，而是从实际出发确立区域发展战略的科学的右玉道路。

总之，右玉精神深刻体现了我党坚持"全心全意为人民谋利益"的宗旨意识，生动体现了我党坚持"绿水青山就是金山银山"的发展理念，突出体现了我党坚持"一张蓝图绘到底、一任接着一任干"的科学精神和"干部群众一块过一块苦一块干"的工作作风。在新时代学习弘扬右玉精神，就是要站在人民立场，自觉践行党的群众路线，顺应人民群众对美好生活的向往，始终不渝带领人民创造幸福生活；就是要始终坚持绿色发展理念，把生态文明建设融入经济社会发展的各方面和全过程，让广大人民群众共享生态文明建设成果；就是要党员领导干部自觉坚定发展方向，把抓当前工作与着眼长远发展结合起来统筹谋划；就是要让艰苦奋斗的精神永不褪色，并真正成为恒久不变的光荣传统和党政风气。这样，只有这样，才能不断创造出无愧于历史、无愧于时代、无愧于人民的辉煌业绩。

右玉精神大事记

1949 年

张荣怀

6 月 张荣怀任中共右玉县委书记。上任第二天，即与县长江永济分头开始对右玉全境进行徒步考察，前后历时四个月。

10 月 24 日 县委书记张荣怀主持召开县委工作会议，提出：右玉要想富，就得风沙住；要想风沙住，就得多栽树；要想家家富，每人十棵树。

是年 全县有残林 8000 亩，森林覆盖率 0.3%，有 71% 的土地遭受严重风蚀。

昔日被黄沙掩埋的右玉老城

1950 年

春 右玉县"三干"会议召开，会议的主题为：向风沙宣战。会议结束的当天，县委书记张荣怀和县长江永济带领全县干部在右玉老城的西门外，挥锹挖下第一个树坑。这个树坑，为右玉人 70 多年坚持不懈的植树造林拉开了序幕。

"三干"会议

植树工地

7 月 20 日 右玉县委对 1950 年春播和植树造林工作进行总结。春季全县营造大片林 1124.5 亩，办苗圃 10 个，育苗 366 亩，栽植零星树 99.6 万株。

1951 年

3 月 24 日 右玉县《1951 年全年及春季农林生产的决议》正式通过。

1952 年

1 月 右玉县第一个林业工作站——造林站成立。

3 月 15 日 右玉县召开各界人民代表大会，恰遇大风撼树、

王矩坤（右玉县第二任县委书记）

狂沙蔽日。在县委书记王矩坤的带领下，右玉各界人民代表在大风中发出庄严誓言：誓与风沙斗争到底！

春 右玉县委组织万人大会战，开始大规模的植树运动。

1953 年

春 全县遭遇罕见春荒，国家给右玉下拨 40 万公斤玉米作为救灾粮。县委、县政府决定把救灾粮的分配和植树造林结合起来，以工代赈。

是年 全县营造大片林 8176 亩，零星植树 50.4 万株，封山育林 640 亩，育苗 38 亩。

造林工地

1954 年

10 月 20 日 右玉县政府对全年造林工作进行总结。是年春、夏、秋三季共造大片林 7427.5 亩，超计划的 14%。零星植树 54 万株，封山育林 812.5 亩，育苗 133.3 亩。全县还组织护林小组 18 个 99 人，加强护林工作。

1955 年

9 月 1 日 共青团右玉县委创办《好榜样》专刊，其中介绍了盘石岭村农业社社长王克敏绿化山区的先进事迹。

是年 全县 364 个农业合作社共挖植树鱼鳞坑 4728 个、卧牛坑 118 个，修土谷坊 246 道、截水沟 154 条。

1956 年

4 月 1 日 右玉县直机关青年在右玉城北门外造林 50 亩，命名为"共青团林"。随之，各级团组织发动全县 1.2 万名青少年组成 180 个突击队，参加了元子河、苍头河和 40 座荒山的造林绿化工程。

大战黄沙洼

4 月 20 日 右玉县委、县政府在黄沙洼造林现场召开"绿化右玉大地，大战黄沙洼"誓师大会，拉开了"三战黄沙洼"的序幕。经过 8 年努力，终于使这一道 10 公里长的黄沙梁变成绿洲。

6 月 右玉县农林局从甘肃省引进草木樨种子，在郝家村、梁家油坊、李达窑、西窑沟等乡部分社队试种，共 657 亩，基本成功。

1957 年

10 月 11 日 按照右玉县委、县人委的部署，全县 25 个乡、203 个农业社开始了声势浩大的秋季农田基本建设和植树造林运动。到 11 月底，全县完成大片造林 2.2 万亩，零星植树 89 万株，新修、绿化"大泉山"式工程 22 处，控制水土流失面积 2.5 万亩。

1958 年

2 月 19 日 马营河流域治理工程全面开工。地处流域的 6 个乡、21 个农业社千余名劳力投入工程。

5 月 12 日 郝家村乡以 103 个劳力和 40 套牛犋组成种草专业队，在乡总支书记梁奎的领导下大干一周，种草木樨 3000 亩。秋天共产草 182.5 万公斤。该乡大面积种植草木樨的成功，为全县树立了榜样。

9 月 30 日 右玉县人委对 1958 年度农田基本建设情况进行总结。从上年 10 月到本年 9 月的一年中，在水保方面，修梯田 7 万亩，培地埂 9 万亩，种草 15.4 万亩（当年产草 7250 万公斤），建成"大泉山"式工程 43 个，控

植树场景

制水土流失面积 50 万亩，等于前 7 年总和的 132%。春秋两季造大片林 13 万亩，等于前 7 年总和的 98%。零星植树 286 万株，人均 67 株，育苗 2550 亩，采沙棘种 8092 公斤。全县还培养出农田水利、水保、造林技术人员 1886 人。

12 月 5 日 《山西日报》以"风沙区变成了绿洲"为题报道了山西省第二届人民代表大会代表、左云县（本年 11 月 9 日，左云、右玉合并为左云县）县长解润在省二届人代会第一次会议上的发言："全县共组织 251 个突击队、116 个夜战队，经过突击，营造大片林 60 万亩（其中原右玉县为 25.74 万亩），每人平均 12 亩。从此，风沙区逐步变成了绿洲。"

1959 年

4 月 20 日 右玉县委下发《1959 年农林牧业奖励办法和标准》，全文共 16 条，其中林业方面 5 条。

6 月 5 日 解放军派出一架"安二"型飞机在右玉县梁家油坊一带飞播牧草，总面积达 5 万亩。

1960 年

1 月 13 日—20 日 晋北区农业战线标兵大会在大同市召开。梁家油坊公社郝家村管理区（种草木樨）、李达窑公社马营河管理区（水保）等单位和个人在大会上获奖。

2 月 26 日—3 月 2 日 营河人民公社出动劳力 1500 人、500 牛犋，大干 6 天，完成 3.3 万亩草木樨播种任务。此后，全县大种草木樨，实行草田轮作战略的重点，逐步由中部向北部转移。

3 月 28 日—30 日 右玉县委、县人委在东风人民公社张家场召开全县造林誓师大会。3 月 31 日，县绿化指挥部颁布《为迅速开展全民性春季造林运动的动员令》，提出了 20 世纪 60 年代第一个春季造林任务和 5 项领导措施。4 月 1 日至 7 日，在"全党全民总动员，一春实现三化县"的号召下，全县开展春季造林大会战。全县组织青少年造林突击队 796 个，分成 3 支大军，向"五荒""四旁"进军。造大片林 1.3 万亩，零星植树 35 万株，绿化山头 6 个、沟壑 12 道、河道 1300 米、公路 127 公里，超额完成任务，受到地委、行署的表彰。

7 月 26 日 解放军"安二"型飞机在凤凰台农牧场背后原野上进行飞播牧草试验，并获得成功。随后进行正式飞播，完成了 3 万亩的牧草飞播任务。

是年 全县大片造林面积达到 11.95 万亩，占总土地面积的 4%。

1961 年

7 月 13 日 右玉县委副书记马禄元赴北京出席全国林业工作会议，受到毛泽东、朱德等中央领导的接见。

8 月 14 日 《山西日报》第二版发表右玉县委副书记马禄元撰写的《种草木樨好处多》一文。此后，全县队队大种草木樨，是年全县种植面积达 5.7 万亩。

1962 年

3 月初 国营林场同全县 9 个公社的 142 个大队签订营造国有速成林 7175 亩的合同。

4 月 25 日 县委书记庞汉杰、县长解润率领出席县委扩大会议的县委成员和公社书记到苍头河沿岸林地种植沙棘。全县各地兴起大种沙棘的热潮。据统计，1962 年全县共种植沙棘 8426 亩。

7 月 26 日—8 月 22 日 副县长温河清率领清理林权工作队，分别深入梁家油坊、牛心、杨村、高墙框、城关 5 个林权比较复杂的公社，对 107 个生产大队清理林权，颁发林权证。到年底，全县林权清理工作结束，共发出林权证 1.1 万张。

10 月 20 日 全县出动 9526 名劳力，大搞农田基本建设和水保、植树造林工程。在滴水沿水库上游和马营河流域造水保林 2 万亩，种草 5.5 万亩，发展沙棘林 1.1 万亩；造秋季大片林 1 万亩，其中国营造林 3000 亩，修枝 4 万亩。

12 月 26 日 《山西日报》第二版发表张沁文撰写的《盆儿洼大

治理苍头河

队实行草田轮作粮食增产》一文，并配发评论《草田轮作一箭双雕》，对盆儿洼大队实行草田轮作的经验给予充分肯定。

1963 年

2 月 25 日 右玉县委发出《右玉县农业科学技术改革工作的初步意见》，提出大力推广三大轮作制（粮食作物与沙棘轮作、草田轮作、粮豆轮作）和其他农业技术。根据意见要求，是年春，全县豌豆、扁豆播种 3 万亩，两季种沙棘 7792 亩，种草木樨 2.25 万亩，为推广三大轮作打下了基础。

5 月 16 日 《山西日报》头版发表记者张长珍采写的《右玉推广三大轮作提高土壤肥力》一文，同时配发社论《改变黄土丘陵区低产面貌的一条重要措施》。社论对右玉县不断摸索、研究、总结、推广三大轮作的成功经验给予高度评价，倡导"和右玉条件相似的地方，能够重视推广这一经验"。

8 月中旬 全县大搞农田基本建设。全县完成秋季造林 2.5 万亩，水保工程 4.4 万亩，种植草木樨 1.26 万亩，采草籽 5.5 万公斤、沙棘籽 3 万多公斤。

10 月 23 日—11 月 5 日 全国水土流失重点地区水土保持工作会议在北京举行。右玉县委办公室主任兼县委农工部部长徐日新在会上作《坚持不懈植树造林，矢志不渝锁风固沙》的典型发言。

1964 年

5 月 雁北地委通报表扬 10 个绿化先进单位，右玉县威远公社白塘子生产大队是其中之一。

10 月 15 日—21 日 右玉县委、县人委在右玉城召开四级干部会议。会议传达了华北林业会议、黄河中游第三次水保会议精

工地场景

全民齐上阵

神，总结了本县几年来农田基本建设的成绩和问题，确定了是年冬天和来年春天造林种草任务。10 月 24 日，全县出动 1.8 万多名劳力开始了秋季造林大会战。

1965 年

7 月 13 日 《山西日报》第二版刊登通讯《晋西北之歌》，介绍了右玉县植树造林改变自然生态环境的成绩。

8 月 11 日 《山西日报》第二版刊登《晋西北三件宝》一文，介绍了柠条、沙棘、宝贝草（即草木樨）以及在右玉盘石岭、盆儿洼等地的种植经验及经济、社会效益。

8 月 26 日—9 月 1 日 右玉县委在右玉城召开四级干部会议。会后，各公社党委根据"四干"会议精神开展秋季农田基本建设运动。截至 11 月 15 日，全县造林 2.49 万亩，育苗 88 亩，种草 4.44 万亩。

1966 年

2 月 14 日 右玉县人委发出《关于城关公社部分生产队严重毁坏林木的通报》，列举了有关生产队破坏林木的事实，提出了加强林木管理的 5 条措施。

5 月 2 日 右玉县人委发出《关于加强护林工作的布告》，共 8 条，对造林的政策、林木的所有权、护林的奖励、毁林的处理都作了明确规定。此后，毁林事件得到有效遏制。

7 月 16 日—21 日 右玉县委、县人委召开全县水利干部座谈会。会后印发了《右玉县水利干部座谈会纪要》，确定了今后全县农田基本建设的方针：林草上山、粮下滩湾（8 月后改为粮田下川），大抓沟、湾、坪、滩；不好的坡地还林还草，好的坡地大搞水平梯田。

12 月初 马营河流域指挥部召开大会，总结一年来治理三害（风沙、干旱、水土流失）的工作。一年来，共投工 22 万个，完成支渠 89 条，全长 5.2 万米；有效水地面积增至 1.5 万亩，种草木樨 2.3 万亩，造水保林 1.1 万亩。全流域实现人均两亩草、1 亩林、1 亩水浇地、半亩大寨田。

12 月 8 日 右玉县人委以"靠毛泽东思想改天换地"为题总结全县 1966 年水利水保工作：全县新建稳产高产田 3.3 万亩，人均半亩。造林 5.3 万亩，种草木樨 8.9 万亩，育苗 2000 亩，零星植树 73 万株。全县当年初步完成治理面积 15.55 万亩，累计完成治理面积 57 万亩，占水土流失面积的 27%。

1967 年

7 月 28 日—30 日 雁北地区"革委会"在右玉召开草木樨现场会。各县、社和部分生产大队负责人

用牛粪烤土豆

150 余人参加会议。全体与会者参观了盆儿洼、林家堡、薛家堡等大队草木樨的种植、轮作及压绿肥的情况。

11 月 雁北地区右玉水保试验站印发《草木樨大面积机播试验报告》。当年共机播草木樨 550 亩，分为 4 个试验项目，全部获得成功，为右玉大面积播种走出一条新路。

1968 年

11 月 20 日 右玉县"革委会"召开县、社干部会议，总结 1968 年植树造林工作。是年，春、秋两季全县共投入劳力 1.5 万人，出动拖拉机两台，牛犋 530 犋，完成大片林 9.6 万亩，超计划 71%。会上还对 31 个造林先进单位进行了表彰奖励。

1969 年

5 月 11 日—30 日 大同作物所、右玉水保站、西北水保所联合组成调查组，在右玉李达窑、梁家油坊等 5 个公社进行综合利用草木樨的调查，并写出调查报告《草木樨喂牲畜就是好》。6 月 6 日，右玉县"革委会"向全县批转了这个调查报告。

7 月 28 日 右玉县"革委会"出台 1969 年度国民经济计划纲要，提出以备战为中心的 7 项工作任务。其中在林业方面为：营造大片林 10 万亩，其中国营造林 2.6 万亩，零星植树 10 万株，经济林 520 亩。

1970 年

10 月 13 日 国务院副总理陈永贵在右玉县视察，对县"革委会"提出的"坚持每人种好二亩基本农田，栽好一亩树，种好一亩草"的做法给予充分肯定。

是年 全县营造大片林7.05万亩，四旁零星植树64.56万株，育苗61亩。全县大片造林面积实有31.9万亩，占土地总面积的10.8%。

1971 年

8月11日—12日 中共山西省委第一书记、山西省军区司令谢振华在右玉检查指导工作，对消息屯"种草上山、粮油下湾"的做法大加赞赏，认为"应很好总结，在全省推广"。

10月28日 右玉县牛心乡消息屯党支部书记邢志强在华北地区水土保持工作会议上作经验介绍，得到与会人员一致好评。

是年 全县营造大片林6.78万亩，四旁零星植树75.15万株。

1972 年

4月1日 右玉县开始全面治理苍头河战役。

11月26日 右玉县"革委会"发出《关于换发林权证的通知》，同时成立落实林权领导小组，各公社也成立了"三结合"的落实林权领导组。12月初，县落实林权办公室和威远公社党委共同在辛堡子五大队试点，其后在全县10个公社铺开，次年6月结束，并填发了《社员林权申请表》，直到1981年12月才正式向社员发放了林权证。

12月27日—28日 国务院第一机械工业部、农业部、水利水电部、地质部、国家计委综合考察组在右玉考察苍头河流域治理工程，并给予高度评价。

植树造林工地

1973 年

3 月 15 日—23 日 全县劳动模范、先进工作者代表大会在右玉城召开。会议要求 1973 年每人种好 6 亩粮田、2 亩油料、1 亩树、1 亩草，人均达"纲要"。

是年 全县大片造林 4.58 万亩，人均 8.5 亩；零星植树 43.09 万株，人均 90 株；育苗 3500 亩，人均 0.5 亩。

1974 年

是年 全县营造大片林 3.2 万亩，零星植树 65.08 万株。

1975 年

8 月 29 日 在柳林县召开的全省绿化工作会议上，右玉县被省委授予"绿化工作先进县"称号。

9 月 2 日—7 日 右玉县委在县城召开全县农田水利建设会议。会议要求全县在 1976 年营造大片林 7 万亩，其中经济林 1 万亩，封山育林 1.7 万亩，种草 2 万亩。

1976 年

是年 全县营造大片林 6.95 万亩，四旁零星植树 42.14 万株，当年育新苗 200 亩。全县经森林资源普查，查明实有林地面积 37.57 万亩，其中国营 28.97 万亩，集体 8.6 万亩，森林覆盖率 12.66%。

民兵植树

1977 年

2 月 7 日 右玉县委转发县委组织部、元堡子公社党委联合调查组《关于上吴大队乱砍滥伐树木，瓦解集体经济的调查报告》，

种植知青林

要求各级党组织引以为戒，认真执行党的林业政策，切实加强对林木工作的管护，同一切破坏集体林木的行为作坚决的斗争，促进林业的大发展。

8 月 2 日 右玉县林业专业学校在梁家油坊国营林场麻家滩分场挂牌成立。

10 月 24 日 右玉县委召开秋季造林广播誓师大会。会后，每天出动劳力 2.2 万人、皮车 200 辆、拖拉机 20 台，以公社为单位，全县分为 4 个造林战区，展开声势浩大的秋季造林运动。经过 20 天突击，完成秋季造林 8.46 万亩（其中国营造林 5000 亩）。全年共造林 18.76 万亩，人均 2.3 亩，超额完成了全年规定的任务。

10 月 25 日 县委书记常禄率领县级机关、厂矿、学校、企事业单位的 1300 名干部、职工开赴梁平公路造林工地，两天半时间，共造林 800 亩。其后，又转移到贾家窑山造林工地，中午不回家，每天劳动达 12 小时，4 天造林 1500 亩。此后，县委把机关干部、职工造林当作一项制度，每年春、夏、秋三季都要进行 15 至 20 天的造林活动。

1978 年

5 月 11 日 右玉县"革委会"发出《关于牛心公社党委作风不扎实造成个别大队虚报春季造林、育苗情况的通报》。随后，全县组织县、社干部，分 5 个组进行春季造林的检查、验收。县委书记常禄要求坚决刹住弄虚作假、欺上瞒下的恶劣行为。

11 月上旬 全县秋季造林验收工作结束。全年完成大片造林 19.39 万亩，比上年增加 3.1%；育苗 4200 亩；零星植树 106.49 株。是年，全县共有林地 91.67 万亩，其中国有林 34.6 万亩。

是年 右玉县被列入"三北"防护林建设重点县。

常禄在造林工地

1979 年

3 月 15 日 右玉县"革委会"传达《山西省革命委员会关于林业政策若干问题的具体规定（试行）》。威坪公社用 20 天时间完成了全社落实林权的任务。7 月 7 日，县农委《农村工作简报》第 22 期介绍了威坪公社党委落实林权的经验和做法。

9 月 26 日 《山西日报》头版发表记者段玉撰写的《发扬愚公精神，坚持造林不止》一文，并配发评论员文章《领导心里要有树》。同时还在第二、第三两个整版发表《右玉县林业为什么能够大发展》《塞上绿洲散记》《林海英雄》和《林业大发展的好处说不完》等文章，全面介绍了右玉县林业生产发展的概况和英雄模范事迹。

10 月中旬 根据右玉县"革委会"通知精神，全县县、社、队及国家机关单位普遍建立护林防火领导机构，县、社成立护林防火委员会，生产大队和机关单位成立护林防火小组。全县参加护林防火领导机构的人员达 1400 人。同时，全县还选拔了 935 名护林员，并由县"革委会"颁发了护林员证。

毛永宽

11 月 23 日 右玉发出《向优秀共产党员毛永宽学习，为绿化右玉大地不懈奋斗》的通知。

1980 年

种植党员先锋林

3 月 18 日
右玉县委下发文件《关于再接再厉乘胜前进，为加快我县绿化步伐而努力》。

4 月 1 日 《人民日报》发表《造林带来大变化——右玉由"不毛之地"成为"塞上绿洲"》一文。文中说，1950 年前，全县森林覆盖率只有 0.3%……到 1979 年，森林面积增加到 76 万亩，覆盖率达到 27%，变成了"塞上绿洲"。

8 月 1 日—7 日 山西省政府在右玉县召开西山防护林建设会议。右玉县委书记常禄向大会介绍植树造林经验，全体与会人员实地参观了右玉县植树造林工程。

9 月 20 日—25 日 林业部"三北地区"造林治沙现场经验交流会议（第二阶段）在雁北地区召开。全体与会代表在考察右玉县绿化情况后，对右玉县治理沙化的成绩与经验给予充分肯定。

是年 全县进行森林资源普查。全县森林面积达 79.85 万亩，占总土地面积的 27%。

1981 年

1 月 3 日 右玉县出台《关于砍伐林木的规定》，使全县林木的砍伐进一步规范化。7 月 30 日，县人民政府根据《规定》的要求，决定成立右玉县林产品经销站，统一负责全县木材的管理、收购、销售。

1月10日 右玉县护林防火指挥部正式成立。

3月20日 右玉县政府决定将农田基本建设专业队更名为农田基本建设团，其主要任务是承担全县重点林业建设及水利工程的治理。队员150人，队部驻常门铺水库。

6月16日—18日 山西省政府在太原召开1980年全省林业先进单位及劳动模范表彰大会。右玉县委书记常禄、杨家后山村

治沙现场

离休干部杨雍被评为省林业劳动模范；右玉县李达窑公社林场、威远大队"三八"苗圃、破虎堡大队姐妹林业队等被评为全省林业先进单位。会议确定右玉县为林区县，要求在1983年内再完成46万亩荒山荒地的绿化任务，森林覆盖率达到40%以上。

7月7日 农业部畜牧总局在右玉县进行飞播牧草的试验。播区在右玉县东山区的花柳沟一带和西山区的榆林子一带，总面积1.04万亩。草种为沙打旺、草木樨、苜蓿及柠条，分混播和草播两种，同时人工播种200亩，与飞播进行对比试验。

8月25日 右玉县政府颁布《关于保护森林发展林业的布告》，共6条，对林权和林业的保护作了明确规定。

11月15日 《人民日报》发表中组部副部长杨士杰撰写的《昔日荒山变绿洲——山西省右玉县绿化山区的调查》一文，全面介绍了右玉县30多年来大搞植树造林绿化山区的事迹和经验。

11月16日 右玉县委、县政府决定将13万亩宜林地划给1.8

种植巾帼林

万户社员造林，占全县宜林面积的33%。并明确规定：谁造谁有，林权不变，允许继承，林粮间作归己。这大大地调动了社员造林的积极性。

1982 年

2月5日 右玉县政府作出《关于开展全民义务植树运动的决定》。同日，县委、县政府决定撤销右玉县造林指挥部，成立右玉县绿化委员会。其后，各公社、县级各单位、各大队也成立了绿化委员会或小组，专门负责本地区、本单位的绿化工作。

2月28日 《山西日报》头版刊发《营造"塞上绿洲"的带头人——记省林业模范、右玉县委书记常禄》一文，并配发评论员文章《县委书记脑子里要有树》。

3月18日 《山西日报》第二版发表《右玉县县级机关干部义务植树30年》一文。文中说："右玉县县级机关干部、职工从1952年起坚持义务植树，30年营造大片林9039亩，四旁植树12.9万株，平均每人营造大片林7.5亩，四旁植树107株。"

12月10日 为加强对全县水土保持工作的领导，县政府决定成立右玉县水土保持委员会。县委常委、常务副县长姚焕斗任主任委员。

1983 年

5 月 17 日 林业部造林经营司发来贺信，对右玉县提前两年实现 1985 年林业规划，为"三北"防护林建设工程树立样本的举动表示热烈祝

机关干部植树

贺，并希望再接再厉巩固造林成果，提高营林质量，争取林业建设的更大成绩。

5 月 20 日 右玉县政府颁布《关于社员户承包小流域的若干政策规定》。

8 月 31 日—9 月 1 日 全省林业观摩会议在右玉县召开。全体与会者参观了右玉县 6 个林业点，听取了县委书记常禄关于林业建设情况的汇报。

10 月 11 日 右玉县政府决定授予西碾头公社曹家村大队社员曹国权"造林功臣"的光荣称号，授予高家堡公社杨家后山村离休干部杨雍"林业模范"的光荣称号。

10 月 26 日 右玉县政府通过了《关于建立种草养畜奖励的决定》。

12 月 25 日 《山西日报》发表杨贵、谢福的文章，文中说："全省林业建设先进县——右玉县，到今天已完成'三北'防护林体系的第一期工程，共营造大片林 110.75 万亩，占总土地面积的 48.8%。"

1984 年

1 月 6 日 山西省 1981 年至 1983 年林业系统先进集体和模

曹国权

范个人代表大会在省城召开。会上，山西省人民政府授予右玉县农民曹国权"植树造林老愚公"光荣称号；右玉县再次被评为全省林业先进县；中共右玉县委原书记常禄再次受到表彰。

2月18日 中央绿化委员会在北京召开会议。会上，右玉县等221个单位被评为全国全民义务植树先进县。

4月2日—3日 雁北行署、雁北军分区、共青团雁北地委联合在右玉县召开青年民兵植树造林现场经验交流会。全体与会人员参观了贾家窑等6处林业工程。

4月11日 右玉县委副书记、县长姚焕斗带领全县公社书记、主任及县直机关单位负责人共60余人，赴全省林业先进县——怀仁县参观学习绿化工作。

绿色右玉

4月21日 右玉县委、县政府联合发出通报，表扬杀虎口、城关两公社的植树造林工作，并向每社发放奖金300元。

7月16日—22日 雁北行署科委、右玉县委、右玉县政府联合召开右玉县农业发展战略论证会，有33位专家、学者和曾在右玉工作过的老同志作了论证发言，认为县委提出的"种草种树，发展畜牧，促进农副，尽快致富"的农业发展战略方针正确可行。

8月19日—21日 全国飞播牧草现场会在右玉县召开。与会同志参观检查了右玉飞播草场，并听取了县委副书记、县长姚焕斗关于右玉飞播牧草情况的汇报。

飞播牧草

8月27日—29日 农业部、林业部专家、学者一行15人来右玉考察种草种树情况，并就今后右玉林业的发展提出了宝贵意见。

9月11日—12日 中共山西省委书记王克文一行，在右玉县检查工作，视察林业建设。

11月25日—12月3日 右玉县委书记袁浩基带领副县长杨树昌、经委主任樊树荣、酒厂厂长吴二喜等人，专程赴方山、离石、中阳等县考察沙棘果的加工利用情况。

1985 年

1 月 16 日 《山西日报》头版刊登中共雁北地委书记白兴华的文章《为右玉的草业叫好》。

2 月 26 日 《人民日报》第二版刊登了该报记者撰写的《草木七品官》一文，文章介绍了中共右玉县委副书记、县长姚焕斗大抓种草的事迹，并配发了评论《赞"草内行"》。

3 月 17 日 《山西日报》头版头条发表《"塞上绿洲"右玉县大念"草木经"奏凯歌》一文，报道了右玉县 1984 年度贯彻"十六字方针"，农业生产取得的显著成绩。

3 月 23 日 右玉县政府授权县水利局为承包治理小流域的专业户发放"使用证书"。其后，县水利局先后为 82 个承包治理小流域的专业户发放了使用证书。

3 月 23 日—24 日 右玉县政府召开林业发展讨论会。会议讨论研究了右玉县林业今后发展的目标、方针、重点、政策及 1985 年林业生产的任务和具体措施。

6 月 14 日 中共中央总书记胡耀邦来右玉县视察。在高墙框乡辛堡梁、辛堡子湾林区看了林草长势。县委书记袁浩基、县长姚焕斗汇报了"种草种树，发展畜牧，促进农副，尽快致富"的"十六字方针"及 1984 年贯彻这一方针使全县 15 项主要经济指标超历史的情况。胡耀邦听后表示满意，并指出："今后要乔、灌、草一齐上。"

8 月 19 日—21 日 右玉县委书记袁浩基带领县五大班子成员、各乡（镇）书记和农口有关单位负责人 39 人，赴偏关、河曲学习种植柠条经验。之后，全县开始种植柠条，共种 1.9 万亩。

10 月 6 日 右玉县委书记袁浩基带领经委、水利局负责人赴北京向国家水电部汇报本县沙棘栽培情况。

11 月 25 日 日本东京都日盛董事长川手正一郎、顾问平井崇三郎等一行，在右玉县实地考察沙棘资源，并同县委副书记、县长姚焕斗进行了开发沙棘资源的意向性会谈。

是年 全县累计大片造林 151 万亩，经当年森林资源普查，保存面积 114.8 万亩，占到总土地面积的 38.91%。其中，国营林 39.6 万亩，集体林 74.1 万亩，个人林 1.1 万亩，人均有林面积 12 亩。未成林造林地 33.1 万亩。

1986 年

1 月 31 日 中共中央政策研究室主任杜润生一行在右玉县检查指导林业工作。他指出："今后要在提高沙棘产量、提高种草种树质量上下功夫。"

4 月 26 日—29 日 右玉县政府召开春季植树造林总结大会。会议评选李达窑乡等 12 个单位为 1986 年春季造林先进集体。县委为李达窑乡党委书记刘义记功一次。

7 月 15 日 由国家农牧渔业部组成的全国飞播改革检查验收团山陕分团来右玉县检查指导工作。其间，检查验收分团先后参观了西山、东山 6 个飞播点，听取了县委、县政府负责人的汇报，并指出：右玉种养结合，林草结合，豆科与禾本科结合的经验，值得推广。

右玉沙棘

7月27日 省政府在河曲县召开全省西山防护林第一期工程建设表彰会和第二期工程动员大会。会上，右玉县被评为全省林业先进县。

8月3日—5日 雁北行署科委和右玉县委、县政府联合召开建立右玉沙棘中心试验场论证会。会议一致同意在右玉县建立沙棘中心试验场。

8月3日—9日 省农业生态学会副秘书长张辉带领有关专家、教授16人，在右玉重点考察了苍头河流域后，为苍头河流域的农业平衡做出了规划。

9月4日 国家水电部部长钱正英一行6人在右玉县考察指导林业工作。

10月3日 美国农业部水利水保泥沙考察组工程师加利·方那尼克、博士福兰克·瑞肯德斯一行，来右玉县考察水保工作。福兰克说："右玉人民在防治风蚀水蚀方面做出了非常出色的成就。"

11月6日 以日本宝酒造株式会社取蹄役制造部部长矢野忠德为团长的日本代表团一行5人，在右玉县洽谈沙棘产品订货事宜。

12月初 经省、区联合验收，右玉县提前完成"三北"防护林第一期工程任务。从1978年到1985年的8年中，全县共营造大片林96万亩。

12月5日 国务院在北京召开"三北"防护林建设第一期工程表彰会。会上，右玉县被评为林业先进集体。

1987 年

4月21日 右玉县委、县政府召开联席会议，研究抗旱造林的措施。会后，全县出动1.4万劳力、70多辆拉水车投入造林活动。奋战7天，全县完成重点工程1.6万亩沙区绿化任务和1.2万亩农田林网工程。

妇女种树基地

6月1日 美国专家、联合国粮农组织顾问贝克博士来右玉县考察沙棘资源开发利用情况，对沙棘栽培等方面的问题作了指导。

8月7日 右玉县政府公布《关于开展全民义务植树运动实施细则》。规定：除丧失劳动能力者外，每人每年都要完成义务植树任务。11～17岁公民每人每年植树1～3株，18岁以上公民每人每年植树5株。各单位、各村都要建立、确定义务植树基地。

12月21日 在国家水电部、林业部、轻工业部联合召开的全国第二次沙棘产品质量评比会上，右玉县饮料厂生产的沙棘原汁被评为部优产品。

1988 年

3月12日 《山西日报》公布山西省1987年度绿化先进单

位和模范个人名单。右玉县被山西省绿化委员会评为山西省绿化工作先进单位,县委书记袁浩基被评为山西省义务植树模范。

4月16日 右玉县政府发出《关于发放草地使用证书的通知》。从即日起,县畜牧局和草原管理站联合向农民发放草地使用证,此项工作于9月底结束,共发放草地使用证15万份,约21万余亩。

1989 年

4月14日 右玉县委在三楼会议室召开乡(镇)书记会议,专门安排部署春季植树造林工作。次日,全县出动劳力2.5万个、机动车260多辆,拉开了是年春季植树造林的序幕。5天中,全县栽植大片林3.86万亩,占全年任务的99%。

4月30日—5月1日 省、地林业负责同志对右玉县春季造林工作进行了检查验收。检查组认为,今年右玉县的造林工作指导思想明确,成绩显著,确实达到了乔、灌、草三个层次一齐上,造、管、护三个环节一齐抓,生态、经济、社会三个效益一齐要的目标。

8月7日 右玉县委书记袁浩基应省林业厅的邀请,赴文水县参加山西省深化林业改革研讨会。会上,他撰写的《谈谈我县更新改造小老树的做法》的论文,受到与会者的好评。

8月28日 国务委员陈俊生一行7人,在右玉县威远人工沙棘园了解沙棘科研示范的情况,并听取了县长姚焕斗关于全县农业总体开发的简要汇报。他指出:"右玉县的基础工作做得不错,穷是暂时

袁浩基(左)在林业工程现场

的。植树种草成绩可嘉，森林面积已达 42%，户均养羊 8 只，人均 2 只，这个数字了不起。"

9 月 山西省政府授予右玉县委书记袁浩基 "1984—1988 年林业模范" 光荣称号。

10 月 4 日—12 日 右玉县委书记袁浩基带领县五套班子成员、各乡 (镇) 党委书记和农口各局局长共 42 人，赴壶关、平陆、夏县等地参观林业工程。通过参观学习，开阔了眼界，增强了信心，鼓舞了干劲。

10 月 9 日—10 日 林业部鉴定委员会对《右玉县野生沙棘技术改造的研究》进行技术鉴定。该项目是由北京林业大学和右玉县沙棘研究所共同组织实施的，改造面积 500 亩，经过 3 年培育，获得了成功。

1990 年

4 月 10 日 右玉县级机关干部、职工 5000 余人，参加春季植树造林，按照以系统固定基地、以单位落实地块原则，实行 "自主经营、林权归己，谁造谁有、长期不变" 的政策。奋战一个月，共完成大片林 6000 亩，人均 1.2 亩；四旁栽植高杆杨和大苗樟子松 1.3 万株，人均 2.6 株。

6 月 16 日 右玉县委在县城影剧院召开县级机关干部植树造林和义务劳动总结表彰大会。对春季造林中涌现出的 49 个先进集体和 184 名模范个人进行了表彰。

7 月 22 日—29 日 国际沙漠开发委员会和中国科学院联合在北京召开第三届世界沙漠开发大会，16 个国家和地区的 120 名中外学者参会。右玉县区划办工程师马惠真出席会议，并作了《右玉流沙固定及利用·兼谈经济、社会、生态三效益》的专题报告，受到与会专家、学者的好评。

8 月上旬 右玉县经委组织全县国营、二轻、乡镇企业的 10

种林产品参加在北戴河举办的"三北"地区林产品展销会，其中有沙棘饮料、果糖、果丹皮和人造板等。

12月5日—6日 右玉县委书记姚焕斗率领 5000 多名干部职

干部群众同吃同劳动

工、农民群众和 20 部机动车，在柳沟山万亩林地移植樟子松。两天共移植樟子松 5000 亩，为右玉造林走出了一条新路。

1991 年

1月4日 右玉县委、县政府召开右玉林业发展研讨会。与会专家、领导提出了 30 多条建设性意见和建议。

3月19日 右玉县委书记姚焕斗、县长师发代表全县人民向省委、省政府立下军令状，号召"全党动员，全民动手，拼死拼活，背水一战，力争今年实现基本绿化"的目标。同时，召开了千人大会进行动员部署。会后，全县出动劳力 3 万余人、机动车辆 2000 多部，开始了春季造林大会战。大干 35 天，于 5 月 7 日

研究制定发展规划

完成造林 2.72 万亩，占全年任务的 113%；一般造林 4.14 万亩，占全年任务的 159%。会战期间，雁北地委、行署在右玉县召开了全区春季植树造林现场会，推广了右玉植树造林的 5 条经验。

5 月 24 日 右玉县政府作出《关于在全县范围内开展学习陈富先进事迹活动的决定》。陈富是右玉县李达窑乡乔家窑村的"五保"户。他是一名残疾人，于 1988 年自愿担任乡护林员后，不顾自己年老体弱，不讲条件，不计得失，5 年拄着双拐，为群众管树护树，直到生命的最后，体现了一个社会主义时代新型公民的高尚情操、顽强意志和无私奉献精神。

绿色工程一角

7月28日 省委书记王茂林来右玉县视察指导工作。在听取县委、县政府的工作汇报,视察了丁家窑乡和柳沟山两个万亩针叶林工程后,他连声称赞:"干得好,干得好!"

8月13日—15日 出席全国林业宣传工作会议的代表,在右玉参观。先后看了梁家油坊镇柳沟山、高墙框乡大南山两个万亩针叶林工程,以及新堡梁8万亩连片杨树林带、右玉苗圃、黄沙治理工程。代表们一致称赞右玉不愧为"塞上绿洲"的美称。

8月 全国治沙工作会议在北京召开。会上,全国绿化委员会、林业部、人事部授予右玉"全国治沙先进县"。

9月28日—30日 省生态研究会组织专家和地县领导,对《右玉县苍头河中段丘陵区生态农业建设模式研究》进行鉴定。与会人员一致认为:经过3年的试验和实践,初步建成了人工生态良性循环系统,走对了建设基本农田、保护林业、发展种植业和畜牧业的道路,加快了农田经济的发展。

12月底 由右玉县委、县政府联合编写的《右玉林业功臣录》一书出版,收录了100名在右玉林业建设中作出重要贡献的先进人物。

1992 年

3月12日 右玉县委、县政府在县城影剧院召开1992年实现基本绿化誓师大会。中共雁北地委书记杨大椿等亲临大会指导,并作讲话。会议要求各级党委、政府加强领导,精心组织,做到思想认识、组织领导、舆论宣传、技术服务、政策规定、奖惩兑现、制度规定等都到位,确保春季造林任务的顺利完成。

3月20日 全县动员2万余名劳力和195辆机动车,开展了春季造林大会战。经过50天的奋战,完成了大片林5.5万亩,为是年任务的91%;四旁植树97.3万株,为是年任务的97.3%。同时,还有32个村庄、27个机关厂矿、92个学校达到了绿化标准。

开赴造林会战工地

9 月 17 日 在全省林业工作会议上，省政府宣布右玉县为山西省首批基本绿化达标县，右玉被树为全省林业建设红旗单位，奖现金 10 万元。

1993 年

5 月 21 日 山西省林业厅厅长杜五安专程到右玉检查指导樟子松造林工程。

1994 年

4 月 21 日 山西省人大常委会主任卢功勋一行 6 人，在右玉检查指导工作。先后参观了大南山等 3 个万亩林地工程，并听取了县委的工作汇报。

8 月 1 日 右玉县政府向省林业厅呈报了《关于落实林业世行贷款项目的报告》。9 月 10 日，省林业厅批准右玉县林业世行贷款项目。

9月20日 在全省召开的小流域治理会议上，右玉县被评为全省小流域治理先进县，获金牌一块。杨千河流域被评为高效优质小流域，省政府予以树碑；承包小流域的王占峰被评为全省标兵，获银牌奖。是年，全县治理小流域 1.71 万亩。

王占峰

12月26日 中德财政合作山西北部造林项目在右玉县立项。该项目总投资 95 万元。其中，德国无偿援助 84 万元，省市配套资金 11 万元，造林 333 公顷。1995 年在右玉县牛心、欧村两乡交界处的石门山开始实施，分 4 年完成。

1995 年

10月8日 沿公路 8 个乡镇和县直机关干部万余人，开始了"百里绿色通道"工程的建设。该工程是县"九五"林业建设的重点工程之一。27 日，朔州市委书记薛军、市长王振宇带领出席全市农田基本建设现场会的人员，兴致勃勃地参观了右玉县正在建设

绿色海洋

的"百里绿色通道"工程，并给予高度评价。

10 月 14 日—17 日 全国沙棘工作会议在右玉县召开。会议期间，全体与会人员实地参观了右玉县发展和利用沙棘资源的情况，听取了县委书记师发作的《加快林业建设，沙棘立业致富》的经验介绍。

10 月 31 日 山西省委副书记、省长孙文盛在右玉县调研指导通道绿化工程。他强调："全省都要学习推广右玉经验。"

右玉县领导研究造林规划

1996 年

2 月 5 日 右玉县政协副主席、高级工程师阴荣林和高级工程师郭振兴参与的"右玉野生沙棘改造技术项目"荣获中华人民共和国林业部科学技术进步三等奖。

5月14日 全县"百里绿色通道"第一期工程重点绿化任务完成。

8月2日 右玉县政法机关在县城影剧院门前召开万人大会。对去年以来偷砍滥伐林木的40名不法分子进行公处、公判。其中，8人被判处有期徒刑，2人被判处拘役。

8月10日 山西省绿色通道工程现场会在右玉召开，会议决定在全省推广右玉经验和做法。

8月29日—31日 山西省第六次小流域治理会议由偏关移至右玉县城召开。会上，山西省人民政府授予右玉县人民政府"水利水保红旗单位"光荣称号。

1997 年

4月15日 右玉县级机关1000名干部、职工在县委副书记侯元的带领下，开始了小南山森林公园建设，奋战10天，完成

小南山森林公园

预整地 5000 亩。其后，县委又作出决定，从 4 月份最后一个星期五起，县直机关干部、职工每逢双休日，到小南山森林公园等重点绿化工程义务劳动。

10 月 28 日 右玉县"百里绿色通道"一期工程被朔州市委、市政府授予"绿化优质工程"称号。

1998 年

1 月 5 日 右玉县委、县政府在县小礼堂召开拍卖"四荒"促进会。会上，杀虎口乡马营河村与县城建局书记韩祥签订了购买该

韩 祥

村水磨沟使用权的合同，县林业局、土地局分别为韩祥颁发了林权证和土地使用证。随后，县政府又出台了《关于拍卖"四荒"使用权的二十条规定》，从而加快了全县"四荒"拍卖步伐。是年底，全县共拍卖"四荒"3.2 万亩，滩地 8 万亩。

8 月 30 日 右玉县政府出台《关于进一步加强畜牧管理保护林草植被的若干规定》，从此，全县林草植被的管理走上了规范化道路。

9 月 11 日 山西省委、省政府召开全省生态环境建设广播电视动员大会。会上，右玉县被省委、省政府评为全省 12 个"生态建设红旗县"之一。

9 月中旬 右玉县中德财政合作山西北部造林项目顺利通过德国专家验收。经实地检查，成活率（保存率）和面积核实率均达

到规定的标准。

12 月 3 日 北京汇源果汁饮料总公司与右玉签订协议，成立北京汇源果汁饮料总公司右玉分公司，合作开发右玉县沙棘资源。首期工程年产 1 万吨沙棘饮料果汁无菌生产线开始动工。该公司注册资金 3500 万元，北京汇源果汁饮料总公司持 55% 的股份，右玉县持 45% 的股份。次年 4 月 6 日，第一期工程建成投产。

1999 年

1 月 右玉县被山西省委、省政府表彰为 21 个 "全省草地生态建设重点县" 之一。

5 月 在省 "保护母亲河，装扮两座山" 推进会上，右玉县欧家村乡老墙框村青年王占峰、杨千河乡南崔家窑女青年余晓兰，被授予 "山西省生态建设青年标兵" 称号。

8 月 2 日 全国绿色通道工程建设山西现场会的 300 多名与会者在右玉实地参观了通道绿化工程和大运高速公路通道绿化工程。

10 月底 右玉县承担的利用国债资金建设生态防护林项目完成，并通过省级验收。

11 月 2 日 在林业部召开的 "三北" 防护林二期工程建设表彰会上，右玉县被授予 "三北防护林二期工程建设先进单位" 光荣称号。

2000 年

2 月 25 日 右玉县委、县政府作出《关于保护森林资源的决定》，内容共分 3 条：1. 加强党和政府对林木保护工作的领导，进一步强化基层干部的护林意识；2. 稳定国有、集体林木所有权，严格林木采伐审批制度；3. 加强执法力度，依法治林。

4月10日 右玉县机关干部义务劳动动员大会在县城影剧院隆重召开。会后，干部职工两千余人自带工具、干粮，开始了造林绿化小南山公园的义务劳动。

小南山森林公园

8月29日—30日 省委书记田成平一行在右玉视察指导工作。其间，在听取了县委书记高厚、县长陈晋才的简要汇报后，到威远人工沙棘种植园、威远高效农业综合开发示范园区、汇源右玉分公司、右玉县矿药厂、新堡子梁林区和杀虎口等地考察。他指出，要大量引进优质牧草，使畜牧业和种植业有机结合起来。

右玉县"绿都"牌沙棘饮料

10月24日 在2000年蒙古国国际博览会上，右玉县"绿都"牌沙棘饮料获得金奖。

11月初 按照县委、县政府决定，县级机关干部参加义务劳动，开始启动县城第四次绿化工程。

2001 年

1 月 10 日 右玉县委在十届三次全体（扩大）会议上作出《关于加强生态环境保护的决定》。

3 月 27 日 据《右政信息》载，右玉县从三个方面加大林业改革力度：一是寻求科学的项目建设组织形式和资金使用办法，大胆引入市场机制，实行专业队治理，确保工作的工期、质量和投资效益。二是探索生态环境建设的新机制，实行"政府规划、个人治理、投资报账、资金到户、权属归己"的机制，把项目建设任务和国家投资适当划出一部分，以"报账制"的形式直接交给农民，调动农民治理生态环境的积极性。把产权、使用权、治理权、受益权、管护权交给个人。列入项目工程规划范围内的"四荒"地、退耕地，可以采取拍卖、转让、承包、租赁形式，重点扶持 30 户生态治理大户。三是在造林项目实施上，引入竞争机制，全部实行公开招标，择优选用，最大限度提高资金效益。

4 月 11 日 右玉县生态造林项目率先引入科学营林机制。一是实行科学规划。二是实行项目招投标制。三是项目资金实行分次拨付。四是严格兑现合同。

7 月 3 日 右玉县被水利部、财政部联合命名为"全国水土保持生态建设'十百千'示范县"，为全省被命名的 7 个县（市）之一。

10 月 19 日 中共中央政治局委员、国务院副总理温家宝在右玉视察调研，他指出种草种树对于右玉县的重要性。

2002 年

3 月 15 日 全县植树造林暨备耕动员会召开。

4 月 24 日 右玉县项目造林进展顺利。截至 2002 年 4 月，全县"世行""天保"等生态项目造林共完成 8.02 万亩。退耕还林工程造林 4.8 万亩，占总任务 5.9 万亩的 81%。

6 月 25 日—27 日 全省"天保"植被恢复工程座谈会在右玉召开。

7 月 8 日 右玉县农村"三大战略"实施进展顺利。在退耕还林还草方面，从 2000 年到 2002 年，3 年退耕 30 万亩的任务已完成。其中，还林 8 万亩、还草 22 万亩。

退耕还林还草

8 月 19 日—20 日 中国台湾益升控股公司执行长黄三福一行 3 人，来右玉县考察开发沙棘资源，并对下一步开发右玉沙棘资源提出了初步意见。副县长谭德宝代表县政府与黄三福在意向书上签字。

9 月 27 日 全县生态环境和基本农田建设动员大会召开。

10 月 24 日—25 日 由新华社和《人民日报》《中国水利报》《经济日报》记者和北京林大、北京农大、西北水保所、黄河委员会中游局有关专家组成的全国沙棘生态建设考察组一行 11 人，到绿都饮料厂、汇源右玉分公司和苍头河沙棘护岸林等地，考察沙棘建设培育情况。

2003 年

3 月 26 日 右玉县委、县政府在新城镇会议室召开全县春季植树造林动员大会。会后，全县掀起了大规模的植树造林活动。

4 月 16 日 全市植树造林现场促进会在右玉县召开。与会人员到威远镇常门铺库区、小南山和元堡子镇退耕还林区进行了参观检查。

7 月 15 日—16 日 省委书记田成平在右玉先后察看小南山万亩生态园、新城镇东街移民新村、右卫镇卢文茂养殖园区、威远镇东街移民新村、汇源右玉分公司和御羴加工厂。

7 月 16 日 省环保局专家组来右玉县考察生态环境建设情况，并对全县生态示范区建设规划进行评审论证。

7 月 23 日 全省雁门关生态畜牧经济区调研组，在右玉县调研畜牧经济发展情况。

8 月 21 日 省人大"三晋环保行"记者团在右玉先后考察了南出口生态观摩亭、县体育广场、街心广场、苍头河生态旅游区、杀虎口古长城文化旅游区，并进行了深入采访。

苍头河湿地公园

　　9 月 11 日 "世行"项目官员因斯勃格尔考察右玉小南山"世行"水保项目和杨千河乡新庙子村滩湾地改造工程，详细听取了右玉县"世行"项目办关于"世行"二期贷款项目实施情况介绍。

　　9 月 26 日—27 日 省长刘振华深入村村通水泥路工程建设现场、新城镇东街移民新村、苍头河生态旅游区、辛堡梁万亩林区、杀虎口古长城文化旅游区调研。

苍头河牧场

　　9 月 28 日 全县建设畜牧经济强县动员会召开。副县长关有玺代表县政府与各乡镇签订了《林木管护和森林防火责任状》。会上，对 2003 年生态畜牧建设先进集体和单位进行了表彰。

　　10 月 29 日 全市生态畜牧经济暨农田水利基本建设现场会在右玉召开。与会人员考察了右玉县生态畜牧重点工程。

2004 年

　　5 月 20 日 在全省林业工作会议上，右玉县委书记高厚被省委、省政府评为 2001—2003 年度山西省林业建设先进个人，党的十六大代表、杨千河乡南崔家窑村农民余晓兰被全国绿化委员会授予全国绿化奖章，右玉县林业局被省委、省政府评为 2001—2003 年度林业建设先进单位。

6 月 2 日 右玉县政府出台《关于加强林草植被保护、严禁开荒破坏的通告》。

8 月 24 日 省委、省政府在朔州召开全省雁门关生态畜牧经济区建设会议。会上，右玉县政府被授予"雁门关生态畜牧经济区建设中作出突出贡献单位"称号。同时，省劳动竞赛委员会为右玉县政府记集体一等功。

9 月 7 日 右玉县政府发出《关于严禁私自采集沙棘果的通知》。

11 月 2 日 市委书记阎沁生，市委常委、秘书长李彪带领市委办公厅有关人员在右玉县调研，先后到双山夹万亩生态园、小南山森林公园、东街移民村富民工程沼气示范户、三源奶牛养殖园区及杀虎口古长城文化旅游区等地考察。

12 月 27 日 全县森林防火暨林权登记发证工作会召开。

2005 年

1 月 8 日 右玉县委、县政府召开中国·右玉生态旅游开发论证会。北京古道西风企划设计有限公司总经理、副研究员邢晨声介绍了《山西省右玉县生态旅游开发可行性研究报告》编制情况。会上，右玉县人民政府与中国国际体育旅游公司举行了 2005 年大型活动签字仪式。

2 月 24 日 右玉县生态旅游开发座谈会召开。北京古道西风企划设计公司总经理邢晨声介绍了右玉生态旅游规划。魏小安研究员在座谈中指出，右玉的生态旅游资源很有特色，可以称为"夏天是绿翡翠，冬天是白玉石"，生态旅游开发的路子可行，很有前途。

3 月 25 日 右玉县春季植树造林暨护林防火动员大会召开。

会上,宣读了《右玉县人民政府关于2005年林业生产的安排意见》。

4月5日 右玉县四大班子领导与全县七大系统机关干部一起在小南山万亩森林公园参加义务植树劳动。

5月25日 全市春季植树造林观摩总结会议的与会人员来右玉县检查指导春季造林工作。实地观摩了县通市油路绿化工程、鹰台山首都水资源水保项目、小南山生态公园、双山夹万亩生态园绿化工程、杀虎口古长城文化旅游区绿化工程。

7月16日 由国家体育总局自行车击剑运动管理中心、中国国际体育旅游公司、中国大学生体育协会、右玉县人民政府主办的首届中国·右玉生态健身旅游节和右玉县人民政府、双育国际公关有限公司承办的"右玉杯"第四届全国大学生越野三项邀请赛、第一届全国独轮车锦标赛开幕。

8月2日—3日 省环保局组织专家对右玉国家级生态示范区创建工程验收。先后深入南山公园、辛堡梁景区、苍头河景区、宏宇牧业公司、汇源右玉分公司、御羴公司进行了实地检查和验收。

8月23日 省委书记张宝顺一行先后深入小南山森林公园、御羴公司、新城镇等地调研指导工作。

8月23日—24日 国家环保总局生态司副处长张文国、南京环科院教授沈渭寿、省环保局生态处处长王学东,先后深入苍头河生态走廊、杀虎口古长城文化旅游区、贾家窑风景区、辛堡梁万亩生态林等地进行考察,对右玉县国家级生态示范区建设试点

杀虎口景区

进行考核验收。验收组对新中国成立50年来右玉县的生态建设及保护成果给予了充分肯定和高度评价。所考核的22项指标全部达到国家生态示范区建设三类地区标准。

赵向东在植树现场

9月24日—25日 榆社县四大班子领导、各乡镇党委书记、县直有关单位负责人一行60余人参观考察了右玉城市建设和南山森林公园。

9月28日—29日 在全省天然林保护工程总结表彰大会上，右玉县政府被山西省劳动竞赛委员会荣记集体一等功，右玉县委书记赵向东荣记个人一等功。

9月29日 山西十大民间环保杰出人物评选结果正式揭晓，右玉县余晓兰获此殊荣。

10月14日 《山西日报》头版头条刊登中共山西省委政研室撰写的关于右玉县生态建设的调研文章《从"不毛之地"到"塞上绿洲"》，全面介绍了右玉县50多年来植树造林、治沙防风、改善生态环境的做法。并配发了特约评论员的文章《五十多年生态建设的启示》，总结了右玉县生态建设的成功经验。

10月19日—20日 省委副书记、代省长于幼军一行到右玉南山公园、东街移民新村、御羴公司等地调研指导工作。

10月20日 右玉县委书记赵向东、县长陈小洪分别接受山西卫视记者有关生态建设情况的专题采访。

11月22日 朔州市市长张建欣以及市农业局、市政府经济研究中心负责人先后深入李洪河流域生态建设工程、新城镇邓家村绵羊改良工程、东街移民新村二期工程调研。

11月26日 右玉县委书记赵向东赴北京参加雁门关生态畜牧经济区发展战略北京高层论坛，并在大会上作了发言。

是年 全县有林面积达到 150 万亩，森林覆盖率达 50%，高出全国平均水平 30 多个百分点。

2006 年

5 月 右玉县被国家环境保护总局评为"国家级生态示范区"。

6 月初 省京津风沙源领导组办公室对右玉县 6 万亩工程项目进行抽样复查。

7 月 10 日 该办公室发出通报：右玉县在全省 19 个京津风沙源建设单位中，综合评价排名第一。

8 月 5 日 第二届中国·右玉生态健身旅游节暨 2006 年全国短道汽车拉力锦标赛开幕。在开幕式上，中国民间艺术家协会授予右玉县"中国古堡之乡"称号。

第二届中国·右玉生态健身旅游节
暨 2006 年全国短道汽车拉力锦标赛开幕式现场

9 月 8 日 全省六大造林绿化工程现场会在右玉县召开。

11 月 29 日 《右玉县绿化志》审核会召开。

12 月 19 日 朔州市委书记王雅安在右玉县六大造林绿化工程及李洪河流域 10 万亩生态建设工程、南山森林公园、杀虎口古长城文化旅游区、中大科技有限公司等地调研指导工作。

2007 年

3月2日 右玉县六大绿化工程建设誓师大会召开。会上宣读了《右玉县 2007 年春季六大造林绿化工程建设实施方案》。

4月17日 省委副书记、省长于幼军在右玉六大造林绿化工程工地检查指导工作。

7月20日 朔州市委副书记、市长田喜荣及省林业厅厅长杜创业，市委常委、常务副市长李栋梁等深入右玉县六大造林绿化工程工地现场办公。

绿色环绕右玉县城

8月8日 全省六大造林绿化工程工作会议在右玉县召开。会上，右玉县被授予"全省造林绿化优秀县"。

8月23日 全省农业综合开发生态治理项目会议在右玉县召开。

9月9日 第三届中国·右玉生态健身旅游节暨 2007 嘉陵杯全国越野摩托车锦标赛、2007 联合会杯全国汽车短道拉力赛开幕式在龙须沟汽车运动基地举行。

9月27日 右玉县今冬明春生态建设、农田水利基本建设动员大会召开。会上宣读了县委、县政府《关于 2006 年秋冬以来全县造林绿化暨生态畜牧基本建设工作成绩突出单位进行以奖代补的决定》。

10月 右玉县被中共山西省委确定为全省首批学习实践科学发展观的试点县之一。

2008 年

1 月初 右玉县 17 任县委书记荣获 2007 年"山西记忆"十大新闻人物集体奖。从中华人民共和国成立以来的半个多世纪，右玉县 17 任县委书记带领全县人民艰苦奋斗，接力绿化，使全县由解放初仅有残林 8000 亩，增加到现在的 150 万亩。森林覆盖率从解放初期的不足 0.3% 提高到 50%，高出全国平均值 30 个百分点，成为"塞上绿洲"。

1 月 10 日 首届中国·右玉冰雪旅游节在右玉县南山滑雪场开幕。

首届中国·右玉冰雪旅游节开幕

4 月 3 日 城乡环境"三化"建设暨春季植树造林动员会召开。

4 月 16 日 朔州市委常委、县委书记赵向东，县长陈小洪接受新华社、东方卫视记者关于 17 任县委书记 58 年坚持不懈绿化的专题采访。

4 月 18 日 朔州市委、市政府作出《关于在全市组织开展学习右玉精神的决定》。

5 月 18 日 右玉精神论坛在右玉县举行。论坛分县情介绍、现场观摩、座谈、研讨四项活动。与会者从不同侧面阐述了右玉精神的内涵和外延。

6 月 2 日 右玉精神事迹首场报告会在右玉县举行。

8 月 4 日 中共山西省委党校、山西行政学院"生态文明建设教学基地"挂牌仪式在右玉县南山公园举行。

8月18日 右玉精神哲学研讨会在右玉县召开。

8月20日 省委副书记、省长孟学农一行在右玉县胡村梁绿化景区、南山公园、苍头河生态保护区、杀虎口古长城文化旅游区等地调研。

8月22日 全市林业系统学习右玉精神现场会在右玉县召开。

9月1日—2日 全省纪检监察系统学习宣传右玉精神现场会在右玉县召开。会上宣读了《关于学习右玉精神、加强领导干部作风建设的决定》。

9月24日 右玉县生态畜牧暨农田水利基本建设动员大会召开。

9月28日 右玉县森林资源管护专项整治动员会召开。会上宣读了县政府《关于开展打击破坏森林资源活动的实施方案》；副县长庞明明代表县政府与各乡镇负责人签订《右玉县森林资源保护责任状》。

第四届中国·右玉生态健身旅游节开幕式

10月5日 第四届中国·右玉生态健身旅游节开幕式在龙须沟汽车运动基地举行。

11月18日 在北京召开的"三北"防护林体系建设30年总结表彰大会上，右玉县获"三北防护林突出贡献单位"奖。

2009年

4月1日 右玉县春季植树造林暨城乡环境综合治理动员大会召开。

5月29日—30日 朔州市"弘扬右玉精神加强作风建设"理

论研讨会召开。

7 月 15 日 山西省委书记、省人大常委会主任张宝顺在右玉县小南山干部绿化基地、杀虎口古长城文化旅游区、金源生态科技综合园区等地调研。他指出，要认真总结、积极推广右玉经验，大力宣传、学习和弘扬右玉精神，扎实推进植树造林和蓝天碧水工程。

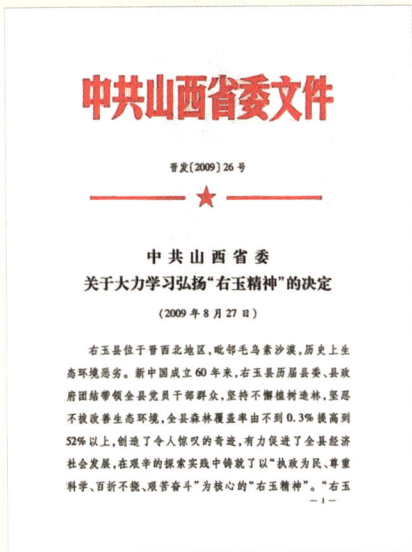

中共山西省委
《关于大力学习弘扬"右玉精神"的决定》

8 月 3 日 全省法院系统学习右玉精神推进反腐倡廉工作会议在右玉县召开。

8 月 27 日 中共山西省委作出《关于大力学习弘扬"右玉精神"的决定》。

8 月 28 日 第五届中国·右玉生态健身旅游节在右玉县龙须沟汽车运动基地开幕。

10 月 16 日—17 日 全省引深学习右玉精神、大力加强作风建设座谈会在右玉县召开。全体与会人员专程到右玉小南山、杀虎口等植树造林基地参观学习。

11 月 5 日 右玉县召开干部大会。会上宣读了中共右玉县委《关于传承右玉精神，进一步加强干部作风建设的若干意见》。

11 月 17 日 右玉县委书记陈小洪等领导和历任县委书记代表们以及右玉县部分干部群众代表赴并参加山西卫视《第一访谈》节目《美丽的神话——右玉精神时代的丰碑》节目录制，并接受栏目专访。

12 月 2 日 以反映"执政为民、尊重科学、百折不挠、艰苦奋斗"为核心的右玉精神的 30 集电视连续剧《西口长歌》在太原举行首映式。

《西口长歌》在太原举行首映式

12 月 7 日 新加坡新传媒集团亚洲新闻台、上海文广新闻传媒集团外语频道和同济大学城市规划设计研究院等单位联合主办的"发现中国·魅力小城"评选活动揭晓,右玉县以 60 年坚持不懈植树造林的可贵精神与非凡业绩荣获中国首批"魅力小城"称号。这是山西省唯一入选的城市。

2010 年

3 月 18 日 右玉县召开集体林权制度改革动员暨春季护林防火工作会议,会上宣读了《右玉县集体林权制度改革实施方案(草案)》。

5 月 13 日 2010 国际旅游城市论坛在浙江省杭州市召开,右玉县荣获"最值得向世界推荐的旅游县"称号。

5 月 30 日 朔州市弘扬右玉精神、加强作风建设理论研讨会在右玉县召开。

5 月下旬 在"世博中国年·2010 中国品牌颁奖盛典"上,右玉县被授予"联合国最佳宜居生态县"荣誉称号。

7 月 27 日 全省深入学习右玉精神、加强干部作风建设座谈会在右玉县召开。会上，朔州市、右玉县相关领导分别作大会发言。

7月29日 山西省青年马克思主义者培训班"右玉精神"报告会在右玉县举行。

7月30日 中共中央政治局委员、书记处书记、中宣部部长刘云山一行在右玉县杀虎口旅游区、右卫镇文化站、南山公园等地就文化旅游开发、基层文化建设以及生态建设和"右玉精神"宣传推广等进行考察调研。

8月11日 全市集体林权制度改革现场推进会在右玉县召开。

8月21日 在北京举行的"2010首届低碳中国年度创新论坛"上，右玉县荣获"低碳中国·领导人物"荣誉称号。这是山西省唯一获此殊荣者，也是全国唯一以集体名义获此殊荣者。

8月26日 右玉县委、县政府承办的首届"中国·右玉西口风情生态旅游文化节"在右玉体育文化中心广场开幕。

8月28日 中共山西省委召开全省兴起学习"右玉精神"新高潮大会。

9月7日 全市进一步兴起学习右玉精神新高潮大会召开。会议要求让右玉精神率先在朔州大地生根、开花、结果。

9月20日 全省"三北"工作会议与会代表在右玉县李洪河流域生态治理工程、南山森林公园、四五道岭绿化工程参观。

9月26日 山西省各民主党派、工商联、无党派人士学习考察右玉精神座谈会在右玉县召开。

2011 年

3月1日 中共中央政治局常委、中央书记处书记，中央党校校长习近平在中央党校2011年春季学期开学典礼上的讲话中指出："右玉的可贵之处，就在于始终发扬自力更生、艰苦创业、功在长远的实干精神，在于始终坚持为人民谋利益的政绩观。我们抓任何工作的落实，都应该这样去做。"

4月16日 右玉县机关干部、学校师生、医院职工和民兵预备役在黄沙洼植树现场参加义务植树。

6月27日 右玉县"传承弘扬右玉精神，重温入党誓词"千名党员主题党日活动在右玉县南山森林公园绿化丰碑广场举行。

8月27日 第二届中国·右玉西口风情生态旅游文化节暨第四届中国旅游电视周、首届中国（西口）DV文化节、"玉龙杯"中国速度赛马俱乐部联赛开幕。

2012 年

2月17日 右玉县白头里乡荣获"山西省生态乡镇"称号。

3月27日 在全国造林绿化表彰动员大会上，右玉县荣获2011年度全国绿化先进集体、国土绿化突出贡献单位称号。

6月18日 第二届特色农产品北京展销周右玉县绿色生态名特优杂粮与畜产品推介会在北京举行。

7月24日 全省"深入推进学习弘扬右玉精神，保持党的纯洁性"工作座谈会在右玉召开。

8月10日 中国文联、中国视协2012送欢乐下基层暨第三届中国·右玉西口风情生态旅游文化节开幕。

9月28日 中共中央政治局常委、中央书记处书记、国家副主席习近平在中共山西省委上报的《关于我省学习弘扬右玉精神情况的报告》上作出重要批示："右玉精神体现的是全心全意为人民服务，是迎难而上、艰苦奋斗，是久久为功、利在长远。"

10月17日晚 山西省话剧院创作的大型话剧《立春》在北京解放剧院演出。该剧以党的十六大、十七大代表，右玉县杨千河乡南崔家窑村村民余晓兰等植树造林模范为原型，表现右玉人民在党的领导下艰苦奋斗、顽强拼搏，变不毛之地为塞上绿洲的伟大创举。

12月12日 全省深化弘扬右玉精神、加强作风建设座谈会在右玉县召开。会议期间，与会人员参观了右玉绿化史展览馆。

12 月 16 日 经过公众投票、评委评审，2012 年度"感动山西"十大人物评选结果在太原揭晓。右玉县农民余晓兰荣获 2012年度感动山西十大人物。

12 月 26 日 在"学习弘扬右玉精神感动朔州十佳人物"评选活动领奖典礼上，右玉县历届县委、县政府荣获"十佳人物"特别奖；杨千河乡南崔家窑村村民余晓兰、教场坪能源集团董事长张来栓荣获"十佳人物"称号。

余晓兰

2013 年

4 月 9 日 右玉县委常委（扩大）会议召开，研究《右玉县"人均一棵树、一村一片林、一乡一条路"绿化实施方案》。

5 月 23 日 "右玉精神在朔州"座谈会召开。

7 月 5 日 朔州市深入开展"右玉精神在朔州"活动动员大会召开。

7 月 25 日 第四届山西·右玉西口风情生态旅游文化节开幕。

同日 右玉精神展览馆开馆仪式暨"践行群众路线、弘扬右

右玉精神展览馆

8月12日 山西省人大常委会领导班子成员在右玉县集体学习右玉精神，并就开展群众路线教育实践活动广泛征求意见建议。

9月28日 朔州市领导干部秋季义务植树活动启动仪式在右玉县举行。

10月22日 右玉县委常委（扩大）会议召开，讨论研究《关于深化"右玉精神在朔州"，做好"自费购树、亲手栽树、持之以恒、形成制度"活动的实施方案》等。

11月30日 在北京举行的"美丽中国·首届特色生态旅游

右玉之冬

城市创建与发展论坛"颁奖盛典上,右玉县荣获"美丽中国示范县"
称号。

2014 年

3 月 21 日 《山西日报》刊登《右玉精神:群众路线在山西的
生动实践》《习近平总书记盛赞"右玉精神"》《刘云山同志谈"右
玉精神"》简讯。

4 月 8 日 朔州市学习焦裕禄精神、弘扬右玉精神、树立
正确政绩观专题研讨会在右
玉县召开。

4 月 9 日 朔州市春季植树
造林暨义务植树动员大会在右
玉县举行。

7 月 23 日 第五届山西·右
玉西口风情生态旅游文化节开
幕。

11 月 14 日 省委书记、省
人大常务委员会主任王儒林一
行深入右玉展览馆、绿化丰碑、
四五道岭、贾家窑山干部义务
植树基地等地调研。

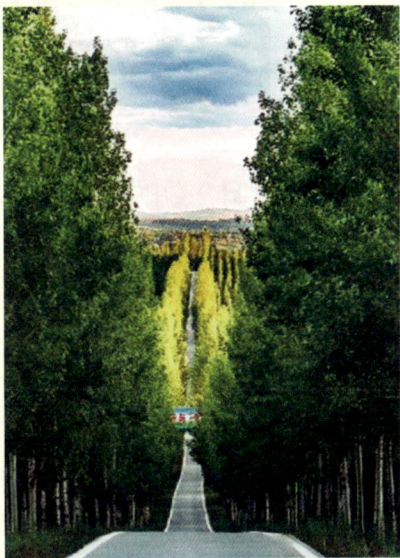

四五道岭景区

2015 年

1 月 12 日 习近平总书记在人民大会堂同中央党校第一期县
委书记研修班学员座谈交流"县委书记经"时,再次提到右玉精神。
他要求大家要有"功成不必在我"的境界,像接力赛一样,一棒

一棒接着干下去。

1月31日 朔州大讲堂之廉政文化系列讲座第二期在朔州市图书馆开讲，本期特别邀请原右玉县委宣传部部长、右玉县人民政府副县长、右玉县政协主席王德功作《右玉为什么会产生"右玉精神"》专题讲座。

王德功

2月12日 《山西晚报》刊发反映右玉精神的文章《右玉县委书记们的政绩观：功成不必在我》。

3月10日 右玉县举办首届苗木交易大会。山西省太原市、大同市、忻州市，内蒙古呼和浩特市、鄂尔多斯市、乌兰察布市，河北保定市，辽宁阜新市，安徽安庆市以及本地苗木生产经营企业的负责人和苗木经纪人共计160多人参加大会。

3月26日—27日 省委党校第57期中青年领导干部培训班、第8期正处级公务员轮训班、第1期青年干部培训班学员在右玉县进行右玉精神现场教学，180多名学员深刻感受了右玉历届县委、县政府，一任接着一任，一届接着一届，率领全县干部群众坚持不懈植树治沙的先进事迹。

4月15日 朔州市在右玉召开春季植树造林暨干部义务植树动员大会，号召全市上下立即行动起来，迅速掀起全市植树造林新高潮。

5月25日 《人民日报》12版头条刊发反映右玉县生态文明建设的文章《65年造林不止，森林覆盖率从0.3%上升到

54%——右玉守绿》。

6月10日 右玉县入选"2015百佳深呼吸小城榜"，是山西省4个入围百佳小城之一。

7月22日 第六届山西·右玉西口风情生态旅游文化节开幕。

同日 "西口风情"中国右玉油画写生作品展在右玉县玉林书画院开展。

7月22日——23日 来自中央电视台、新华社、《光明日报》和《山西日报》《山西经济日报》等30多家主流媒体和油画专业媒体的记者走进右玉进行采风创作，深刻感悟右玉精神。

右玉之秋

8月4日 由河北农业大学党委副书记、校长王志刚率领的河北省部分全国人大代表和省人大代表组成的调研组在右玉县，就山区生态建设情况进行调研。

9月11日 由省委宣传部，朔州市委、市政府主办，右玉县委、县政府承办，太原美术馆、右玉县玉林书画院协办的山西右玉西口风情油画写生作品展在太原美术馆开展，共展出来自全国各地的百余位知名画家的作品。

10月20日 中央电视台新闻频道《新闻直播间》播出《右玉：接力种树"不毛之地"变"塞上明珠"》的风光片，向全国观众介绍了右玉县60多年坚持不懈植树造林、美化家园的感人事迹。

2016 年

2 月 21 日 右玉县荣获国家旅游局公布的首批创建"国家全域旅游示范区"。

3 月 18 日 右玉县第二届苗木交易大会开幕。来自山西省太原市、大同市、忻州市、吕梁市，内蒙古呼和浩特市、乌兰察布市，河北张家口市、定州市、唐山市，吉林通化市，甘肃武威市，宁夏固原市，以及本地苗木生产经营企业的负责人和苗木经纪人共计 160 多人参加大会。

4 月 28 日 右玉县荣登"2016 百佳深呼吸小城榜"。

5 月 30 日—31 日 新华社新闻信息中心山西中心与右玉县委宣传部共同举办右玉油画写生季暨西口情·新华社山西媒体右玉行采风活动。

6 月 19 日 《人民日报》头版刊发长篇通讯《接力 60 年，沙洲变绿洲——山西右玉的绿色发展之路》。

7 月 20 日 "右玉精神与生态文明建设"研讨会在右玉县举办。

"右玉精神与生态文明建设"研讨会现场

7 月 20 日—8 月 5 日 以"弘扬右玉精神、领略西口风情"为主题的山西·右玉西口风情文化旅游招商系列活动在右玉县举行。

10 月 15 日 中共山西省委在右玉县召开学习交流会，重温习近平总书记关于右玉精神的重要指示。省委书记骆惠宁发表重要讲话。

12月7日—9日 央视纪录频道连续三天播出三集纪录片《右玉的县委书记们》。

2017 年

2月11日 著名导演张继钢一行，就大型音乐史诗《右玉精神》的选题创作在右玉县进行了座谈。

6月6日 右玉干部学院开学典礼暨全省干部教育培训工作推进会在右玉县举行。省委常委、组织部部长吴汉圣为右玉干部学院揭牌。

右玉干部学院

6月11日 山西省美术家协会杀虎口写生基地、山西画院杀虎口写生基地、朔州艺术研究院书画院创作基地暨采风写生仪式在杀虎口风景名胜区正式挂牌启动。

6月21日—6月23日 习近平总书记在山西省吕梁、忻州、太原等地考察调研。他在考察调研时强调："右玉精神是宝贵财富，一定要大力学习和弘扬。"

6月22日 《山西日报》头版刊发《好生态就是金饭碗》一文，

记述了生态建设给右玉老百姓带来的好处。

8月3日晚 2017山西·右玉西口风情生态文化旅游招商系列活动在右玉县正式启动。

8月10日 《人民日报》14版刊发反映右玉县生态文明建设的文章《右玉：不毛之地变塞上绿洲》。

8月18日晚 山西省首部大型音乐舞蹈史诗《为有牺牲多壮志——右玉和她的县委书记们》在山西大剧院首演。

山西省首部大型音乐舞蹈史诗《为有牺牲多壮志——右玉和她的县委书记们》

8月23日 《新华每日电讯》头版头条刊发《"右玉精神"的接力传递》一文。次日，又以5版整版刊发《不毛之地变塞北明珠的绿色发展样本》一文。

9月11日 环保部公示了第一批国家生态文明建设示范市县初步名单。右玉县是山西省唯一的上榜县。

9月21日 环保部在浙江省安吉县召开全国生态文明建设现场推进会，命名授牌塞罕坝等13个地区为第一批"绿水青山就是金山银山"实践创新基地，右玉县为山西省唯一入选地区。

9月27日—10月3日 右玉精神主题宣传活动在北京举办。活动分为大型音乐舞蹈史诗《为有牺牲多壮志——右玉和他的县委书记们》演出和"久久为功绿色丰碑——右玉精神油画摄影展"两部分。

9月30日 《山西日报》整版刊登《久久为功创宏伟业绩，

利在长远谱英雄史诗——观〈为有牺牲多壮志——右玉和他的县委书记们〉》。

2018 年

1月8日 朔州市委书记陈振亮带领市委常委班子成员在右玉县开展学习右玉精神主题日活动，重温习近平总书记关于右玉精神的重要指示，贯彻落实省委关于学习弘扬右玉精神的决策部署，推动右玉精神在朔州开花结果。

3月14日—4月30日 右玉县在全县科级干部、离退休老干部、中小学校师生中开展参观右玉精神展览馆、绿化丰碑、右玉精神主题艺术馆，重温习近平总书记对右玉精神重要指示精神活动。

3月24日晚 由朔州市旅发委主办、山西文旅集团云游山西股份有限公司协办的"右玉精神·长城赞歌"文旅展演活动在清华大学举行。

4月3日 右玉县干部和群众在右玉县大南山干部义务植树造林基地义务植树。

右玉之春

4月24日—25日 省军区司令员邹小平、省军区政治委员郭志刚带领观摩组，在朔州市开展"学习右玉精神久久为功抓国防动员"观摩活动。

5月18日 "'两山'理论与右玉绿色发展"峰会在右玉县举行。会上，浙江省安吉县、陕西省延安市、河北省塞罕坝林场、新疆维吾尔自治区阿克苏市、山西省右玉县5家全国生态建设典型共同签署了《坚持绿色发展，建设生态文明》绿色宣言。

2018年"'两山'理论与右玉绿色发展"峰会现场

5月24日 在文化成就旅游品牌高峰论坛暨优质文旅项目推介会上，右玉县荣登"2018中国最美县域榜单"。

7月1日 2018山西右玉生态国际马拉松开赛，来自俄罗斯等12个国家，以及中国31个省（区、市）的5000名选手参赛。

7月19日 山西·右玉西口风情生态文化旅游招商系列活动正式启动。

7月26日晚 大型音乐舞蹈史诗《为有牺牲多壮志——右玉和他的县委书记们》在右玉县演出。

8月10日 "新时代如何弘扬右玉精神""右玉脱贫后的发展定位与路径选择"专题调研座谈会召开。

同日，由团中央学校部、中国青年报社、共青团山西省委、中共朔州市委、朔州市人民政府主办，共青团朔州市委、中共右玉县委、右玉县人民政府承办的2018年"弘扬右玉精神、争做时代新人"百所高校右玉行暑期实践活动总结交流会在右玉县召开。

9月5日 "绿色的旋律——2018右玉森林音乐会"在右玉县举办。

绿色的旋律——2018右玉森林音乐会现场

9月16日 在北京人民大会堂举办的"践行'两山'理论、发展生态文化旅游"主题推介会上，浙江安吉、河北塞罕坝林场、山西右玉、陕西延安、新疆阿克苏本着"绿色、开放、合作、共赢"的理念，成立"生态文化旅游发展联盟"，并签署合作协议。

9月26日 中共朔州市委印发《关于大力学习弘扬右玉精神的实施意见》。

10月2日 由中央电视台、中共山西省委宣传部、山西影视(集团)有限责任公司、中共朔州市委、朔州市人民政府出品的电视剧《右玉和她的县委书记们》在央视一套开播。

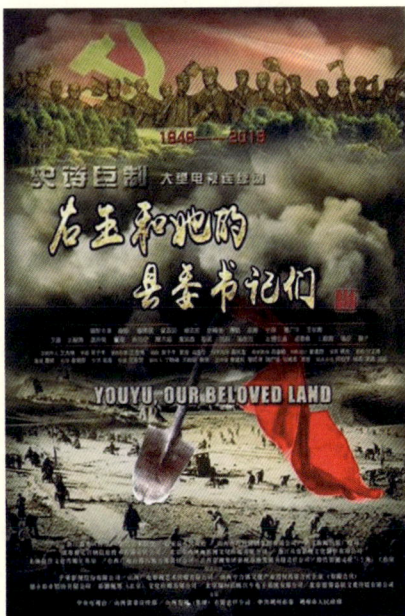

《右玉和她的县委书记们》电视海报

071

10月11日 电视剧《右玉和她的县委书记们》首播座谈会在右玉县威远镇召开。会上，右玉县第十二任县委书记袁浩基，党的十六大、十七大、十八大代表结合亲身经历畅谈体会，提出建议。

《右玉和她的县委书记们》首播座谈会现场

10月22日 中央党校（国家行政学院）党建部与右玉干部学院签署战略合作计划书，两校就进一步挖掘右玉精神、开展理论教学实践达成合作意向。

11月10日—11日 中央党校（国家行政学院）党建部新时代弘扬右玉精神课题研究组深入右玉县，就新时代如何大力传承弘扬右玉精神开展课题调研。

11月15日 全市支持和推动右玉县高质量发展工作会议在右玉县召开。会上，朔州市委、市政府出台《关于支持和推动右玉县高质量发展的实施意见》。

2019 年

1月18日 中共朔州市委六届八次全体会议暨市委经济工作会议召开。会议审议通过《关于大力学习和弘扬右玉精神、推动改革开放再出发的决议》。

2月11日 朔州市举行首场右玉精神报告会。

右玉精神报告会现场

4月11日 由中央广播电视总台、中国电视剧制作中心有限责任公司制作，为庆祝中华人民共和国成立70周年而特别筹划的重点献礼剧目《希望的田野》开机仪式在右玉县威坪堡村外景地举行。

5月11日 2019玉龙国际赛马公开赛在右玉县开赛。玉龙国际赛马公开赛是中国唯一一个与国际接轨、横跨两地、贯穿全年、奖金最高的专业化赛马赛事。本赛季于5月11日—9月28日举行，全年共19个比赛日95场比赛。

6月5日 中共中央政治局常委、全国政协主席汪洋在右玉县调研脱贫攻坚工作。他充分肯定右玉县脱贫攻坚和生态文明建设取得的显著成绩。并强调，右玉精神集中体现了共产党人全心全意为人民谋幸福的宗旨，是开展"不忘初心、牢记使命"主题教育的生动教材。

6月10日 生态环境部公布了第二届中国生态文明奖先进集体和先进个人荣誉称号名单。右玉县林业局荣获中国生态文明奖先进集体，为全省唯一获此殊荣的单位。

6月16日 2019山西右玉生态国际马拉松在右玉县开赛。

山西右玉生态国际马拉松

同日晚，"弘扬右玉精神 唱响塞上绿洲——右玉生态文化旅游消夏系列活动"在右玉县体育广场正式启动。

6月25日 第九届全国"人民最满意的公务员"和"人民满意的公务员集体"表彰大会在北京举行。朔州市生态环境局右玉分局被授予"人民满意的公务员集体"称号。

7月15日 人民网《跨越70年·中国的故事》栏目推出重点报道——《山西右玉：不毛之地生绿洲 昔日荒山变金山》。

7月18日 省委统战部、省工商联组织全省百余名民营企业家开展"民营企业助力县域经济高质量发展——右玉行"活动。

7月23日 《人民日报》专栏《壮丽70年 奋斗新时代——共和国发展成就巡礼》，以《右玉历任县委书记——一任一任干 一山一山绿》一文报道朔州右玉。

同日，中央电视台新闻频道在《壮丽70年 奋斗新时代——共和国发展成就巡礼》中以《山西右玉：不毛之地变塞上绿洲》《山西右玉：久久为功 守"绿"代代传》的文章报道右玉县。

8月19日 中共中央宣传部第十五届精神文明建设"五个一工程"组织工作先进单位和获奖作品在京揭晓。《右玉和她的县委书记们》荣获电视剧优秀作品奖。

9 月 16 日 在中华人民共和国成立 70 周年之际，中宣部新命名 39 个爱国主义教育示范基地，右玉精神展览馆名列其中。

9 月 25 日—26 日 全省国土绿化现场推进会在右玉县召开。

10 月 18 日 朔州市秋季义务植树暨造林绿化现场推进会召开。

朔州市秋季义务植树暨造林绿化现场推进会

12 月 19 日 朔州市委中心组集体重温习近平总书记对右玉精神的五次指示精神。朔州市委书记陈振亮指出，习近平总书记对右玉精神的五次重要指示，是大力学习和弘扬右玉精神、不断开创各项事业新局面的光辉指引。

2020 年

5 月 12 日 中共中央总书记、国家主席、中央军委主席习近平在山西大同、太原等地考察。在考察期间，习近平强调，要牢固树立绿水青山就是金山银山的理念，发扬"右玉精神"，统筹推进山水林田湖草系统治理，抓好"两山七河一流域"生态修复治理，扎实实施黄河流域生态保护和高质量发展国家战略，加快制度创新，强化制度执行，引导形成绿色生产生活方式，坚决打赢污染防治攻坚战，推动山西沿黄地区在保护中开发、开发中保护。

5月14日 朔州市委常委会召开会议，传达学习习近平总书记5月12日考察山西重要讲话重要指示精神。会议指出，要发扬右玉精神，把学习和弘扬右玉精神作为重大政治任务始终牢牢扛在肩上，要以右玉精神涵养政治生态，把右玉精神融入血脉、付诸实践，切实把右玉精神学习好、传承好、发扬好。

7月13日 省委书记楼阳生在右玉县调研。他强调，要深入贯彻习近平总书记考察山西重要讲话重要指示精神，弘扬右玉精神，坚定信心，久久为功，在转型发展上率先蹚出一条新路来。

7月20日 中国共产党朔州市第六届委员会第十一次全体会议召开。朔州市委书记陈振亮作《发扬右玉精神，率先蹚出新路，坚定不移把习近平总书记视察山西重要讲话重要指示落到实处》的讲话。

8月31日 绿色的旋律——2020右玉森林音乐会在右玉县南河湾生态湿地公园上演，旨在赞美自然生态，倡导绿色发展，讴歌右玉精神。

绿色的旋律——2020右玉森林音乐会现场

亲历者述

抓好植树种草 促进全面发展

卢功勋

一、接过生态治理的接力棒

植树种草是改变右玉生态环境的根本出路。这方面，右玉的干部群众经历了一个十分艰辛的探索过程。中华人民共和国成立以来，右玉县委、县政府率领全县人民，为改变"十山九秃头，洪水遍地流，风起黄沙飞，十年九不收"的落后面貌，坚持植树造林，做出了显著成绩，并且积累了一些重要的经验。一是，十几年间，县委、县政府领导组成员尤其是主要领导虽然几经变化，但是，每届领导都把植树造林当作改变右玉落后面貌的主要矛盾去抓。二是在县

右玉县委副书记 卢功勋

委、县政府的正确引导下，植树造林在全县初步形成了群众性的生产活动。三是从互助组到人民公社，在国家有关林业政策的指导下，全县采取国家、集体、个人相结合的办法，有效促进了林业生产的发展，全县涌现出一些有说服力的先进典型。通过十几年的治理，到1964年，右玉人均造林存活面积达到1.75亩。对于气候干旱、风沙严重的右玉而言，应该是可观的成效。我自己觉得，认真借鉴这十几年的经验，对我做好这方面的工作无疑是非常重要的。同时，从发展的角度，也必须清醒地看到这十几年来存在的问题和不足。

从20世纪50年代到60年代初期，全县造林总面积累计达到30多万亩。但是，由于自然环境差，实际成活不到11.95万亩，只占到造林总面积的三分之一。总体上讲，成活率比较低，造林效率差。奋战10年，成活的林木仅占全县治理总面积的4%。

经过深入的调查研究，我深切地感到，植树种草在右玉难度很大，每发展一步，都要付出艰苦的努力。从长远来看，这是一项长期的、艰巨的战略任务，必须一年接一年、一代接一代坚持不懈地做下去。不能因为难度大、见效慢而有丝毫动摇，应该坚定不移、坚持不懈地执行下去。这种长期性和艰巨性，一定要让广大干部群众认识到，一定要让大家有长期作战的思想准备，任何时候都不能松懈。同时，也必须认识到，改善生态环境是一项科学的系统工程，既要全力去做，又不能蛮干。对于各级领导者来说，既要科学决策，实现当前利益与长远利益的高度统一，又要周密合理地组织指挥，才能真正见到实效。

二、在"好"字上下功夫

我分管右玉农村工作期间，在抓生态治理方面，坚持贯彻了"依靠群众、自力更生、大力造林、造管并重、林粮结合、多种经营、采育结合、综合利用"的林业方针。在这一方针指导下，确定了第三个五年计划期间林业发展的总任务。即，到1970年，全县造林50万亩，封山育林16万亩，每年保持育苗6500亩，大搞林网化和四旁绿化，积极扩大森林资源。

在具体实施当中，我重点抓了以下几个方面的工作：

一是从普查林业入手，我对全县种树种草实行科学规划

从1965年秋冬到1966年，我组织力量对全县林业发展状况搞了一次普查，进一步总结了历年生态治理当中的经验和教训，在普查总结的基础上，右玉县委召开专门会议，确定了全县1966年的造林任务，重点是大片造林6万亩，分三季完成；四旁绿化120万株，育苗6500亩。决定在全县农村开展"一人一亩树、一分苗"竞赛活动。

为了加强对林业工作的领导，全县层层建立林业工作机构。县委率先成立了林业委员会，还从生产大队中选拔了一批植树造林模范担任委员。委员会全面负责指导、检查全县的林业工作。同时，县里确定一名常委，各公社确定一名副书记或副主任，各大队确定一名副支书或副大队长，专管林业，并定期召开林业工作会，研究有关发展林业的政策、管理方面的问题。各级林业管理机构坚持林字当先，把发展林业放在首位，做到"以林促农、以林促牧、以林促副"；坚持国有造林和集体造林两条腿走路，以集体为主，扩大集体造林面积；坚持农田林网化、四旁绿化和大片造林相结合；坚持人工造林和封山育林相结合；坚持植树造林和多种经营、综合利用相结合。全县林业工作走上了规范化的轨道。

二是从抓落实政策入手，把培养推广先进典型和群众性的植树造林活动紧密结合起来

早在1953年，右玉县政府为各林业单位和个人发放过一次林权证。1958年人民公社化后，凡个人植的树全部收归集体，林权证随之作废。1962年集体收归的自留树又全部放了下去，并重新发放了林权证。为了进一步调动广大群众植树造林的积极性，1965年到1966年，结合林业普查工作，全县重点抓了"谁种、谁有、谁管、归谁"这一林业政策的落实工作。通过落实林权政策，调动了群众四旁绿化的积极性。同时，也有力地推动了群众性的植树造林活动。

为了抓好全民性的植树造林活动，首先采取了全民动员与专业队相结合的办法，组织植树造林大会战。所谓全民动员，是在春耕前后、秋收前后，分四次组织全县群众开展植树种草活动。每次行动，实行机关干部、学校师生、厂矿企业工人总动员，每次时间半个月左右。每逢这种大型的行动，各级领导都要带头参加，率领干部、学生、工人、农民分区域分任务，以促进保质保量完成任务。同时，各大队还抽出15%的劳力，组成林业专业队，常年负责造林、育苗、护林、抚育。此外还组织青年团和民兵，组成专业造林突击队，啃硬骨头，在全县几大风口建设防风林带。与此同时，全县十分重视植树造林先进经验的推广。比如曾经受到国务院嘉奖的"植树造林锁风沙先进单位"盘石岭大队，他们在绿化荒滩和沟壑过程中，采取的造林预整地和水平沟压条法，大造乔灌混交林，取得了很好的效果，为全县起到了较好的示范作用。再如，丁家窑公社对臼沟生产队在1965年植树造林中，采取"以组包片，以人包株，从栽到管，一包到底"的办法，做到责任到人、利益到户，对提高植树造林质量、完成植树造林任务起到了很好的促进作用，有效地推动了全县植树造林高标准高质量开展。

三是从实际出发，加强对植树造林的具体指导

首先是抓了植树造林的前期准备工作。在每年的2月份全县就开始做植树造林准备了。当时，右玉还在寒冷的封冻季节，我们就召开会议，把林地、秧苗、劳力、任务、领导、措施等逐项落实到社到队，要求各社队做到因地制宜，合理安排，能种就种，能栽就栽，该封就封。不搞千篇一律，以确保质量。同时，突出强调抓好造林预整地工作。要求各社队根据劳力、林地情况，采用不同的整地方法，精细耙磨，为植树造林奠定良好基础。要求各个苗圃，认真抓好苗木出圃前的管理工作，保证苗木质量，确保苗木供应。这些措施，对动员全县人民在土壤墒情严重干旱的情况下，做好植树种草的思想准备、组织准备和物质准备起到了较好的作用。

其次是抓了育苗和苗木新品种引进工作。对国有苗圃，根据适地适树的原则，重点抓选择优良品种、扩大育苗面积、提高育苗质量等工作。部分有条件的大队，植树的同时，也建立了苗圃。到 1966 年，全县实现了人均育苗 1 分地。从 1956 年到 1966 年，先后引进了华北落叶松、油松、樟子松等耐寒、耐旱优质树种。这些苗木出圃后，先后植于土层较厚的十七沟、曹洪山、后窑子、贾家窑等山区。

再就是，把管护工作作为发展林草的重要环节去抓。全县各生产队都成立了护林委员会，制定了护林公约，牛羊馆都担任了义务护林员，县里特发了护林公告，形成了群众性的爱林护林风气，切实做到了"三分造，七分管"。由于层层加强管护，群众的护林积极性空前提高，涌现出不少自觉护林、义务护林的好人好事，乱砍滥伐的现象初步得到控制。

然而，"文化大革命"开始以后，林业保护被当作关、卡、压，横遭批判，林业管理机构无法行使职能，偷砍乱伐的行为又死灰复燃。

四是激励群众自力更生，把植树造林建立在依靠自己力量的基点上

当时，国家对林业的投资很少，而且多数用于国营造林，集体造林投资占的比重极少。如 1965 年，国家给右玉的造林投资只有 29.8 万元，其中用于国营造林投资占到 25.5 万元，集体造林投资只有 4.3 万元。1966 年，国家投资 32.6 万元，其中用于国营造林的投资 28.1 万元，集体造林投资也只有 4.5 万元。在这种状况下，县委号召广大干部群众，依靠自己，自力更生。那时，大片的造林主要靠干部、工人、学生、社员投入义务劳动或义务工去完成。县委一班人带头参加植树种草劳动，既是指挥员，也是战斗员，大大激发了广大群众战天斗地的精神。据统计，1965 年和 1966 年两年，全县新造林面积达到 11.1 万亩，零星植树达到 11.44 万多株。两年中，每年的育苗面积维持在 450 亩左右。在黄沙洼、杀场洼、老虎坪、红土堡、威远堡等地，建起了 6 处万亩以上的林区，总面积达 12.1 万亩。全县种植草木栖达到人均一亩，仅马营河流域内，就种了草木栖 23000 多亩，当年收草籽 50 多万斤。

三、以林保农，全面发展

农业生产的全面发展，是一项十分复杂的系统工程。根据右玉的生态情况，优先发展林草，改善生态环境，以林草的发展，促进农林牧副全面发展，是一条切实可行的路子。农林牧副各业之间，是一种相互促进、相互依赖的关系。但是，哪个环节是主要矛盾，因地区自然条件的不同而不同。对于右玉来说，生态环境恶劣是制约全面发展的主要矛盾，抓住这个主要矛盾，林草种植搞好了，生态环境改善了，就能形成良好循环，促进其他各业的全面发展。右玉地势高寒，土地宽阔，具有发展畜牧业的良好条件。随着全县植树种草的不断发展，林多草多，为发展畜牧业提供了大量资源。为此，1965 年和 1966 年，右玉县委在狠抓植树种草的同时，突出抓畜牧业的发展。1965 年抗旱中，右玉县委就把发展畜牧业当作生产自救工作来抓。薛珊和我分别带领工作组到程家窑、南八岭、林家堡、盘石岭、四台沟、道羊村等大队，一面深入贯彻党的政策，一面实地调查研究，通过总结正反两方面的经验教训和或人或事的教育，调动了干部群众发展畜牧业的积极性。县委经过摸底排队，在全县288个大队中，选出水草条件好、繁殖母畜多的128个大队作为大牲畜繁殖基地，实行"牛驴为主，积极繁殖，提高质量，大量输出"的方针，狠抓培养母畜、搞好繁殖、改良畜种三个基本环节，推行了专群放牧、专圈喂养、专人管理等繁殖管理制度。还采取就地选育为主、外购为辅、边选边育、去劣存优等办法，从新疆、朔县、广灵等地，购回优良种畜20多头。仅1965年，全县优种公畜发展到240多头，大牲畜发展到21000多头，户均1.3头，比年初增加9%。生猪发展到40543口，户均两头半，比年初增加1.2倍，存栏25672口。羊有92643只，户均达到6只，比年初增加20%。出售给国家的役畜222头，鲜蛋增加75%。这些都超过了历史上的任何一年。1966年又持续抓了一年，全县的畜牧业又有了新的发展。

在林牧业发展的同时，农业生产条件得到了明显改善。当时，由于草木栖已在右玉全县范围内推行种植，创造了非常有利的沤制绿肥的条件。1965年和1966年，采取压青和沤制的办法，大积绿肥，在全县广为开展，这对改良新建的大寨田土壤发挥了重要的作用，也对后来右玉的环保型生态农业建设产生了重要影响。总的来看，大搞种树种草，逐步改善了全县的生态环境，促进了畜牧业和农业的发展，同时也带动了多种经营，使农业内部结构发生了明显变化，全县农业生产逐步形成良性循环的可持续发展局面。

在右玉工作的回忆

邵培基

我于1968年8月到右玉工作，任武装部政委、县核心小组组长、县"革委会"主任。

在社会秩序基本稳定后，为有重点地抓好工作，我与县里其他领导和同志进行了广泛的思想及工作交流，了解到：当时县里主要的问题和工作任务有两个，一是粮食产量低，多数农民吃不饱；二是气候差，风沙大，植树造林、防风固沙任务很艰巨。针对以上问题，我先从抓粮食增产入手，通过调研了解到，自右玉解放到1968年，将近20年间，老百姓的口粮一直难以自给自足，连年吃国家救济粮。当地老百姓有句顺口溜，

右玉县"革委会"主任　邵培基

"够不够，三百六"。意思就是农村人口每人每年只有 360 斤带皮的毛粮，加工后也就 300 斤左右，这点粮是很难吃饱的。俗话说，民以食为天。当时我就想，如果连老百姓的吃饭问题都解决不好，我这个县官还怎么当，怎么面对群众呢？全心全意为人民服务是党的宗旨，我作为一名党员干部，决不能把其当成一句空话，而必须实实在在地为老百姓解难题、办实事。本着这一思想，为了找到粮食产量低的症结和解决增产的办法，我深入基层，先后跑了 170 多个村庄进行调研，最终了解到，由于地广人稀，当地一大部分村庄的老百姓种地方法太粗放，一个劳力平均要种一百多亩地，每到春天播种，当地百姓赶上牛，拉上耧，漫地撒种。因土地贫瘠，缺少肥料，气候干旱，无力管护，到秋收时，很难有好的收成，有些地块连撒下的种子都收不回来。老百姓讲，他们这样的耕种方法是祖上传下来的，几百年来一直没变过。我深有感触地说："如果不改进这一办法，不学习科学种田，就很难解决饿肚子问题。"但在走访调研中，我也看到有少数村庄的庄稼种得比较好。其中有一个北辛窑村，离县城五里，有几十户人家，耕地多为山坡地，以种玉米、谷子为主，一亩地可产四五百斤粮，究其原因主要是他们能集中力量种水土较好的耕地，肥料和管护都能跟得上。北辛窑村的耕种办法使我很受启发，我想，有些村之所以粮食产量上不去，主要是习惯了广种薄收、靠天吃饭的做法，如果都能像北辛窑一样，集中力量把村里较好的土地种好，那产量肯定会有增加。

在掌握了大量的第一手情况后，我有了一个较为成熟的想法，即必须改变一些村庄广种薄收的习惯做法，反之，就是要集中力量种好土壤较肥沃的地块，做到少种、精种、多收。说到少种，种多少合适呢？按全县耕地面积和农村人口的数量，我粗略估计了一下，正常情况下，一亩地种玉米可产五六百斤，种谷子可产三四百斤，种莜麦也可产二百多斤，这样下来，只要每个农村劳力能保证种好二亩地，那老百姓的吃饭问题就能够基本得到解决。

我把这一想法与县里其他领导沟通交流后，他们都认为切实可行，应尽快制定相应措施，抓紧落实。为此，在1969年年初，我们召开了"三干会议"，提出了"改变广种薄收，力争少种多收"的口号，让大家进行充分的讨论，并对有关事项进行了部署。我记得这次会议比往年开得要长，开了20多天，主要是大家发言踊跃，所提问题较多，所以延长了一些时间。通过这次会议，较好地解决了县、公社、村三级干部的思想问题，明确了"每人种好二亩地，打好粮食翻身仗"的目标，使大家对如何搞好粮食增产增收统一了思想，增加了干劲。

为抓好落实，当年春耕一开始，我们就派出大部分干部到各公社、农村检查督促耕种面积和任务，随后又几次派人查看了田间管理、灾害防治等情况。在大家的努力下，当年秋收就获得了增产，使全县的口粮基本达到了自给自足。1970年，粮食进一步增产，除满足了老百姓的口粮外，还给国家交了部分粮食，彻底扭转了吃国家救济粮的状况。1970年夏，右玉遭遇了冰雹等自然灾害，但当年粮食仍然有余，没有向国家伸手。老百姓家里有了余粮，人人都感到高兴和安心。

在解决粮食问题的同时，我对植树造林、防风固沙等事项也没有放松。在历史上，由于右玉气候和水土条件差，多年来，该县植被少、风沙大、土地贫瘠的状况一直没有改善。如果不解决好这一问题，右玉人民的生产生活条件就难以得到根本改善。对此，历任县领导都是有清醒认识的，也都十分重视，在植树造林、绿化右玉活动中付出了很多的心血和汗水。作为县主要领导，我同样感到了绿化的重要性和自己肩负重担的光荣性。面对挑战，我们在提出每人种好二亩地的同时，还发出了每个人要抽时间下力气栽好一亩树、种好一亩草的号召，而且要求要保证成活率，不能只栽不养。在当年缺吃少穿的困难岁月里，右玉的老百姓仍积极响应县委号召，战天斗地，为植树造林、绿化家园付出了很多的努力和汗水。对于右玉人民这种不畏艰难困苦、勇于拼搏进取的精神，我至今想起来仍十分感动。据统计，1969 年营造大片林 10 万亩；1970 年造林 7.05 万亩，四旁零星植树 64.56 万株，育苗 61 亩。两年来，虽然在植树造林方面取得了一些进展和成绩，但我知道那时候离右玉的绿化目标还有很大距离，只有持续不断地坚持下去，才能实现美好的愿望。

1970 年 10 月 13 日，国务院副总理陈永贵在山西省委副书记王庭栋的陪同下，到右玉视察工作，对我们提出的"每人种好二亩地、一亩树、一亩草"的做法给予了充分肯定。《雁北报》也对右玉县抓粮食增产、植树种草的做法进行了报道。右玉县还荣获"华北地区农业学大寨先进县"荣誉称号。

我在右玉县工作时间不长，也就两年多，时间虽短，但我没有放松对自己的要求，尽己所能为右玉人民办了一些实事好事。对这段经历，作为一名党员领导干部，我问心无愧，内心也感到很充实。

在和右玉老百姓的接触中，我深感他们有一个特点，他们淳厚朴实、待人友善，只要认准了是对的事、好的事，就会扑下身子苦干实干，不干好不罢休。正是他们这种精神不断地鼓舞和激励着我的工

右玉县干部群众开展造林会战

作热情和干劲，才使我在工作中做出了一些成绩。我感谢右玉老百姓那几年对我的支持和帮助！

2012年，我重回右玉，看到右玉巨大的发展和变化，心里深感欣慰。衷心祝愿右玉越来越好。

（邵培基，1969年12月—1971年5月任右玉县核心小组组长、县"革委会"主任。）

往事回忆

袁浩基

从 1983 年到 1989 年，我在贫穷落后的右玉，和广大干部群众战天斗地鏖战了 7 个年头。现将在此期间所做的几件主要事情阐述如下。

中共右玉县委书记 袁浩基

一、带着全家"走西口"

1983 年，我是雁北地委调研室最普通的一名干事。4 月份的一天，地委白兴华书记把我叫到他办公室，对我说："你出生在农村，在县里工作过十几年，当过公社书记，熟悉农村基层工作。你在地委调研室工作了三年，喜欢看书，不怕吃苦，也不错。组织部经过考察，想让你去雁北最穷最苦的右玉县担任县委副书记，你愿不愿意去？"当时的号召是"共产党员是块砖，党往哪搬就往哪搬""共产党员最听党的话，党叫干啥就干啥"。咱从来没要求过组织提拔，地委书记主动要咱当县委副书记，让我始料未及，热血沸腾。我当下就说："感谢组织，我非常愿意。"白书记又说："右玉是全省最穷困的县之一，1961年我陪卫恒省长到右玉搞过调查，这个地方环境恶劣、生活艰苦。20年后，我来雁北当地委书记又去过右玉两次，这个县除了林业建设在全国是先进，其他变化不大。地委有决心改变它，你也要下定决心做长期打算。那里交通不便，你最好能把家带上。"欣喜若狂的我随口说："我要带家。"白书记高兴地说："等着你，看着你，有什么困难提出来，支持你。"

回到家，我把提拔的喜讯告诉了爱人，她高兴万分。但当我谈到要带家去右玉，她马上拉下脸严肃地说："不去，不去，就是不去。"后来，经过两个多月的思想工作，我爱人终于同意了，并很快把家搬到了右玉。家搬来了，极大地方便了我的工作，但两个孩子逐渐产生了优越感，放松了学习，成绩都落后了。到右玉的头年冬天，老父亲得了肺炎，经医院全力抢救，病情得到了控制。第二年隆冬，老父亲又病倒了，肺部严重感染，呼吸困难，抢救无效。当时我正在乡下，接到电话连夜赶回时，老父亲已不能说话，当晚就去世了。

我前边的11任县委书记，有9任是带家的，他们拖家带口用马车搬家，条件更为艰苦。大家都是听党话、跟党走，为了右玉群众的利益，带着全家"走西口"，舍小家，为大家，迎难而上，艰苦奋斗，心甘情愿，无怨无悔。

二、邀请专家定方针

1983年，雁北地委进行机构改革。按照"四化"标准，全区13个县的县委书记大部分进行了更换。我当县委副书记三个多月后，就提拔成了县委书记。9月18日，地委在应县集体宣布、集体谈话。会后，白书记把我叫去，单独对我说，右玉土地广阔，人均33亩土地面积，其中10亩耕地，这是最大的优势。中华人民共和国成立以来，历任县委书记一任接着一任干，带领群众植树不止，森林覆盖率达到了百分之三十多，挡住了风沙，大大改善了群众的生存、生产、生活条件，成为全省的林业先进县。1983年5月17日，林业部对"右玉提前两年实现1985年林业规划，为'三北'防护林建设工程树立样板"进行了表扬。但是，我们应当看到，右玉尽是"小老杨"，直接的林业收入只占总收入的2%。由于其他各业的落后，林业缺乏有力的后劲支撑。回去和大家商量，想办法走上林业先行、各业推进、富民强县的大林业新路子。

1983年10月，右玉县委、县政府组建了新班子。通过调查研究，总结历史经验，初步提出了右玉县农业经济发展战略方针，就是"种草种树，发展畜牧，促进农副，尽快致富"，简称为"十六字方针"。

"十六字方针"一公布，干部中炸开了锅。有的说"把种草放在林业前头，有失林业先进县的尊严"，有的说"省林业厅多少年来对右玉林业发展贡献很大，把种草放在种树前头，肯定今后会失去支持"，也有的说"右玉要想富，向左（云）看齐开黑库，右玉地上有绿的地下没黑的，想富也是白想"，也有的干部暗地说"新官上任三把火，拿不出正经东西编了几句顺口溜，没用"。这些情况也很快传到了前任老书记常禄和刘清泉厅长的耳朵里。

为了统一上下左右的思想，尽快确定改变右玉贫穷落后面貌的目标方向，右玉县委、县政府决定必须召开一次"右玉县农业发展战略论证会"。向地委行署汇报后，得到了充分的肯定与支持。确定会议由雁北行署科委、中共右玉县委、右玉县人民政府联合召开。

会议筹备半年多，准备了右玉从1949年到1983年经济社会发展34年的历史资料，选择了农、林、牧、副、工32个考察点。

会议邀请北京大学、中国人民大学、中国科学院等单位的专家学者10人，又邀请了省直厅局、科研单位、高等院校行政领导、学者、教授 34 人。还有地、县级相关人员 50 多人。另外还特邀了省林业厅刘清泉厅长，右玉第四任县委书记马禄元、第五任县委书记庞汉杰、第六任县委书记关毅、第十一任县委书记常禄。因为他们在右玉比较有发言权、比较有工作经验、比较有深刻教训，也比较能在离开右玉后看出问题，从而献计献策。

会议在 1984 年 7 月 16 日至 22 日召开。七天时间，三天考察，四天发言讨论。首先，我代表县委作了关于"十六字方针"提出的汇报。县长作了关于如何贯彻实施"十六字方针"的汇报。接着，33 位专家、学者、老领导畅所欲言，各抒己见，针对"十六字方针"从理论到实践、从管理到效益等方面进行了广泛而深入的论证。

大家一致认为，"十六字方针"的提出有根有据。

第一，"十六字方针"的提出，是对中央北方农业工作会议精神的落实。1983 年 8 月 6 日，中央在延安召开了北方旱地农业工作会议，时任中共中央总书记胡耀邦做出指示，黄土高原地区要走"反弹琵琶"的路子，种草种树，发展畜牧，迅速改变落后面貌。右玉地处我国北方的干旱地区，改变以粮为纲就粮食抓粮食的做法为种草养畜、过腹还田多打粮食，走"反弹琵琶"的路子非常合适。

第二，"十六字方针"的提出，是对本县 30 多年经济社会发展经验的总结与提高。右玉解放 30 多年来，大搞植树造林，取得了改天换地的骄人业绩。大面积的人工造林，对于防风固沙、保持水土、培肥土壤、保护农田、改变气候，起到了决定性的作用，为群众解决了燃料、木料、饲料、肥料问题。先进的林业是右玉的立县之基、强县之本，但是也应看到，林业的直接经济效益很低，更缺乏其他产业的支撑。"十六字方针"是 30 年经验的升华，是干部群众的智慧结晶，符合右玉农业经济发展的客观实际。

第三，"十六字方针"的提出，是贯彻党中央富民政策的有力措施。1984 年中央一号文件指出，"今后一个时期农村工作的重点是发展农村的生产力，发展农村的商品经济，使农民尽快富裕起来"。专家们指出，要发展右玉的大农业，使农民尽快富起来，单纯抓粮油种植不行，单纯抓林业也不行，还必须利用广阔的土地资源大力种草种树养畜，发展商品性的畜牧业，还必须发展林畜产品加工赚钱，还必须开发矿产资源。"十六字方针"是一个富民决策，具有继往开来的重要意义。

会议最后决定，把"十六字方针"作为右玉农业发展的战略方针。

为了更好地贯彻"十六字方针"，会议结束时，成立了"右玉县农村经济技术发展中心"，聘请36位专家、学者担任顾问。

贯彻"十六字方针"，充分开发当地自然资源，智力开发十分重要。右玉县委又响亮提出"把现有的人才用起来，把外边的智力引进来，把在职干部的水平提起来，把基础教育抓上来"。

论证会统一了上下左右的思想，"十六字方针"改变了传统农业经济发展的思维定式。

"十六字方针"确定后，林、草、牧、副、农、工各有关部门，分别制定了5年发展规划和措施，并付诸施行，使全县在各业协调发展推进、驱贫致富的路子上迈出了新步伐，并得到省、区及林业部、农业部的大力支持。

1985年1月28日，国务院总理来右玉视察，冒着严寒，踏着积雪，观看了高墙框乡的万亩林区和苍头河流域连绵不断的护岸林，大加赞赏。当听到制定"十六字方针"，并已初现成效时，他当即表示"林草结合，综合经营的方针好"！

1985年6月14日，时任中共中央总书记胡耀邦视察右玉，进入县城未做停留，直接驱车登上了辛堡梁制高点，四面瞭望，林草苍翠一望无际，牛羊成群漫山遍野，十分兴奋，点头赞许。我们向他汇报了"十六字方针"的确定，县长向他汇报了贯彻"十六字方针"一年多，十几项主要经济指标超历史的情况。他听了后，表示满意，并指出"今后就要乔、灌、草一齐上，生态、经济、社会三个效益一齐抓"。

1986 年 8 月，袁浩基（左一）在大南山北麓向林业部相关人员汇报工作

三、绿化红旗不能倒

右玉地处毛乌素沙漠风口地带，风大沙多，气候高寒，土壤贫瘠，十年九旱，是雁门关外的不毛之地。中华人民共和国成立初，全县仅有残林 8000 亩，森林覆盖率不足 0.3%。中华人民共和国成立后，从第一任县委书记张荣怀开始，带领群众植树，一任接着一任干，一张蓝图绘到底。到 1983 年右玉已成为全省甚至全国的林业先进县，森林覆盖率已达到 35%，成了远近知名的绿化"红旗单位"。

这时，有人说了，植了 30 多年树，挡住了风沙，改变了气候，保持了水土，培肥了土壤，功不可没。但是，1982 年全县财政收入仅有 185 万元，从 1956 年集体核算到 1983 年的 28 年中，全县农民人均纯收入仅有 63.6 元，太穷了。在右玉该栽树的地方差不多都栽了，绿化差不多到顶了。

总结右玉旷日持久的绿化历史经验，我们新班子首先认识到，植树造林是右玉群众生存、生产、生活的优先选择，是右玉干部群众最一致的共识，是历任各级领导工作的第一要务，是官不分大小、人不分老幼的一致行动。

新一届县委认识到，右玉人要求继续植树造林的愿望不能违，右玉林业先进县的荣誉不能丢，历任举起的绿化红旗不能倒。同时还认为，从林草绿化面积、林种树种的更新改造、造林效率的提高等方面看，右玉绿化的任务还很重，路子还很长，前途更广阔。右玉绿化没有到顶，只能一任接着一任干，一届接着一届干，一代接着一代干。

为此，我们接过前任绿化的接力棒，顺应时代要求，从右玉实际情况出发，围绕发展这个硬道理，大胆探索创新，采取了以下几条措施：

第一，坚定绿化信念。1984 年春季，在县城影剧院召开全县植树动员大会，我代表县委、县政府五大班子作了报告。我讲，中华民族历来有着前人栽树荫庇后人的美德，历代种草种树治理国土不乏其人。远祖轩辕黄帝打败炎帝、诸侯归顺之后，就大力提倡种草种树。秦始皇焚书坑儒，但不准烧种树之书；他登泰山时，下令"无伐树木"。司马迁主张植树千株者为千户侯。诸葛亮最爱种桑，北魏孝文帝专给百姓分田种树。朱元璋令天下百姓头年栽植桑树 200 株，次年 400 株，第三年 600 株，亲自掌握到户。爱国将领冯玉祥写过一首护林诗，晓示军民："老冯驻徐州，大树绿油油，谁砍我的树，我砍谁的头。"早在 1934 年 1 月，毛泽东在全国苏维埃代表大会上就提出"应当发起植树运动，号召农村每人植树十株"。1956 年，他又提出"绿化祖国，实现大地园林化"。1958 年，在八届六中全会上提出"经过若干年的努力，把我们伟大祖国，逐步建设成三分之一为农田，三分之一为牧地，三分之一为森林的社会主义美好河山"。1979 年，第五届全国人大常委会第六次会议决定把每年的 3 月 12 日定为植树节。

我又讲，我们右玉的历届领导，带领群众迎难而上艰苦奋斗，硬是把一个"不毛之地"变成了"塞上绿洲"。"要想富，多栽树"

这是右玉人民的一条重要需求。"一任接着一任干，一张蓝图绘到底"是右玉领导植树的一条基本经验。我们这一届不仅不能让右玉绿化的红旗倒下，而且要举得更高。

我还说，在右玉这块土地上，职务不分高低，人员不分老幼，工作不分行业，时间不分过去、现在和将来，抓林业责无旁贷，植树种草人人有责。不懂这一点就不配做右玉的领导和公民。后来，我和县长两人联合发出《致全县人民的公开信》，指出"昨天的成绩不能代替今后的工作，摆在我们面前的绿化任务还很艰巨"。要求"全县干部群众思想再解放，觉悟再提高，做好苦战硬战的思想准备，开创绿化右玉的新局面"。

第二，制定"十六字方针"，把林业工作提升到全县经济发展战略的高度和全局的位置，与其他各业协调发展，互促互补，提高速度和效益。

第三，提升了林业发展的指导思想，"乔、灌、草三个层次一起上，生态、经济、社会三个效益一齐要"，改变过去以"杨家将"为主、以生态效益为重的老习惯。

第四，依靠政策，调动发展。1979年农村实行联产承包责任制后，生产关系发生了重大变化。过去植树，主要依靠坚强的行政领导和群众组织起来的强大力量，觉悟加义务，义务加工分，就能组织几百几千人的大会战，就能很快完成艰巨的植树任务。责任制以后，不少村子只剩下一张桌子和一个戳子。依靠"干部一声令、会计一支笔（记工分）、社员一把锹"植树，已经行不通了，右玉的绿化不能停，老办法不能用，怎么办？县委、县政府根据中央〔1984〕1号文件精神，制定具体措施，用政策"调动千家万户，治理千沟万壑"。当年制定了鼓励农民承包治理小流域的十条规定，对适宜农民经营的70万亩林地全部下放给农民经营，并先后发放了小流域使用证3862份，签约承包合同3862份。之后，县委、县政府又先后出台了《关于大力发展沙棘事业的决定》《关于大力发展种草养羊的决定》《关于进一步开展全民义务植树运动的实施细则》《关于搞好两季重点工程造林的通知》《关于充实调整右玉县绿化委员会成员的通知》

等几个政策性的文件。"你教我干我不干，政策调动千千万"。到1998年，全县4年间，涌现出4000多户林业大户，在全县绿化中，起到了很好的领头羊作用。

老墙框村村民王占锋，30岁，高中文化。原来在大同市口泉旅店当经理，待遇优厚。1983年，响应县里号召，毅然回村承包治理离村很远的石砲沟。这条沟，坡陡沟深、沙多土少、缺水干旱。30多年来，他咬定绿化事业不放松，吃尽千辛万苦不喊疼。他在沟里建库蓄水养鱼，引水上山浇地，改坡植树造林，建起了苗圃、果园、养殖场和旅游饭店。治理面积由最初的150多亩，发展到2000多亩。把乱石沟变成了生态沟。他先后被评为"山西省劳动模范""山西省生态建设标兵""山西省小流域治理标兵"。

第五，提高效益，拉动发展。多年来，右玉林业的生态效益很高很高，但直接的经济效益太低太低，只占农业总收入的百分之二三。收入低的原因，除了土壤水肥不足，生长缓慢以外，还有一个主要原因是综合开发不够。1983年年底，右玉就有沙棘纯林和混交林28万亩，每年产果3000多吨。但无人利用，也有一些老百姓，到冬天把繁密的果枝砍下来，长长地排在公路上，熏上土让汽车碾压，取籽卖点钱，实在可惜。1983年是沙棘结果的大年，万山红遍、层林尽染，沙棘丰收了。1984年1月，县委、县政府出台了《关于大力发展沙棘事业的决定》，并积极寻找门路，加快开发。1984年6月，在雁北科委和北京食品工艺研究所的帮助下，由国家水电部投资80万元，建成了第一条年加工4000吨沙棘果饮料的生产线和年产450吨沙棘果酱的生产线，产品远销全国。胡耀邦视察品尝后，都予以称赞。

右玉林多树多，每年都产生大量的枯树枯枝，疏林间伐和修枝剪条也会产生大量的废材。1985年，在副省长白清才的帮助下，投资400万元，建起了一座年产8000立方米的人造板厂，该厂产品硬度高，韧性强，很畅销。建厂3年，创造产值1500万元，上缴利税14万元，农民修剪枝条收入80多万元。饮料厂、压板厂的建立，提高了林业收入，进一步助推林业发展。

第六，加强科研、支撑发展。1984年6月，在北京林业大学的积极配合下，成立了"右玉县沙棘研究所"和"北京林业大学沙棘科研基地"，并承担起国家"七五"沙棘科研攻关项目，引进了国外19个优良沙棘品种，进行了育种、种植、抚育、收获的多种研究。1986年9月4日，全国政协副主席、国家水电部部长钱正英前来视察，把右玉确定为"水保试验区"，并要求全国推广右玉种植沙棘的经验。从1987年开始，右玉又同中国林科院、山西农科院、山西生物研究所、山西沙棘办，从不同领域开发沙棘产业。1989年10月，林业部对《右玉县野生沙棘技术改造的研究》进行鉴定，认为右玉野生沙棘改造技术简单易行，达到了国内同类研究造林水平，建议在全国同类条件下的沙棘改造中加快推广。

右玉植树造林30多年，以耐寒耐旱的"小老杨"为主，这些"小老杨"逐渐进入成熟期和过熟期，有六万多亩已经开始干枯、死亡。1984年夏，我们带人到河北万泉县取经学习，回来后在辛堡梁南坡办起了一个改造"小老杨"试验点。经过一年实践摸索，总结出四条经验在全县推广。五年来，全县疏伐抚育、优种嫁接、速生丰产、乔灌混交共改造"小老杨"20多万亩。

历史上，右玉只能在春秋两季种植杨树，种植松树很少。后来我们组织干部去壶关县学习种植油松，到偏关县学习种植柠条。加上本县的试验研究，在1987年7月，县委、县政府下发了《关于搞好两季重点工程造林的通知》，号召在两季种柠条、移植松树，提高成活率。从此，右玉一年由春秋两季植树变成了春、夏、秋三季植树。还有个别乡村移植松树，深秋封冻前挖坑、带土挖苗，做好准备，等到入冬苗土冻成实疙瘩再进行移栽，成活率更高。实践出真知，右玉的群众又创造了一年四季都栽树的经验。

第七，严格管理、保护发展。放开养羊的禁令后，群众家家户户都想"发羊财"，林牧矛盾更加突出。为此，采取了以下措施：

措施一：大力提倡鼓励圈养舍饲。

措施二：严格划分准牧区和禁牧区。以村为单位进行，并且提倡在准牧区内实行分区轮牧和围栏放牧。

措施三：实行层层管护责任制，乡干部包村、村干部包户包林。

措施四：全县统一印发《幼林禁牧手册》和《禁牧处罚条例》到户、到人。

第八，培养典型、带动发展。典型的力量是无穷的，拨亮一盏灯，照亮一大片。县委、县政府每年春季召开一次造林动员暨劳模表彰大会。

第九，领导办点，推动发展。领导办好林业点是跑好林业接力赛的重要保证。县级 24 名领导定点承包治理 24 条小流域。每年带头办好一个林业点。并且要求办新点不丢老点，办实点不办花架子点。我和有关同志于 1984 年，在辛堡梁办了一个"小老树"改造更新的试验点；1985 年在高墙框村北搞了 500 亩旱作丰产林试验点；1986 年在苍头河滩搞了一个草圃试验点；在牛心乡四道岭搞了一个林草间作试验点；1987 年在威远镇后所堡村搞了一个林、草、牧试验场；1986 年至 1989 年在蔡家屯村大南山北麓搞了 780 亩樟子松大苗定植试验点。2018 年，我回右玉干部学院讲课，又回蔡家屯看了那片林子。32 年过去了，那里苍茫一片，树接云天，每棵树的直径都在 30 厘米左右，可以做檩材了。

《右玉林业志》记载：从 1983 年到 1989 年，在资金短缺、连续干旱的困难条件下，右玉县委、县政府带领全县人民艰苦奋斗，依靠觉悟加义务的行动自觉和党的政策调动，营造大片林 50 万亩，植零星树 553 万株。全县有林面积达到 127.8 万亩，占到总土地面积的 43.4%，7 年提高了 8 个百分点，人均 13 亩，加上 10 万亩人工种草，林草面积共达到 140 多万亩，占到了总土地面积的 47%。

1984 年 1 月 6 日，右玉县再次被评为全省林业先进县。

1984 年 2 月，中央绿化委员会在北京召开会议。右玉县等 221 个单位被评为"全国义务植树先进县"。

1984 年 5 月初，常禄老书记胰腺癌晚期在北京 301 住院，我去看他，他拉着我的手说："浩基，你也是个真栽树的人。"

1986 年 7 月 27 日，省政府在河曲县召开全省西山防护林第一期工程建设表彰会和第二期工程动员大会。右玉县再次被评为林业先进县。

1986年12月，国务院在北京召开"三北"防护林建设第一期工程表彰大会。会上，右玉县被评为林业先进集体，并获奖牌和荣誉证书。

1988年3月12日，《山西日报》刊登了1987年度绿化先进单位和模范个人名单，右玉县被评为"山西省绿化先进单位"。我被评为"山西省义务植树模范"。

1989年9月，山西省政府授予我"1984—1988年林业模范"光荣称号。

四、有水快流不滥流

1984年8月，山西省政府颁发了《关于进一步加快我省地方煤矿发展的暂行规定》，该规定指出：我省地方煤矿的发展要实行有水快流，大中小结合，长期和短期兼顾，国家、集体、个人一起上的方针。

1985年1月26日，国务院总理视察雁北时指出"乡镇煤矿利国利民""农民挖煤，国家修路"。

1985年6月，中共中央总书记到右玉、偏关视察时指出"一定要认准山区优势，建设地上绿色宝库，开发地下黑色宝库，带领人民尽快驱贫致富"。

十一届三中全会后，雁北地区13个县中的11个有煤县，发挥优势，大力发展煤炭生产，到1985年，全区煤矿发展到485个，产煤2000万吨，富了雁北人民，全区农民人均收入由1978年的57元提高到1985年的367元，增长了5.4倍。

临近县左云，煤田面积占全县总面积的48.5%，储量达100多亿吨，从1979年走上以煤促农逆向开发的路子，施行了"社社办煤矿，队队出劳力，人人都受益"的发展煤炭的方针，到1982年全县14个公社，共办起44座煤矿，有水快流，很快在全区、全省、全国出了名。1983年1月2日《人民日报》报道，左云县1982年和1978年相比，农业总产值增长了1.9倍，工业总产值增长了1.5倍，人均集体分配收入增长了3.7倍，四年实现了农业翻两番。1978年的左云，县财政收入223万元，吃国家返销粮908万斤，农民人均收入只有57元，农民人均负债58元，和右玉基本一样。林业远落后于右玉。

1982年，右玉和左云相比，右玉财政收入仅仅185万元，左云已达到1670万元，右玉是左云的九分之一。农民人均收入方面右玉是173元，左云是346元，右玉是左云的二分之一。1979年至1982年四年中，左云拿出1130万元挖煤收入补贴了农、林、牧三业，其中补给林业167万元。大同去呼市的公路，横贯左云29.2公里。左云出巨资从外地买来两米多高的油松大苗，在公路两旁植起了松树。雁门关外的隆冬，满目萧疏，唯有这段公路翠绿如碧玉，生机盎然。这时的右玉财政，拿不出分文补贴各业。可是山阴、平鲁两个临县，异军突起，挖煤也大见成效，驱动了其他各项工作。

在有水快流的形势下，我们这届县委、县政府是急于想挖煤、快挖煤。1984年7月，"十六字方针"已经确定，在制定规划和实施细则时，我们把大办煤矿作为发展副业的主要内容。当年成立了煤炭公司，次年又成立了煤炭局。

1983年，右玉只有两座小煤窑，年产量仅有11万吨。当时是人工采掘，平车提升，仅供附近村民用。

想大办煤矿，有水快流，但对于没有基础而又贫穷落后的右玉来说，困难很多，主要是"四个没有"：第一，全县没有煤田地质资料；第二，没有工业用电线路；第三，没有运输道路；第四，没有起步资金。

雁北煤炭钻井队副队长张子春，是有名的煤炭地质专家。1984年5月8日，我回到大同，拜请张子春无偿帮助右玉寻煤。张第二天就来到了右玉。我和退下来的县委副书记张日明亲自陪同，沿着纵贯右玉的东西两山进行了七天踏测寻煤。没花一分钱，张队长给了一个肯定的结论："右玉其他地方无煤，只有靠近山阴、左云的元堡子乡有煤，可能储量还不小。"并建议抓紧打钻勘探。

没有钱怎么办？我们选择了10个强硬的公社书记亲自带队，利用集体提留的义务工作报酬，布了10个点打人工探井。我们用"小老杨"密密麻麻做支护保证安全，头戴一盏矿灯，背背一个柳管箩往上拿土，像蚂蚁搬家一样。经过3个多月努力，10个探井有3个打到70多米深都见了煤，使大家看到光明和希望。为了安全地再往深打，我们停止人工打探，1984年隆冬，县水利局局长武兴业带队，用锅驼机发电，拉着水，用"水三百"在增子坊村北进行钻探。打到垂深78米处见了一层煤，打到100米深时，又见了一层煤。当打到120米深时，超出了机器进深能力，钻头被卡死提不起来。后来从武装部拿来炸药吊下去炸开，才提起了钻杆。我们拿着煤样标本向地委书记白兴华和副专员管少藩作汇报，他们深受感动，深表同情。当下打电话进行了安排。1985年，地区钻井队无偿给右玉打了15钻，经过不懈努力争取，从1985年到1987年，省煤炭厅又无偿给右玉打了87钻，总共102钻，进尺达到25000米。终于探明了在右玉东南部元堡子乡、白头里乡的一片大煤田，总面积165平方公里，地质储量34亿吨。右玉煤田属于大同煤田西南部，系石炭二叠纪优质动力煤。当时，新华社报道了这片处女煤的发现，引起了社会的广泛关注。

到1990年年底，全县共经省煤炭管理委员会批准开发乡镇煤矿20座，地方国营矿3座。

从1985年开始，右玉煤炭生产进入了快速发展期，在上级的大力帮助下，全县共投资1500多万元。其中投资525万元，建起15座煤矿；投资35万元，建起了35千伏变电站，架线23公里，各小矿都用上了10千伏线路，累计达到50多公里；投资56万元修建了运煤公路；投资740万元组建了运煤车队；在山阴县建起了右玉自己的集运站。到1990年，右玉煤炭产量达到72万吨，比1983年增长了6倍，使县财政和农民收入逐渐得到改善。

右玉开发煤炭有水快流不滥流，主要在于接受了别县的教训，做到了"五个坚持"：

1. 坚持以县、乡集体经营为主。全县 15 座煤窑，只有一座是个体开办的。这样好领导、好管控。

2. 坚持不允许县、乡领导干部个人插手开办煤窑。堵死了以权谋私的黑窟窿。

3. 坚持两证齐全和基本建设程序。两证就是《山西省煤炭资源开发证》和《山西省煤炭资源开采证》。决不允许私采滥挖。

4. 坚持土地复垦、水土保持修复、建矿砍树等方面的有关规定。

5. 坚持煤矿的造林规定。

右玉是林业先进县，早在 1973 年就规定右玉煤矿的育林经费一律按吨煤 1 毛钱提取，用于煤矿绿化、坑木林建设。进入 20 世纪 80 年代，我们按照吨煤 1 元提取。同时规定建矿时毁多少林补多少林。煤矿职工也必须完成每年的义务植树任务。2011 年，我曾打电话问过县里，建煤矿以来，全县煤矿共植了多少树，县里回答说共植了 2114 公顷，发展了林业。

右玉总面积是 1964 平方公里，而煤田面积是 164 平方公里，占总面积的 8%。井田面积 33 平方公里，仅占全县总面积的 1.68%。已经建矿的井田面积不到 20 平方公里，仅占全县总面积的 1%。

有人担心右玉开发煤田会影响林业发展，这是杞人忧天。在宣传右玉精神的过程中，有一些文章、讲话说，在有水快流的年代，右玉怕影响生态建设，不偏重于挖煤。这不是事实，客观上讲，右玉正好是实践了"两山"理论，既要了金山银山，也要了绿水青山。

右玉的煤炭产业从 20 世纪 80 年代开始，有水快流有序发展，和其他各业并驾齐驱，并且逐步加速。到 2014 年，煤炭总产量达到 1642 万吨，成为煤电大县。

五、不要官帽要政策

右玉是山西最偏远的一个山区小县。自古就是一个落后贫穷的苦地方。新中国成立后，右玉在各方面都有变化，但是除了林业在全国出名外，其他变化不大。早在 1965 年，右玉就被定为"黄土高原西山地区 28 个贫困县"之一。

1983 年，我们这一届上任，右玉已经开展扶贫 18 年，当时的状况还是这样的：

1. 自然环境恶劣。这里风大沙多，地处毛乌素沙漠边缘，属于黄土高原风沙区。全县南高北低，东西两山夹一河形成一个狭管，最北端的杀虎口，就是一个大风口。年平均风速每秒 2.7 米。大于等于每秒 3 米风速的日数可达 240 多天。六至九级的大风，年平均 57 天。右玉老城三丈六尺高的城墙，被黄沙淹没成了一个斜坡，汽车可开上去。黄沙洼的树，被风刮得露出一米多的根。群众种下的土豆，有时被刮出了种子。这里，气候高寒，平均海拔 1400 米，属高寒山区，年平均气温 3.6 度，和哈尔滨一样。年均无霜期 95 天，最短是 85 天。最早的早霜在 9 月 1 日，最晚的晚霜在 6 月 1 日。在右玉只能种植生育期很短的小日期杂粮。这里，土瘦地薄，土壤多为栗钙土和风沙土，有机质仅有 0.4%，相当于松辽平原的十分之一，只能广种薄收。这里，属于温带大陆性气候，十年九旱。1957 年至 1980 年的 24 年中，旱年就有 19 年，平均四年三旱。全县仅有 1.3 万亩保浇地，人均只有 0.15 亩，98.5% 的土地靠天吃饭。

2. 经济发展缓慢。由于缺水缺肥，粮食亩产好年景时 50 多斤，差年景时 20 多斤，大旱年拿不回种子，人缺口粮畜缺料。林业虽然先进，生态、社会效益突出，直接的经济效益却只占 2%。十一届三中全会到 1983 年，邻县左云、山阴、平鲁已经大挖其煤，走上富路，右玉还按兵不动。右玉牧坡广阔，本来具有养羊的良好条件，老百姓有强烈的要求，但由于上级保护林业，明令限制养羊，畜牧业收入只占到 8%。

3. 财政十分困难。1982 年，县财政收入 185 万元，1983 年收入 207 万元，1953 年至 1983 年，年年吃国家补贴，共计 7000 多万元，年均 230 多万元。县级五大班子 24 名县级干部，只有 6 辆 212 吉普车和 1 辆小面包车。县委书记较常坐的一辆已经跑了 31 万公里。

4. 群众生活很苦。1953年至1983年，年年吃国家返销粮，年均419万斤。截至1985年年底，全县农民人均拖欠集体89元，集体欠国家贷款人均19元。不少农民仍然是三靠：吃粮靠返销、花钱靠救济、生产靠贷款。

5. 基础设施落后。全县共有365个自然村。到1983年，还有125个村人畜吃水困难，占34%。还有124个村不通电，占33%。还有232个村不通公路，占63.5%。还有103个村通不了汽车，占28%。还有108个村不通电话、广播站，占29%。

1984年，省里重新确定了贫困县的标准。1981年至1983年3年中，农民人均纯收入低于150元的县才是国家级贫困县。这是一个全国性的硬杠杠。而右玉县这3年全县农民人均纯收入为160.3元，超出10.3元，被取消了原来贫困县的一切资助及各种扶贫项目。1978年至1983年的6年中，国家按贫困县共给右玉拨款1049.7万元，年均175万元，1984年以后全部取消。这使本来就十分紧张的县级经济更加拮据，许多急需兴办的事业难以开展，群众的生活、生产也更加窘迫。

从1956年实施集体分配到1983年，农民人均收入逐步增加但平均下来只有63.6元。1981年至1983年为什么上升到160.3元，原因有三：一是实行家庭联产承包责任制，最大限度地调动了农民的生产积极性。二是1982年和1983年两年，是风调雨顺的两个"丰收年"。三是十一届三中全会后政策宽松了，农民在村种植养殖，出村做点小买卖也增加了收入。

丢掉贫困县帽子的消息传开后，真像炸了锅，说啥话的人都有，有人说，新来的领导为了给自己争光，把右玉人的利益丢光。也有的说，省政府一刀切定了的事，丢了的"穷帽子"再戴不起来了，右玉倒霉的日子来了。还有人说，穷困县的干部早脱穷帽子早提拔，早调走，高招！

我最早听到消息，有如五雷轰顶，几天吃不好饭，睡不好觉。但是我也相信，自己上任还不满一年，我没有丝毫虚报数字的动机，我还相信，我们共产党的干部绝大多数是坚持实事求是的，只要我从右玉群众的利害出发，不要我这个七品官的官帽，也要为右玉人民的生活考虑。"子规夜半犹啼血，不信东风唤不回"！

我们在班子统一思想后，写成一个"七千字请示"。总结了30多年的经验教训，评估了19年来国家对右玉输血、造血的巨大作用，提出了新的脱贫致富措施。1986年10月29日，省政府又把右玉列入了"国家贫困县"，报国务院审批。

1986年10月30日，国务院正式下文，右玉成为全国300个贴息贷款扶贫县之一。每年下拨100万至200万元专项贴息贷款。右玉第二次又戴起了贫困县帽子。到2018年8月17日，国务院扶贫办宣布右玉脱贫，又过去了32年，这期间国家在政策、项目、资金等方面给了右玉极大的支持和关注，起到了至关重要的推动作用。

六、"反弹琵琶"兴草业

1983年航测显示，右玉全县总面积为294万亩，除去非生产用地、水域占地和难利用三种地41.8万亩，共有农业用地、林业用地、牧业用地及荒地252万亩。当时全县农业人口8.2万人，人均31亩。在这31亩土地里，如果实行退耕还草、林草间作、牧地轮作、荒地专种等方法，大量种植牧草养畜，走"反弹琵琶"之路，条件优越、前景广阔、大有作为。

古代，右玉曾经是纯牧区，后来演进为半农半牧区，再后来，尤其是新中国成立后，为了解决吃饭问题，才变成了纯农区。右玉人是有种草养畜传统的。当时为补充牲畜饲草，只种些莜麦、野豌豆等。

右玉的草地建设始于20世纪50年代中期。1956年6月，县农林局从甘肃引进草木樨种子，种植657亩基本成功，拉开了草地建设的序幕。1958年，全县种植草木樨近万亩，1959年全县种草15.4万亩，其中草木樨4.6万亩。经测定，草木樨的种植有效地控制了水土流失，改良了土壤，促进了养畜，增加了土地肥力，提高了粮食产量。

20世纪60年代，右玉县确定农田基本建设的方针是：林草上山，粮油下湾。赖坡地还林还草，好坡地大修梯田。右玉试行草田轮作，取得了明显的效益。《山西日报》专门发文推广，右玉成了风大沙多、土壤贫瘠地区农业生产学习的榜样。60年代平均每年种草2.5万亩。1969年5月，大同作物所、右玉水保站、中国西北水保所3个单位组成联合调查组，到右玉5个公社进行综合利用草木樨的调查，并写出了《草木樨喂牲口就是好》的调查报告，宣传推广右玉的经验。

1971年6月，右玉召开党代会恢复了县委。新班子提出"十大流域摆战场，四大盆地做文章，十面埋伏锁苍龙"，大搞农田基本建设，建设稳产高田农田。并在全县推广"粮油下湾、林草上山""大种大养"的经验，大种就是大种高产农作物、种果树、种药材，大养就是养猪、养鸡、养兔。

20世纪70年代中后期，又一届县委提出"远抓林、近抓牧，当年抓住油（胡麻）、糖（甜菜）、副，粮食自给不能丢"的口号。到1983年，右玉的林业建设取得了突破性进展。与此同时，从1981年到1983年在3个乡搞了3万多亩牧草飞播。

近30年的种草实践，使右玉的干部群众看到，草是大地的棉被，草是牲畜的食粮，草是土壤的肥料，种草也是一条致富出路。

右玉虽然有种草的习惯和经验，但是从规模、品种、产量、效益上还远远不够。1983年，全县种草加秸秆，可产3.4亿斤饲草，只能满足12万个羊单位。可是当时全县已有25万个羊单位了。大量牛羊靠啃牧坡生存，处于半饱状态，饲草严重短缺。从当前和长远看，右玉必须大量种植饲草。

1980年5月，邓小平针对我国西北的一些地方指出"应该下决心以种牧草为主，发展畜牧业"。

1983年8月，胡耀邦在北方旱地农业工作会议上指出"要实现中国北方生态系统的良性循环，在我看来，第一位的工作是种草种树"。通过种草养畜过腹还田多打粮食，走"反弹琵琶的路子"。

回顾我们"反弹琵琶兴草业"走过的历程，主要干了这么几件较大的事情：

第一件，统一县级领导的思想，要立草为业。1983年11月经过讨论，大家认为，右玉有得天独厚的种草条件，群众有历史性的种草习惯，户户都有"发羊财"的强烈要求，省地农牧部门表示要大力支持，中央领导有明确的号召，突出抓种草养畜没有错也不能等，应当大念草木经，把草升位，与农、林、牧、副、渔齐名。尤其是几个典型使大家坚定了信心。欧村公社的花柳沟大队，60户，290口人，在支部书记王仁的带领下，解放思想，以牧促农。1982年，他们把3500亩农田，拿出1500亩退耕还林还草，加上原有的牧坡，共种植沙打旺、柠条、苜蓿等十几种牧草3200多亩。与1980年比，大牲畜增加了一倍多，牲畜厩肥每亩平均35担，比原来增加近两倍。耕地减少了，粮食产量却增产35%，人均收入达到290元，比1980年增长了3倍，其中牧业收入占到总收入的44%。杨千河乡十三边村，原来也是一个"三靠村"。1980年以后开始种草发展畜牧，到1983年户均11头大牲畜、95只羊。粮食产量增长了2.2倍，人均收入增长36倍，达到了550元。

第二件，1984年初，下发了《右玉县人民政府关于1984年种草工作的安排意见》，明确提出了全县种草任务：全县计划当年种草20万亩，种植草籽繁殖田4830亩。全县要集中抓好69个重点样板工程。文件还明确规定，每年的5月16日至6月15日为全县种草宣传月。

第三件，1984年7月，召开了右玉县农业发展战略论证会，制定了"种草种树，发展畜牧，促进农副，尽快致富"的十六字方针，以法定的形式把种草养畜提升到战略的高度。

第四件，1984年10月，县政府又颁发了《右玉县关于设立种草养畜奖励的决定》，就种草、养大畜、养羊、养猪四项，规定奖励化肥、配合饲料的标准。1984年，不仅顺利完成了年初的任务，而且还涌现出了280多户种草专业大户，带动了草业发展。

第五件，为了使草业持续发展，1985年县政府又出台了《关于奖励种草的五项规定》，就是：一固定：凡是承包的草地长期固定，50年不变，谁种谁有，允许继承。二归己：就是承包草地的一切收益归自己。国家和集体为草地的投资，不准任何人挪用、克扣，全部属种草户所有。三不交：农民承包土地，一律不缴征购、不缴税、不缴提留，产品由农民自己处理。四优先：农民种草，优先卖给化肥、柴油、种子。优先贷款，并提供技术服务。五奖励：就是县、乡、村分别对本县、本乡、本村的模范户实行奖励。那一年，县商业部门拿出100辆自行车和100台缝纫机奖励给种草模范户。从"农转非"指标中拿出7个，奖励给了全县抓种草种树成绩最突出的"草莽英雄"。

1985年1月16日，《山西日报》第一版刊登了中共雁北地委书记白兴华编写的《为右玉的草业叫好》一文。文中指出"闻名遐迩的'塞上绿洲'，又立草为业，拓出了致富新路"。"实践证明，右玉立草为业，林草并举值得其他地方学习。雁北地处黄土高原东北部，土地广阔是一大优势，加上1000多万亩荒山荒坡盐碱滩，发展草业，可以大有作为。右玉能办到的，有类似条件的地方也应该办得到，而且可以办好"。

第六件，为了给农民吃"长效定心丸"，1988年4月16日，县政府又发出《关于发放草地使用证的通知》全县发证1.5万份，涉及21万亩。

第七件，加强科研的支撑推动。为了改变传统的种植品种，提高收益。县草原站建立中心草圃，各乡镇建立各自的草圃，共引进国内外草种60多个进行对比试验，从中选优。选出了沙打旺、苏联苜蓿、新疆大叶苜蓿、本地草木樨等十几个最适宜右玉的优良品种，为了适时适地抢种牧草，提高成活率，从1982年到1986年又进行了6次飞播牧草试验，面积达到9万亩。

2015年，我欣喜地看到一个材料讲："到2014年，右玉实现了四个一半。一是林地面积占到全县土地面积的一半，二是种草面积占到全县耕地面积的一半，三是牧业收入占到全县农民人均收入的一半，四是生态经济占到全县国民生产总值的一半。"事实证明，当年制定"十六字方针"，提出立草为业，立对了。

2018 年，《人民日报》发表了特约记者周亚军的一篇文章，文章称"右玉位于雁门关生态畜牧经济带，是国际公认的黄金牧业带。在威远镇张千户岭村，村委会主任张宏祥带领村民组建了'祥和岭上农牧公司'。流转土地两万余亩，打造自由牧场，种植燕麦草、谷草及各类杂粮1.3万亩。年出栏'国家地标畜产品右玉羊'一万只。祥和岭上直接解决300余人就业，带动周边10余个村庄1000余名农民脱贫致富"。

看到这篇文章，我追慕不已。专门回右玉看了一下，确实是真，真是不错！

重回右玉

——右玉县 50 年来坚持以人为本思想的实践

姚焕斗

光阴流逝，日月如梭。转眼间我离开右玉这颗塞外灿烂的绿色明珠已整整 16 年了。右玉与我有着不解之缘。我参加工作之初的 1952 年，不久就从地区调到右玉，两年后的 1954 年调往怀仁，在我离开 26 年后，又一次调到右玉，这一次一干就是 12 年。前后两次在右玉工作了整 14 年。因此，可以说右玉是我的第二故乡。对右玉的一山一水、一草一木，我都有着特殊的感情。最近，应右玉县委书记赵向东同志之邀，重回了右玉。不禁感叹：啊！右玉变了！大变！变得连我这个"右玉人"都不认识了，一个崭新的右玉展示在世人面前。右玉的变，在于这里的领导虽然多次更替，但始终遵循了一条以人为本的思想路线，一切从人民的利益出发，这就是右玉变化的

中共右玉县委书记 姚焕斗

根本所在。

一路景色宜人

过去从大同或朔州到右玉，有多条道路。一条是经左云的 109 国道，一条是经怀仁的左沙路，一条是经平鲁的右井路，一条是金银焕同志主持朔州市委工作期间修的元元路。可是这么多条路都不大好走，坑坑洼洼，崎岖连绵。如今走平朔一级公路，与右玉相接的柏油路，一个多小时平平稳稳、舒舒服服就到了右玉，从根本上解决了行路难的问题。

一入县境，首先展现在人们面前的是一望无际的董半川 20 世纪七八十年代栽起的以小叶杨为主的林海。这片林东起曾子坊西至花板，全长 30 多公里，同南邻的县相比好似两个天地。穿越这片林海，进入右玉中部地区，这时一条醒目的"欢迎来右玉休闲度假"的跨路标语跃入眼帘。下车后，我同胡守义等同志登上 30 个台阶进入望厅，在这里极目远眺，环绕小南山的几十万亩针阔混交林尽收眼底。杨柳三松，绿龙逶迤，层层叠叠，起起伏伏，真是一派难觅的风光。离开望厅，沿着山间新修的水泥路面，登上小南山。跨过四道岭的乔灌混交林，经刘政抚的林草间种，进入 20 世纪 80 年代千人干部职工会战地——贾家窑山，这里落叶松、油松长势尤为粗大，有的已成柱材。同行者刘义感叹，10 年树木，这片林仅20 年就成材了。古人云，家有千棵树不穷。一株以 10 元钱计算，这片林最少值上千万元。离开这块多年奋战过的地方，顺着通往呼市的大道，看了中央领导曾经视察过的新堡梁、苍头河畔、大南山，这里灌木丛生，水草肥美，遍地牛羊，实现了人和自然的和谐相处。车在林荫行、人在画中游，不知不觉中来到了杀虎口。近年来，县里在这个古镇重修了一段长城，恢复了部分古建筑，建起了生态园，塑造了塞外生态健身旅游景观。2005 年 7 月举办了全国生态健身旅游节，来自全国的体育健儿赞誉这里是永远看不完的山水画，欣赏不尽的风景图，是塞外沙漠中的明珠。

往日不堪回首

右玉，属风沙、半风沙过渡地区，自然条件十分恶劣，生态环境相当不好。中华人民共和国成立初，在全县2000平方公里的土地上，仅有残林8000亩，占总面积不到0.3‰。在我初到右玉的1952年，这里还是"一年一场风，从春刮到冬，白天点油灯，黑夜土堵门""风起黄龙舞，人人戴风镜，今日把种下，明日再重种"的不毛之地。这种不适宜人类生存的地方，生产率极低，各家各户是春天种不完，秋天收不了几颗粮。一年下来，遇上个好年景勉强糊口度日，碰上灾年，男人走口外，女人挖苦菜，过着半饥半饱的日子，这期间全县粮食总产量在500～1000万公斤之间徘徊。一次，我同邓守槐下乡，村里给我们找了一户好人家住下，土窑土炕无席，炕上只有几个枕头，晚上睡觉时房东只有一条被子，让我们盖我们谢绝了，和衣而卧。第二日吃饭，早上是糊糊煮山药，午饭是山药饨饨，晚饭时支书说给我们改善一下生活，买回一盆鸡蛋，煮鸡蛋醮盐水。当时规定吃一天派饭三毛钱一斤粮票。当时市场价一毛钱可买五六个鸡蛋，我们合计了一下，这三餐也

担水育苗

不过两毛多钱，可见当时群众生活多么寒苦。

为了改变这贫困面貌，县委根据群众说的"右玉要想富，必须风沙住，要使风沙住，必须先栽树"的意见，从20世纪50年代始，先后任县委书记的庞汉杰、王矩坤同志，针对右玉实际，提出了"哪里能栽哪里栽，先让局部绿起来"的植树造林口号，在全县展开了男女老少都上阵的造林运动。书记、县长带头做起，人人自带干粮，自备工具，义务植树。这样，经过20世纪五六十年代年复一年的春秋各半个月的苦干苦战，使宜林的苍头河、马营河、李洪河、欧村河、牛心河绿了起来，实现了局部地区绿起来的宏愿，造林面积达到50多万亩，是解放初的40多倍。

进入20世纪70年代后，时任县委书记马禄元、杨爱云接过造林绿化的接力棒，针对当时的实际，提出了"因害设防布林带，再把风口堵起来"的口号。延续过去的规矩，春秋各半个月的全民义务植树，展开了以堵风口为主的造林战役。又经过10多年的苦战，使"杀虎口、黄沙洼、老虎坪、杀场洼"等风口的沙丘，全部得到控制并披上绿装。自然条件变了，农业生产上来了，全县人均产粮千斤，达到了纲要规定的指标，雁北地委在这里召开以林促农现场会。80年代后，时任县委书记常禄，对林业有着特殊感情，一年之中有2/3的精力用在林业上。接任他的袁浩基、姚焕斗步前人步伐，紧追不舍，先是提出了"种草种树、发展畜牧、促进农副、尽快致富"的方针，又提出了以觉悟加义务、政策加科技的方略，以"兴道路、补河岸、填沟壑、绿山头、造林网、美村庄"为目标的让右玉全境绿起来的口号。为了改变"杨家将"当家的单一树种，全县各个乡镇办起了50～100亩规模的苗圃，县里在威远城南的沙丘上，动用了40台推土机，经过两个春秋的平整，建起了各千亩的渠路林水机电现代化苗圃和沙棘园，每年各苗圃可提供千万株幼苗，很快改变了林种结构，形成了一个乔灌草多品种、多层次的生态格局，林草覆盖率达到47%，成为全省乃至全国造林和生态建设的红旗县，多次受到中央和省表彰。在此期间，时任党和国家主要领导人先后专程视察了右玉的林业建设，并一再嘱咐我们，转告他们"对右玉人民的问候！感谢右玉人民在风沙区造林绿化中作出的巨大贡献！并为全国风沙区改善生态环境绿化造林提供了经验，做出了榜样"。时任国务委员陈俊生同志亲自书写了"塞上绿洲"四个大字，立碑林中。

今日塞上人家

改革开放以来，右玉被列为国家级贫困县。为了从根本上使人民群众摆脱贫困，尽快富裕起来，在继续抓生态建设的同时，先是以老鼠打洞的方式，查看右玉有无煤炭资源。这时正值雁北煤管局到右玉扶贫，他们见县领导和部分乡干部、群众，用原始的方法探矿太危险、太艰难，于是请省地勘局217队进行地质勘探。勘探队经过一年多时间，打了几十个钻孔表明，右玉有煤炭，且储量丰富，仅元堡子、高家堡地区，储量就在34亿吨左右，且煤层厚、易开采，垂直深度为100米左右。得知这一特大喜讯，右玉人高兴极了，《山西日报》《人民日报》为此还发了消息。煤炭资源的底数清了，一个县、乡、村三级办矿的局面很快形成。到1990年年底，建起大小10座煤矿，形成百万吨生产能力，就在这一年外销煤达到80万吨。围绕煤炭资源兴建了矿药厂、高岭土厂。又引进了同煤集团巨资和设备，兴建一座年产1000万吨的矿井，仅此一项创税1亿多元。接任县委书记的高厚同志，大力营造软硬环境建设。在要想富先修路的思想指导下，动员全县民众先修通了运煤专线。接着乡乡、村村出动，经过近两年的全民奋战，修筑了780公里长的水泥路面，实现全县村村通水泥路，彻底解决了农民走路难、上学难、看病难、吃水难、用电难、娶媳妇难、买难、卖难的八难问题。省里为此召开了现场会，还奖励了500万元。紧接着又对县城的道路、路灯、上水、下水、宾馆、公园、体育场等进行了全方位改造和建设，使外来宾客感到右玉虽是偏远小县，却享有城市风韵，且悠闲安静，风景优美，适合休息度假。

来客无不赞叹右玉是一个有独特风格的好地方。

　　赵向东同志由县长接任书记后，继前任的步伐，拾遗补阙，哪里不完善继续完善，哪里不完美继续完美。在各个林区的制高点建了集观赏、休闲为一体的各具风格的景观，开辟了水上公园、餐厅，使这里更成为林涛树海、碧波荡漾、鸟语花香的人间天堂。栽下梧桐树，引来金凤凰。越来越多的人来到右玉，他们赞美右玉人民伟大，在风口沙滩上建起了一座绿色长城。在赞誉声中，御羰肉联公司、北京天筑伟业、中大科技公司、岱海电厂等在这里安家落户，进而促进了全县经济发展，加快了脱贫致富步伐。近年来，右玉有一半农户住进了新房，不少农户用上了沼气和自来水，家家户户牛羊满圈，六畜兴旺。特别是养羊业发展迅猛，全县户均养羊超过 30 只，年销售羊肉百万斤，并出口阿拉伯国家。2005 年农民人均收入可达到 2000 元，初步脱贫开始向富裕迈进。全县财政收入超过 8000 万元，比我离开时的 1991 年的 800 万增加了 10 多倍。全县人均财政收入 800 元，进入中等县行列。右玉再不是昔日的"十山九秃头，河水向北流，三辈子富不了，清官做不到头"，而是成了"沙丘披绿装，河岸变粮仓，农民达小康，清官都出了头"的好地方。

我在右玉担任县委书记期间工作的往事

师 发

我在右玉曾经工作过整整六年。这六年，在右玉历史长河中，可以说微不足道；然而，在中华人民共和国成立后，在中国共产党领导下，在右玉人民抵御风沙、创造美好生活的艰苦奋斗史上，却留下了浓墨重彩的一笔。因为，当时右玉遇到发展的关键时期，就是加快改革开放，尽快脱贫致富。

下面，将我在右玉担任县委书记期间，主要工作做一回顾：

我是 1990 年 4 月到右玉工作的，担任右玉县委副书记、县长；1992 年初担任右玉县委书记，1996 年 4 月离开右玉，在右玉整整工作了六年。

2006 年 3 月，那时我在大同大学工作，有一天我接待了右玉县派出的

中共右玉县委书记 师 发

一个采访小组，我曾给他们写过这样一段话：1990 年 5 月 5 日，是我到右玉县工作的第一天，我在县机关食堂吃过午饭，和司机小李一人拿了一把铁锹，上了柳沟山，那时，县委书记姚焕斗同志正领着机关人员义务植树，干得热火朝天。从此，绿化右玉的接力棒我就开始接上了……

2007 年 6 月的一天，那时我已退休，山西省五家省级媒体到大同采访我，记者郑亦工、孙瑞生问我："为啥右玉能连续 50 年植树坚持不懈？"我笑着回答："右玉风大沙多，不毛之地，不种树老百姓就没法活，没有老百姓我还当什么书记？"他们接着又问："你为什么不改变前任书记的做法？"我答道："前任书记的做法挺对，群众拥护，我为什么要改变？我只能在前任的基础上更上一层楼；我不能抱有私心，去标新立异，劳民伤财。如果是那样，老百姓就要遭罪了。"

下面我简述几件事情，如感觉有出入，可到右玉档案馆查资料。

第一，我于 1992 年初担任右玉县委书记，不久邓小平南方谈话发表，全国上下学习贯彻，加快了改革开放的步伐。雁北地委书记杨大椿到右玉和县委四套班子成员，研究贯彻邓小平南方谈话，我刚从山东参观学习回来，所以很快制定出右玉经济发展方略，那就是以邓小平理论为指针，解放思想，实事求是，在各领域加快改革开放的步伐，努力发展县域经济，尽快让右玉人民富起来。

第二，右玉的发展和植树紧密连在一起。它经历了这样一个阶段：活起来—绿起来—富起来，而到了我们那一届，右玉的发展又到了一个新的历史阶段，那就是要加快改革开放的步伐，让右玉尽快富起来。然而要实现这个大的转换，必须先要完成林业建设的一个任务，那就是首先要实现全县绿化基本达标。这是林业部"三北"造林局和山西省委、省政府的要求，右玉县 1992 年年底必须首批实现。可当时右玉是首批实现基本绿化县条件最差的，时间紧，任务重，是一场硬仗。1992 年 3 月，在山西潞城林业会上，我以县委书记兼县长的身份，在会上表态发言，并立下军令状：保证坚决完成省委、省政府交给的任务！如果到时没有完成，自动请求降职使用，到时工资下浮两级。

我在林业大会上立下军令状，回县后各级党政一把手也都立军令状，提出的口号就是：全党动员，全民动手，拼死拼活，背水一战，坚决实现基本绿化。巨幅口号悬挂在县委楼前及交通要道，并采取"倒计时"，也用巨幅标语悬挂在显眼处。这次右玉造林绿化，既要圆满完成上级交给的达标任务，又要提高林业的经济效益作为林业战略转移的主攻方向，走高产、优质、高效的经济林业之路。我们提出了"上规模、调结构、抓改造、重科技、严管护、创效益"的十八字林业战略方针。经过一年的艰苦奋战，终于圆满完成了任务。这里不仅有右玉各级领导、右玉人民的艰辛，而且雁北地委、行署、省林业厅、"三北"造林局为之付出不少心血。为了奖励有功人员，县委副书记杨魁、副县长刘义晋升一级工资，尽管右玉财政十分紧缺，我还是建议，给一些造林有功的农民由政府财政拨款，每年补助300元生活费，直至终身。在右玉大南山上树立"右玉林业功臣碑"，我亲自撰写了碑文。至今回想起来，我都感动不已。县领导、机关干部和广大农民群众，扛着铁锹、镐头，自带干粮，早出晚归；工地上红旗招展，人山人海，车水马龙；脱皮掉肉，拼死拼活。毫不夸张，我的体重就减少七八斤。全县一年造林植树十多万亩。林业部和省政府有关部门验收后，都赞扬右玉的领导、干部和群众了不起！

1992年9月17日，中共山西省委、省政府授予右玉县"全省首批基本绿化达标县"，右玉被树为全省林业十面红旗县之一，奖金10万元；同年10月5日，全国绿化委员会、林业部、人事部联合授予右玉县委"全国治沙县先进单位"；同年10月8日，国务院"三北"防护林领导小组、林业部授予右玉县委"三北"防护林第一期工程先进单位。

第三，右玉是个半农半牧区，又是个自然环境较差的县，要想使农民走上富裕之路，还得根据右玉实际情况来制定策略，这方面我们突出抓了这几项：

1. 大搞农田基本建设和小流域治理工程。

右玉县在这两项建设中，一直在雁北地区和朔州市处于领先地位。1992年，右玉县在农田基本建设中，在全区夺得第一名。雁北地委书记杨大椿在全区农田基本建设表彰会上说：右玉人民艰苦奋斗的精神值得全区学习，县委书记师发同志敢于在老虎肚子下爬一爬的勇气，值得各县书记学习，右玉农田基本建设的做法值得在全区推广。1992年10月30日，全国水土保持协调小组授予右玉县"水土保持先进县"，1994年9月20日，在全省召开的小流域治理会议上，省政府授予右玉县"全省小流域治理先进县"，获金牌一枚；右玉县杨千河流域被评为"高效、优质小流域"，省政府予以树碑，赵勤同志任杨千河乡党委书记。

1996年8月（我已于同年5月离任），在右玉县召开的山西省第六次小流域治理工作会上，省政府授予右玉县"山西省水利水保红旗单位"。

2. 重点抓好苍头河生态农业综合开发。

苍头河是纵贯右玉县南北的一条大河，是右玉的"母亲河"，流域面积250多平方公里，占全县面积的近90%，交通便利，水土资源较好，综合开发苍头河是一件利国利民的大好事。早在杨爱云同志任右玉县委书记时就提出治理苍头河。1992年3月份，县委、县政府又重新调整并成立了"右玉县苍头河农业综合开发指挥部"，我任总指挥，日常具体工作由政协副主席阴荣林、县退休农工部部长郝文运、地区绿化委员会副主任康润玉（县聘请为政府顾问）等8名同志常年在指挥部工作。苍头河流域中段综合治理工程，从1991年10月至1996年4月，中央、省、地有关部门共投资1600多万元，右玉自筹600多万元，使苍头河中段综合治理取得显著成效。其中，水利水保工程建设完成 24 项，改河配套工程完成 6 处，累计植树 7500 多万株，更新造林 2200 多亩，营造丰产村 50 处，使苍头河中段西岸形成 20 米宽的防护林带，新建护岸林 1300 多亩。并在大南山山坡下，使沿河流的林带与坡梁相接，构成了苍头河大片农田林网，森林覆盖率达 31%，控制水土流失面积 60%。

由于进行了山、水、田、林、路综合治理，流域内灌溉面积达到 3.4 万亩，建成双合屯、蔡家屯、双扣子、道羊村等 11 个井灌区，有水井 112 眼，井灌面积达 6300 多亩，人畜吃水问题全部得到解决，畜牧业得到迅速发展，鸡、兔养殖也有很大发展。在高墙框村建起万只兔场一座。还种黄花、仁用杏、李子、葡萄为主的经济林近 5000 亩，建设稳产高产田 4.5 万亩，并实现人均 3 亩草田轮作地。到 1996 年，干流地区粮食总产达 630 万公斤，农村人均纯收入达到 384 元，基本越过贫困地区温饱线。现在人们到苍头河生态旅游区看到的正是这个治理区段，苍河碧绿映照秀丽山河，水草肥美哺育遍地牛羊，不毛之地成了塞上小江南，又不失风吹草低见牛羊的塞上风光。

3. 创右玉名牌产品，把小杂粮推向全国。这件事一直由县扶贫办主任卢学礼主抓。1993 年，在全省名牌产品评比中，右玉小杂粮名列第二。

4. 全力打造沙棘产业基地，把沙棘作为致富的一个支柱产业。

沙棘除具有保持水土的植物学特性外，还有改善土壤的物理性能。沙棘果营养丰富，沙棘果汁中有人体自身不能合成的多种维生素、氨基酸及黄酮素等。还可以制作沙棘油，在医药上有特殊功效，被卫生部列为药食同源植物。而右玉县的地理条件、土壤条件、气候条件及生态条件，非常适合沙棘种植、生长、储存、生产。所以一定要把沙棘资源转化为经济优势。于是我们大抓沙棘种植开发、利用、研究、生产等工作。全县建了区域化沙棘护岸林基地、沙棘良种繁育基地、人工改造沙棘试验示范基地、优良沙棘园和采摘园、沙棘绿色通道等。1995年10月13日—17日，全国沙棘工作会议在右玉县召开，全国18个省（自治区）的代表及全国著名沙棘专家共140多人出席。会议期间，参会人员参观了右玉威远镇人工沙棘园、右玉绿色通道建设工程、右玉天然林改造、沙棘品种园、绿都沙棘饮料厂、压板厂、右玉县长城沙棘油工厂。我在大会上作了《加快林业建设，沙棘产业致富》的经验介绍。会上，右玉县业余职工文艺宣传队还演出了自编自导的、乡土气息浓郁的专场文艺节目，受到当时已退休的林业部部长高德占、副部长祝光耀，造林司司长朱俊风，"三北"局局长兼全国沙棘办主任张建龙的大力表扬。我就坐在高德占老部长旁边，他说："谢谢你，师书记，你为我们林业建设贡献不小。"

会议确定，右玉县为全国11个沙棘资源建设示范县之一。这是山西省唯一的沙棘资源建设示范县。

第四，以改革开放思想努力发展企业。俗话说，无工不富，但是，当时的右玉大多数企业规模小、数量少，而且效益不高，有的甚至是一生产就赔钱。

1. 我选了全县连年亏损、包袱较大的压板厂作为改革试点，并大胆使用曾当过体育教师但有一定企业管理能力的刘生同志到压板厂试行股份制改革，成立了康达公司。1994年9月，康达公司的刨花板厂，与日本一家企业合资成立了右玉县第一个中外合资企业——山西省新和建材有限公司。成立时，朔州市委副书记刘增民副市长李满田来右玉剪了彩。朔州市专门在右玉县召开了企业改革现场会，市委书记薛军同志充分肯定了右玉县委企业改革的思路，以及康达公司废物利用、变废为宝、为农民增加收入、一举多得的做法。

之后，省里又在朔州市召开企业改革现场会，我在会上发了言，受到副省长彭至贵的赞扬。1994年8月，省委副书记郑社奎来右玉视察工作，对市、县领导讲："右玉县几十年来坚持植树、造林、种草，搞得非常好。右玉大面积的小老树应该更新改造。刘生同志办的压板厂把植树造林枯死的树木来个资源再生，企业搞成股份制，大胆引进外资搞中外合资企业，为贫困地区农民致富开辟了一条路，方向是正确的。"

之后，省电视台与朔州市电视台就中日合资、开发利用右玉残枝枯树变废为宝，增加农业绿色收入为主题，拍摄了一部《敢为人先》电视专题片，多次在山西电视台以及中央电视台播出。

2. 瞄准市场，推广股份制经验，兴办中型企业矿药厂。山西是能源大省，矿药厂无疑是个好项目。于是，我责成一名省里下派的右玉县副县长李芬贵同志专抓此项目的立项工作。这个项目国家管控很严，所以立项很费劲，后来省长孙文盛同志来右玉视察工作时，我抓住机会，在省长的支持下，终于立了项。

3. 发展乡镇企业，各乡镇因地制宜办一至两个企业，县里拿出400万元进行了扶持。

第五，挖掘右玉文化旅游资源，开发旅游项目。右玉不仅经过几十年努力植树造林成为"塞上绿洲"，而且文化底蕴很深厚，无疑可以发展成为旅游胜地。为此，我们抓了几项工作：

1. 首创"绿色通道"。在右玉林业建设上，我提出：从零开始，抓好林业改造；从严入手，攀登林业建设高峰。以提高造林质量为中心，以提高林业经济效益为主攻方向，走高产、优质、高效的经济林建设之路，使右玉尽快富起来。正巧，1995年秋季林业部决定在右玉召开沙棘建设现场会。省林业厅的霍转业和王德玉同志和我商量，右玉搞一个什么林业工程，能在造林绿化上有所突破，并能增强林业工程的经济效益。"三个臭皮匠，顶个诸葛亮"，终于他俩人提出"绿色通道"的设想，我一拍板，后来拿到班子上讨论，一致同意。从右玉的主交通大道——山和公路做起，规划一条高标准、高质量、多层次的花、乔、灌"绿色通道"。

南起右玉与山阴县交界，北至杀虎口与内蒙古交界，全长 100 公里，两侧各宽 50 米，路、埂、树、花、景多项措施并举。由副县长刘义、林业局局长张恕、农委主任张岗三人具体负责。经过两个春秋苦战，投工 50 多万个、动土石方 98 万立方米，整地 26 公里，打地埂 132 万米，栽植了樟子松、新疆杨、沙棘、柠条、丁香、玫瑰，形成生态、经济、社会效益并举，乔、灌、草混交，针叶、阔叶、花草同步的绿化新格局，使游人到右玉杀虎口一路赏心悦目，心旷神怡。1995 年 10 月，朔州市委书记薛军、市长王振宇带领全市农田基本建设现场会的人员，参观了"百里绿色通道"。薛军同志说："百里绿色通道是右玉人民的伟大创造，是右玉县直机关干部的无私奉献、敢打敢拼的生动体现，是右玉乡镇干部和广大群众吃苦耐劳、奋勇争先精神的生动体现。全市都要学习右玉人民艰苦奋斗精神，全市要推广右玉的做法。"右玉大搞绿色通道的两年正是右玉连续遭涝灾、庄稼歉收、农民口粮紧缺的两年。我和县长杨树昌决定从县粮库中拨出救济粮，每一个出工农民一天补助六两玉米或莜面，发动群众上工地苦干大干。1996 年 1 月，省长孙文盛，省委常委、宣传部部长崔光祖，在朔州市委书记金银焕的陪同下，到右玉灾区考察慰问，并参观了绿色通道工程。孙文盛省长说，右玉的绿色通道工程为山西争了光，全省要在这里召开现场会。1996 年 8 月，山西省绿色通道工程现场会在右玉召开。会后，绿色通道工程建设的做法和经验在全省推开。山西省首先在大运高速公路推广，霍转业同志负责设计。后来，德国援助项目实施领导组的工程技术员奥姆松看过右玉绿色通道后，开玩笑地问道："这是中国的'金字塔'吗？"

2. 修建杀虎口，恢复古长城。此事由右玉县委常委、宣传部部长赵润虎具体抓，县财政拿不出钱来，只好干部群众集资。当时集了三万元，还有老百姓收集的古长城砖。但终因财力缺乏而搁浅。

第六，抓教育。要想右玉发展有后劲，必须从根本抓起，那就是教育，而且要从小抓起。我经常到县幼儿园了解情况，解决问题，我们县的幼儿园办得很好，在省里也有名气。我到右玉县当县长时，下拨的第一笔钱，就是维修破虎堡学校；我给右玉县油坊镇小学题字立碑。十年树木，百年树人，右玉兴旺，教育为本。为了让懂教育、会管理的油坊镇镇长张孝京去右玉中学出任校长，我和他多次谈话，县四套班子主要领导也都出面动员，最后他愉快地上任了。

第七，建设一个政治过硬、清正廉洁、高效务实、密切联系群众、艰苦奋斗的为群众认真办事的县级领导班子；培养一支德才兼备、为党为民认真服务的干部队伍。

1. 我任右玉县委书记时正值邓小平南方谈话公开发表，全国上下都在学习贯彻，我提出首先在县四套班子中进行"解放思想，加快改革开放步伐"大讨论，后在全县干部中推行，前后共进行了三次，历时三个月，并组织干部到山东参观、学习，大大提高了干部们的改革开放意识。

另外，班子经常集体学习，内容很广，有理论方面的，也有经济方面的，还有法律方面的。教员就是贾桂梓同志。

2. 深入基层调查研究，现场办公，我们班子成员每年要和农民一起搞农田基本建设，和农民吃在工地干在工地。经常深入农户访贫问苦。记得1994年右玉遭涝灾，细雨下了40多天，百姓的房屋多有倒塌。有一天夜里12点多，我去白头里乡查看，正碰上县人大主任李生华在雨中拿着手电筒查看农民住房，他见我来了便说："老师，你回去休息吧，这里有我。"至今想起这件事我都感动不已。

3. 一切想着群众，为了群众，这是右玉历任班子的优良传统。有一次，省农委给右玉下拨30万元专项款，其中有5万元是让我去美国考察专款，可我一想到发工资都较困难，便主动取消了。

右玉财政紧缺，我定下发工资顺序：第一先给离退休干部，第二给教员和基层干部，最后才是县级机关干部。

4. 在"班子"内，开展批评与自我批评，搞好团结，增强凝聚力，这一条首先由我做起。尤其是我和县长杨树昌同志，他很谦虚，工作踏实，县委决定下的事，他从不打折扣或另搞一套。右玉虽然财政紧缺，但是分管财政的副县长胡守义同志，很会当家过日子，甚至不怕得罪人，严把财政支出关。他们每个同志都有许多我不及的长处，我这个人心直口快，有时还带点儿"霸道"，他们知道我是为工作，绝大部分都能理解。我很想念这些同志，尤其像去世的政协主席王兵，他是个老同志，很尊重我，并经常给县委提一些有价值的建议；县委副书记杨魁，他年富力强，经常在第一线帮我分担很多工作。

5. 培养建设一支高素质的干部队伍。这件事主要是右玉县委副书记蔡全根、组织部部长王俊杰、纪委书记白桂芳负责。他们严格按党的干部路线去发现、培养、监管、考核干部。可以说，右玉的这支干部队伍是一支敢打敢拼、作风过硬、为民办实事的好队伍。

6. 抓好社会治安，营造安居乐业的环境。右玉县地处山西北部，与内蒙古接壤，社情复杂。分管政治的县委常委、政法委书记李月明，县委常委、武装部政委秦艮生为保一方平安付出不少心血，并涌现出像王一飞这样的英雄公安干警。

我提到的这些同志，以及没提到的同志，他们都恪尽职守，为我分担，才成就了我这个县委书记。

我于1996年4月调离右玉，右玉那年全县财政收入980万元，比我刚去右玉时翻了近两番。

2007年12月，右玉县委书记群体代表马禄元、袁浩基、赵向东在省里领取了"2007年山西记忆十大新闻人物集体奖"。

2010年9月，在京举行的"2010年十大经济新闻人物"颁奖典礼上，右玉县历任县委书记群体荣获"2010年中国十大经济新闻人物营造秀美山河特别奖"。

特别是习近平总书记从2011年到2017年先后五次讲到右玉精神，对右玉精神作出重要批示和指示。这是对右玉奋斗史的充分肯定，包含着对右玉人民的深情关爱。我也感到振奋、荣幸。因为我为右玉精神的形成，也尽过一个共产党员、一个县委书记应尽的职责，只是我感到还有许多不足。虽然我已退休，但仍然要牢记总书记"不忘初心、牢记使命"的教导，不断鞭策自己进步。

如今我离开右玉已经20多年了，但我始终忘不了右玉，经常要回去看看她的发展变化。值得高兴的是，2018年右玉终于脱贫了，她成为我省首批脱贫摘帽县之一。右玉的事实再次证明了，习近平总书记关于"绿水青山就是金山银山"的科学论断。我期盼着，让右玉精神在完成党的十九届四中全会提出的战略任务中，继续发挥她的作用，为"中国之治"贡献右玉力量！

大力弘扬右玉精神
推动朔州转型跨越发展

高 厚

2010 年 7 月 29 日，省委书记袁纯清在全省领导干部大会上代表省委发表重要讲话，在准确把握世情、国情和省情的基础上，描绘出了我省今后 5 年发展的宏伟蓝图，提出了全省转型发展、跨越发展的战略定位、奋斗目标、实现路径，思想深刻、内涵丰富、切合实际、振奋人心。特别是 7 月 6 日至 7 日，袁纯清书记在朔州调研期间提出，希望朔州抓住转型跨越发展的历史机遇，努力发展成为山西省转型跨越发展的示范区、加快发展的领先区、现代化的工业新区，体现了省委、省政府对朔州寄予的厚望，符合朔州人民的心愿，是指导我们当前和今后一个时期加快转型跨越步伐的行动指南。

中共右玉县委书记 高 厚

右玉精神是我们的宝贵精神财富和传家宝。中华人民共和国成立60年来，右玉县历届县委、县政府团结带领全县干部群众，坚持不懈地植树造林，改善生态环境，全县森林覆盖率由解放初的不到0.3%提高到现在的52%以上，创造了令人惊叹的生态奇迹，铸就了以"执政为民、科学发展、持之以恒、久久为功"为核心的右玉精神。右玉精神是我们党60年来执政为民、践行宗旨的一个缩影，是党的科学发展理念的质朴诠释和成功实践。在右玉乃至朔州的发展历程中，右玉精神一直是激励全市人民克服一个又一个困难、取得一个又一个胜利的强大精神动力。在新世纪的今天，如何实现省委对朔州提出的殷切希望，实现朔州市委提出的率先科学发展和建设"两宜"城市奋斗目标？结合我多年基层工作实践，我认为，应继续大力弘扬右玉精神，用右玉精神激发全市干部群众迎难而上、埋头苦干、敢于胜利的冲天干劲和顽强斗志，努力实现转型发展、跨越发展。

第一，实现转型跨越发展，需要大力弘扬右玉精神，坚持实事求是的思想路线，明确未来5年全市经济社会发展的总体定位。中华人民共和国成立60年来，右玉的18任县委书记，绿化的"接力赛"一棒接一棒地往下传，从开始时的为了生存而绿化，到后来的为了发展而绿化，再到现在的为了生态文明而绿化，始终坚持的就是实事求是的理念。而正是这种理念，成就了右玉从"不毛之地"到"塞上绿洲"的人间奇迹，成就了右玉从贫穷落后到充满希望的今天。在全省上下奋力实施转型发展跨越发展的大业中，坚持实事求是的思想路线、大力弘扬右玉精神显得尤为重要。

未来5年，是朔州转型发展、建设现代化工业城市的起步时期，起步起得如何，对朔州未来的发展走向至关重要。按照袁纯清书记提出的朔州要建设成为"山西省转型发展的示范区，全省加快发展的领先区，现代化工业新城"的要求，未来5年朔州发展的总体定位就是"两区一城"。全市经济发展各项目标和任务的规划与制定，都要紧扣转型发展、跨越发展这条主线，既要落实省委书记袁纯清在全省领导干部大会上以及在朔调研期间的重要讲话精神，又要坚持实事求是的思想路线，一切从实际出发，切实结合当地的实际工作。

第二，实现转型跨越发展，需要大力弘扬右玉精神，激发创新活力，确立大开放的思路。袁纯清书记代表省委提出要再造一个山西的宏伟目标，朔州提出要到"十二五"末实现国内生产总值1500亿元，财政收入300亿元。面对这一宏伟而又艰巨的任务，也许有的人会觉得不可思议，也许会有相当一部分人存在畏难情绪。我们不妨对照一下右玉的发展历程：新中国成立60年，右玉的森林覆盖率由不足0.3%到52%，林木面积由8000亩到150万亩。在右玉由"不适合人类居住"到"联合国最佳宜居生态县"的变迁中，右玉人干成了许多人认为不可能的事，创造出了人间生态奇迹，靠的就是坚忍不拔、迎难而上的右玉精神。随着全省转型发展、跨越发展乃至全国新一轮高速发展期的到来，我们面临的竞争将更加激烈，任务将更加繁重。过去讲"不进则退"，而今天我们面对的形势是"慢进则退"。因此，未来几年，要紧紧抓住世界及东部地区产业转移的机遇，加快走出去的频率，加大招商引资的力度。要用好"拿来主义"的做法，树立"招商即发展"的理念，开"海纳百川"的胸襟，激发全民的创新活力，真正把招商引资作为抓住战略机遇期的重大举措长期坚持。全市上下都应树立"人人都是投资环境、人人代表朔州形象"的理念，下大力气改善投资环境，真正形成外商进得来、留得住、发展得好的软硬环境，掀起开放、引进、建设的高潮。

第三，实现转型跨越发展，需要大力弘扬右玉精神，树立正确的政绩观，多做打基础谋长远的事。右玉县60年的生动实践，走出的是一条科学发展、可持续发展的道路。今天，我们要实现转型发展、跨越发展，右玉精神折射出的这一发展理念是我们应该坚持和坚守的。山西作为中国的煤炭大省，朔州又作为山西的煤炭大市，能否按照袁纯清书记提出的希望发展建设，关键是看各级领导干部能否树立正确的政绩观，能否真正在"煤"上解放思想，多做打基础谋长远的事，能否在不仅挖好煤，而且在用好煤上实现转型跨越。一是要按照发展循环经济的要求，拓展新的空间，在循环化的基础上抓高端，在深加工上下功夫，不断延长产业链；二是要以清洁化、集约化、多元化、安全化生产为基本要求，在继续抓好煤炭资源整合的同时，实现煤炭开采的机械化、信息化、智能化；三是要从资源和环境的现实条件出发，跳出传统路径，开辟发展特色煤化工的路径，实现高碳产业低碳化发展；四是要发挥规模和资本，尤其是民间资本优势，进一步解放思想，与成长性好、代表发展方向的新型煤化工企业实行战略合作，实现新型产业的快速扩张；五是要依托资源优势扩大开放。要以资源换项目、换技术、换资金、换市场，引进大企业特别是世界500强，在强强联合下实现由本土企业的局部优势变为全省乃至全国的整体优势。

第四，实现转型跨越发展，关键在党，根本在人，成败在干。右玉县60年艰苦奋斗的成功经验证实了一个伟大的真理，那就是：关键在党，根本在人，成败在干。没有一个坚强的党领导核心，没有一支干事创业的干部队伍，没有一种过硬的作风，我们的事业就不会取得胜利。右玉县18任县委书记带领全县人民矢志不渝、改善生态的实践还给了我们一个深刻的启示，那就是：每一任县委书记只是60年绿化"接力赛"的"短跑者"和"领跑者"，而坚持长跑的是右玉县的人民，久久为功属于伟大的右玉人民。在实现转型发展、跨越发展的今天，右玉县60年艰苦奋斗的成功经验与启示同样是我们战胜困难和取得胜利的法宝。2010年，省委书记袁纯清在全省领导干部大会上提出了要在"中部崛起和全国竞相发展的格局中再造一个新山西"的宏伟目标。朔州市委、市政府结合实际，审时度势，提出了在新一轮经济发展浪潮中实现经济率先科学发展的奋斗目标，即：到"十二五"末，全市地区生产总值达到1500亿元，年均增长15%左右；人均达到1.5万美元；财政收入突破300亿元；城镇居民人均可支配收入达到3万元；农民人均纯收入达到1.2万元。这一奋斗目标鼓舞人心，催人奋进，如何使这一奋斗目标成为现实呢？

1. 关键在党：党的领导是核心，也是关键中的关键，离开了这一条，转型发展、跨越发展就无从谈起。右玉之所以在60年漫长岁月中，锲而不舍，一任接着一任干，一张蓝图绘到底，抓生态建设，就是坚持了中国共产党的正确领导，坚持走社会主义道路不动摇。今天，如果没有党的坚强领导，没有各级领导班子的共同努力，转型发展、跨越发展的各项任务就无法落实。为此，首先应统一思想，达成共识。要通过多种途径的宣传，使转型跨越发展的思路、目标和战略成为全市各级党组织和广大干部群众的共识，在全市上下真正形成转型跨越发展的浓厚氛围。其次应团结一致，形成强大合力。团结出凝聚力，团结出生产力，团结出战斗力。只要形成合力就没有攻不破的堡垒，就没有过不了的难关，就没有完不成的任务。第三需要切实加强对转型跨越发展的领导。各级党委、政府应把抓转型、谋跨越作为主要任务，力求在转型发展、跨越发展的进程中建设成为大作为、大建树的领导班子。

2. 根本在人：政治路线确定之后，干部就是决定的因素。右玉60年奋斗历程，不仅取得了生态建设的巨大成就，更重要的是锤炼出了一大批吃苦耐劳、淡泊名利、勇于奉献的干部队伍。在实现转型跨越发展的大业中，建设一支干事创业的高素质的干部队伍尤为重要。为此，各级应首先加强思想建设。要破除一切影响和制约全市发展的思想和体制障碍，树立敢闯敢试、勇于承担、不甘落后、奋力争先的新思想、新观念，始终保持坚忍不拔、奋发有为的精神状态，以敢为天下先的精神，创造性地开展工作。其次要加强学习型党组织建设。要结合党组织建设活动的开展，进一步重视学习、强化学习，尤其是要围绕转型发展、跨越发展的现实需要，加强对工业新型化、农业现代化、市域城镇化、城乡生态化等相关领域中新理念、新知识的学习、思考、研究，不断提高干部的素质和能力，提升工作的层次和质量。要加强作风建设，要教育全市广大党员干部大力发扬脚踏实地、埋头苦干的工作作风；各级干部都应对照袁纯清书记提出的"摸实情、说实话、出实招、干实事、求实效、重实绩"要求，以对党对人民高度负责的态度，把求真务实作为工作的"座右铭"，作为全部工作的基本点和落脚点，使之真正成为转型发展、跨越发展的领跑者。

3. 成败在干："空谈误国，实干兴邦"，实现转型发展、跨越发展，需要科学有效的运行机制作保障。一是应建立和完善科学的决策机制。各级各部门尤其是一把手在实施转型跨越发展中，都应深入实际，认真调查研究，以减少工作中的决策失误。二是

应建立和完善责任落实机制。对党委、政府确定的各项任务，都应通过签订责任状的形式，逐级分解，落实到具体的单位和个人。三是应建立和完善严格的考评制度。对重点项目的实施情况、重点企业的运行情况、重要指标的完成情况要进行不间断的跟踪督查，并加大奖惩力度，说了就算，定了就干，做到奖罚分明。

右玉精神体现的是自强不息、甘于奉献、执政为民、科学发展、持之以恒、久久为功。右玉60年的实践科学地回答了在中国共产党的领导下，坚持执政为民，走什么样道路，践行什么样的价值观的重大问题。在实施转型发展、跨越发展的今天，右玉精神仍然应当成为激励广大干部群众的强大精神动力。

传承右玉精神　践行初心使命

赵向东

　　右玉地处晋蒙交界、毛乌素沙漠边缘，新中国成立以来，从第一任县委书记开始，历任领导班子和全县人民经过 70 年坚持不懈植树造林，创造了荒漠变绿洲的生态奇迹，更铸就了迎难而上、艰苦奋斗，久久为功、利在长远的右玉精神。我是 2001 年 8 月到右玉任县长的，2008 年 4 月从县委书记岗位离开右玉，是右玉的第十五任县长和第十七任县委书记，有幸亲历了右玉的造林绿化，见证了右玉的巨大变迁，右玉精神也在我的生命中打下了深深的烙印。回想起右玉工作时战天斗地的植树造林情景，回想起发生在身边的一个个感人故事，至今记忆犹新、历历在目。

中共右玉县委书记　赵向东

一、接力右玉工作，续写发展新篇章

当年的右玉，因为缺绿少树，风沙成灾、生存维艰；如今的右玉，因为种树植绿，草木葱茏，美丽宜居。也许是机缘，也许是巧合。我和右玉也因种树结缘。2001年8月，刚到右玉任县长时，正赶上了秋季生态建设大会战，时任县委书记高厚安排我规划建设"百里绿色通道"，投入的第一项工作就是组织实施绿色通道大会战；2008年4月离开右玉时，又正逢春季植树造林战役打响，我参加了四道岭小南山植树造林，并且和新任右玉县委书记陈小洪在植树现场进行交接；可以说从来到走都赶上了植树。我到右玉工作，特别是接任县委书记后，在历届县委、县政府种树的基础上，右玉"白天点油灯、黑夜土堵门"的那种恶劣自然环境已经改变，也不再是"不毛之地"，右玉人民的生存问题也已解决，但右玉生态环境仅仅是初步得到治理，群众生活还很贫困，在这种情况下，种树如何种？是我思考最多的问题。当时，我们在全县开展了"右玉的当家本钱是什么""如何看待右玉的绿、发展右玉的绿、提升右玉的绿、巩固右玉的绿"大调研大讨论，形成的共识就是生态建设是右玉的立县之本、强县之基，是右玉最大的当家本钱，是右玉人民走向富强的康庄大道，确定了建设"富而美的新右玉"发展目标。我在任期间，重点抓了三件事：

一是实施了生态建设二次创业

县委、县政府以生态建设二次创业为抓手，按照"营林种草上规模，景区景点抓提升，道路绿化创特色，项目造林出精品，苗圃建设讲后劲，小流域治理树典型，围栏封育抓管护"的总体思路，瞄准更高标准，建设"彩色生态""多元生态"，着力构筑"绿化带、生态园、风景线、示范片"相结合的生态网络，实现了景点上档、通道焕彩、环城添景、大地增绿的目标。特别是2006年以后，全面铺开了通道绿化、荒山绿化、村庄绿化、城市绿化、环城绿化、厂矿绿化六大造林绿化工程，坚持通道绿化抓完善，荒山绿化扩规模，村庄绿化搞突破，城市绿化提水平，环城绿化增景观，厂矿绿化出亮点，共铺开九大类39项工程，投入资金6000多万元，投工41万个，完成通道绿化200公里，工程造林10万亩，园林绿化村庄49个，共栽植各类苗木400多万株，人均植树40多株，呈现出投入空前、规模空前、群众参与空前的新特点，基本形成了"一路绿色一路景，景点绿化不断档"的良好局面，使山上治本与身边增绿得到了均衡发展。全省六大造林绿化工程现场会在右玉召开。

二是推进了生态畜牧经济发展

县委、县政府认为贫穷守不住绿色，贫穷也难以持续来之不易的绿色，为此，我们坚持"一退三还三进"战略，实施退耕还林还草还牧，农民进镇、牲畜进圈、林草进田，完成退耕还林还草30万亩，撤并84个山庄窝铺，建起9个移民新村，移民1.1万人，对移民迁出村的耕地全部进行了自然修复，极大地改善了生态环境。大力推进生态畜牧经济，培育了一批能够带动全县农民增收的农畜产品加工企业，实现了"四个一半"新的发展格局，即林木面积占到国土总面积的一半、种草面积占到粮田总面积的一半、畜牧业收入占到农民纯收入的一半、生态畜牧业产值占到农业总产值的一半。

三是探索了生态旅游发展模式

我们坚持以生态为基，全面运作旅游产业发展，大力发展生态健身、西口风情、休闲度假等特色旅游项目，举办了三届国家级生态健身旅游节、两届冰雪旅游节以及西口文化论坛，建设了一批精品旅游景区景点，策划旅游精品路线，推出了右玉一日游、二日游旅游项目，建成了一批休闲旅游特色村，开发了以"吃农家饭、住农家屋、干农家活"为主题的一系列休闲娱乐、体验旅游项目，有效地提升了右玉的人气，促进了旅游产业的发展，极大地拉动了第三产业的发展，生态休闲旅游成为右玉增收致富的特色产业。

苦干实干的同时，我们也不断地收集整理、挖掘总结右玉人民在植树造林实践中创造的许许多多符合实际、行之有效的土办法好经验，主持编撰了《右玉绿化志》，把群众治理沙害做法、育苗栽培办法、流域治理经验全部记载下来、归纳出来，为以后的绿化提供参考。组织制作了电视专题片《脊梁》，创作了纪实报道《矗立在关山塞外的绿色丰碑》，编写了《右玉绿化赋》，在南山公园建设了主题雕塑《丰碑》，先后邀请省委党校、省社科院等的专家学者，到右玉体验右玉精神、研讨右玉精神，中央省市报刊和电视台也深入右玉进行深度报道，登载了《不懈植树为什么会 50 多年不变》《为什么 58 年植树不止》等系列文章，引起了强烈社会反响，右玉精神逐渐被省内外人们熟知。

二、挖掘右玉内涵，关键是过好"三观"

习近平总书记指出，"幸福都是奋斗出来的"。今天的绿色右玉、美丽右玉、幸福右玉，就是右玉广大干部不等不靠、迎难而上、担当作为干出来的。在右玉，干部群众都知道，有条多年来立下的"老规矩"，为右玉的生态建设、干部队伍建设立下了汗马功劳。这条老规矩就是"为官先过林业关"。我体会，过林业关就必须过好名利观、苦乐观、群众观。

一是过林业关就是过名利观

植树造林是久久为功、利在长远的事，是"前人栽树，后人乘凉"短期内看不到政绩的事。右玉的干部种树不图名、得不到利，更主要是奉献。我在任时县农业局局长王旭东治理乱河滩南河湾没资金，毅然抵押自家房产，贷款 30 万元作为启动资金。在右玉，干部多年来形成一个习惯，每到植树季节，自买树苗、自带干粮、义务种树。2007 年春季植树造林，山西省省长来右玉调研，得知全县干部每年自愿拿出一个月的工资用于绿化造林，非常感动，现场办公从省财政挤出 300 万元支持我们。

二是过林业关就是过苦乐观

在右玉种树十分困难，主要体现在"三少三难"上，树种少、调苗难，劳力少、栽植难，资金少、成活难。右玉能种活树，靠的就是艰苦奋斗，以苦为乐，干部始终抱着怕难没有出路、幸福必须奋斗、奋斗必须苦干的决战信念，一个山头一个山头地攻下来，营造出一片片人工绿洲，办成了一件件别人想都不敢想的事情，锻炼和培养出一批批坚韧不拔、忠诚勤奋、踏实苦干的干部群体。种下的是树，树起的是人。我在任时，杨千河乡党委副书记张一，是群众心中"同吃同住农家院，山药丝丝蒸莜面，走时留下吃住钱"的好干部，2005年4月11日凌晨三点，和乡亲们开车从忻州往回拉树苗时发生车祸，献出了宝贵的生命。还有1978年英年早逝的威远堡村党支部书记毛永宽，总是冲在一线抢着干，不顾头疼发烧、身体劳累坚持挖坑植树，最终累死在植树岗位上。送别时，他媳妇用纸糊了个铁锹要放进棺材，村民哗啦啦跪下一片，哭着说："还带啥铁锹啊？不能让他再累了！"毛永宽媳妇却说："他一辈子就惦记铁锹。"还有退而不休植树不止的老干部韩祥，这样的同志还有很多很多。

三是过林业关就是过群众观

右玉的植树造林干部和群众吃的是一样的苦，干的是一样的活，始终与群众吃在一起、住在一起、奋战在一起、融合在一起，在造林现场分不清哪个是干部、哪个是群众，相互影响、相互鼓励，共同推动着右玉历史，共同创造着右玉精神。2004年被省政府评为人民满意的公务员的右玉县发改局副局长的王建同志负责杀虎口古长城文化旅游区的恢复修建工程，与工程队常年坚守在山上。有一天下暴雨，山上的洪水冲了下来，原先的防洪渠因故堵塞，眼看洪水就要冲进民宅，王建第一个跳下水，带领工程队员在最短时间里排除险情，及时挽救了群众的生命财产安全。事后当地老百姓说，这种以前只有在电影里才能看得到的场景，没想到就真实地发生在了自己身边。正是许许多多像王建一样的右玉干部，和群众一块苦、一块干，70年不懈耕耘，植绿了右玉半壁江山、更植绿了右玉百姓心田，植出了干部群众鱼水情，更植出了风清气正好生态。

三、感悟右玉精神，更好地传承弘扬

习近平总书记指出，右玉精神体现的是全心全意为人民服务，是迎难而上、艰苦奋斗，是久久为功、利在长远。70年来，右玉历届县委、县政府同念一本经，同唱一台戏，进行了一场旷日持久的绿化山河接力赛，这场接力赛的初心就是让老百姓过上好日子，从此植树造林从未停歇，直到种出了绿水青山。记得在一次右玉精神座谈会上，一位记者连续提出了"三个追问"：一是右玉精神是如何形成的？如果是大自然逼出来的，北方及右玉周边生态脆弱的地方很多，为什么奇迹只在右玉诞生？二是干群力量是如何凝聚的？右玉精神是干部群众脱皮掉肉干出来的，那么这种干部带头、群众响应、同心向前的局面是如何形成的？三是60多年的接力是在什么样的政绩观下传承的，右玉历届县委为什么能一张蓝图绘到底？我认为对这"三个追问"的回答实际上也是对右玉精神的形成、传承、弘扬的概括和总结。

一是右玉精神践行了全心全意为人民服务的宗旨意识

习近平总书记指出，以百姓心为心，与人民同呼吸、共命运、心连心，是党的初心，也是党的恒心。党员干部坚持以百姓心为心，就要坚持党性与人民性的统一，始终把人民放在心中最高位置，自觉同人民想在一起、干在一起，真正做到为民谋利、为民尽责。回顾右玉70年绿化史，当初面对恶劣的生存条件，县委提出"人要在右玉生存，树就要在右玉扎根"，种树，就是为了挡风沙打粮食、改善生活生存条件，从此拉开了旷日持久的植树绿化接力赛的大幕，一干就是70年。70年来，历届县委、县政府带领干部群众持续不断种树，就是为了让群众过上好日子、过上更好的日子，种树不仅解决了生存问题，而且也解决了右玉的发展问题，既顺从了民心、顺应了民意，又以具体实践践行了宗旨。种树，让右玉的干部群众认识了共产党，认识了共产党的县委书记，认识了右玉的党员领导干部。实践证明，只要和群众坐在一条板凳上，就能与群众想在一起、做在一起，就能紧紧抓住民心，办群众最期盼、最需要办的事，赢得群众的信任和支持，赢得民心民意。

二是右玉精神坚持了党的实事求是的思想路线

习近平总书记讲，实事求是是马克思主义的精髓，是共产党人的重要思想方法。回顾右玉70年的绿化奋斗史，右玉种树从客观上讲是大自然逼出来的，实际上是坚持问题导向、从实际出发解决问题的结果。种树，切中了右玉发展的脉络，抓住了右玉发展的主要矛盾，右玉不种树，恶劣的生存环境下老百姓的地就不能种，日子也过不好，既解决不了当时的生存问题，也解决不了后来的发展问题，所以右玉种树是最大的实际，也是最大的民心。在右玉种树，就是从实际出发，尊重了现实，尊重了规律，也尊重了群众。所以正是有了实事求是，右玉才能一届接着一届干下去，"飞鸽牌"的干部做的是"永久牌"的事。正因为右玉坚持了实事求是，才能排除一切干扰不动摇，不管是遇到困难也好，遇到挫折也好，还是遇到压力也好，才能一直坚守下来，七十年如一日，创造出从"不毛之地"到"塞上绿洲"的人间奇迹。实践证明，我们干工作也好，办事情也好，一定要坚持党的实事求是的思想路线，否则就干不好，也干不成。

三是右玉精神得益于坚强的党的领导

习近平总书记反复强调，"办好中国的事情，关键在党"。回顾右玉70年从"绿起来"到"美起来"，再到"富起来"，发生巨大变化的背后，是党的坚强领导的结果，是右玉历任领导集体共同奋斗的结果，是基层党支部充分发挥战斗堡垒作用的结果。因为没有强有力的党的领导，没有坚强的领导集体，就不会把群众组织起来，也不会把群众发动起来；有了坚强的领导集体，就充分发挥了政治优势、组织优势，把群众组织起来、带动起来，并且把党的领导贯彻到方方面面，贯穿到发扬党的优良作风当中。每年春秋两季，右玉的各级领导干部既当指挥员，又当战斗员，乡镇书记都是"树书记"，部门领导都兼"林局长"，一个系统一座山，一个单位一片林。各基层党支部既有组织力，又有战斗力，支部书记带头干，班子成员同心干，一个支部就是一座堡垒，一个党员就是一面旗帜，迎难而上、艰苦奋斗，最终营造出一片片人工绿洲。所以我感到，右玉的成功，得益于党的坚强领导，得益于各级党组织强大的凝聚力、号召力、向心力，得益于每名共产党员先锋模范作用的发挥。

四是右玉精神源自人民群众的力量驱动

习近平总书记强调指出，党的根基在人民、血脉在人民、力量在人民。右玉70年的发展奇迹，离不开党的领导，更离不开一代又一代的右玉人民群众。说到底，一届接着一届干，一任接着一任干，领导干部跑的是"接力赛"，但是群众跑的是"马拉松"。从右玉来说，右玉的绿化是一代一代人民群众干出来的，右玉的发展离不开人民群众的不懈奋斗。在右玉，20世纪50年代的造林模范曹国权，种树一种就是60年，90岁去世前还惦记着种树。我在任时，牛心乡老墙框村村民王占峰，从20世纪80年代进驻一条荒沟坚守几十年，两口子在荒沟里植树不止，硬是把一条荒沟变成花果山。还有余晓兰，党的十六大、十七大、十八大代表，从美丽的云南跟随丈夫来到右玉，在右玉坚持不懈种树。右玉群众朴实无华的壮举时刻鞭策着右玉广大干部，干部为群众的默默奉献所感动，群众为干部的不懈奋斗所感染，人民群众的"马拉松"倒逼了领导干部的"接力赛"。

总之，新时代仍然要弘扬右玉精神，感悟初心、坚守初心、践行初心，认清使命、扛起使命、不辱使命，在推进新时代中国特色社会主义伟大事业中不懈奋斗、砥砺前行。

亲历者述

143

"不毛之地"变成"塞上绿洲"

陈小洪

要回答"不毛之地"怎样变成"塞上绿洲"这个问题,首先我们要了解右玉过去是怎样的一个"不毛之地"。过去一提起右玉,人们脱口而出就是一个字——穷!穷的根源就是因为生态环境恶劣,风沙干旱、冰雹霜冻等自然灾害频繁发生。在"沙进人退"的逼迫下,右玉人民面临着举县搬迁的生存危机。这就是过去的右玉,一个真正的"不毛之地"。

那么,这样的一个"不毛之地"是怎样变成"塞上绿洲"的呢?

第一,右玉县委、县政府历届领导班子、全体共产党员以人为本、为民利民,忠诚践行党的宗旨。

60年来,右玉经历了18任党政领导班子。历任领导班子始终把植树造林、改善生态、改善环境当做最大的

中共右玉县委书记 陈小洪

政绩，换届不换方向，换人不换精神。右玉县委书记集体荣获"2007山西记忆十大新闻人物"。今年，右玉县委被评为山西省劳动模范集体。

第二，右玉县委立足实际、因地制宜、尊重规律、科学发展。

对于一个贫困地区，面对经济排名的压力，谁当领导都会想干出点成绩，然而，在眼前利益还是长远利益的选择中，右玉历届县委、县政府始终坚持尊重科学、从县情出发的宗旨，把改善生态环境、推动科学发展、改善民生贯穿始终，进行到底。生态环境呈现出"一增一减"的巨大变化，年均降水量比周边地区平均高出30多毫米，而沙尘天数比新中国成立初期减少了一半。生态好了，右玉富了。2009年，右玉县可持续发展增长速度位居全省第一。

第三，右玉人民坚持不懈、百折不挠、真抓实干、奋力拼搏。

右玉是国家级贫困县，可用财力十分有限，无论种树还是其他工作，有三个字可以体现：一是穷，二是难，三是苦。恶劣的自然条件也让造林运动面临严峻的考验：一是气候寒冷，二是干旱少雨，三是风沙侵害。然而，恶劣的自然条件没有挫败右玉人民的决心，凭着觉悟加义务、镢头加窝头的苦干精神，十万民众齐上阵，人人争当"造林英雄"。右玉现有森林150多万亩，每一棵树都是人工栽植的。60年来，全县干部职工义务植树劳动加上捐款累计近1个亿，人均达2万多元，广大农民义务投工达2

亿多个工日。

右玉由"不毛之地"转变成"塞上绿洲"，靠的是右玉各级领导班子的坚强党性、科学精神和民生情怀；靠的是右玉人民艰苦奋斗的作风、坚韧不拔的意志、坚定不移的信心；体现的是"执政为民、尊重科学、百折不挠、艰苦奋斗"的右玉精神。

在工作中，我们把跨越发展、协调发展作为实现科学发展的主要思路，大力推进以民生为重点的社会建设，始终做到公共财政向民生事业、向农村、向困难群体"三倾斜"。两年来，全县筹措资金1.12亿元，全力推进"五个全覆盖"和"五大惠民工程"。坚持教育优先，举全县之力办人民满意的教育。不断加大教育投入，在全省率先实施并普及了农村寄宿制教育。启动了全省教育质量提升试点工程和"问题解决"教学模式实践基地，在2009年投入的教育资金就达1.5亿元。坚持生态优先，提出了生态建设二次创业的思路，每年新植和改造林地10万亩，成为历史上生态建设力度最大的一个时期。坚持民生优先，尽最大能力提高社会保障水平。2009年，全县筹措资金2.3亿元，解决了一大批关系民生的突出问题，进一步巩固了和谐稳定的发展局面。

我们坚持注重实绩的干部选用导向，建立了以实绩为核心的干部绩效考核管理机制。通过给任务、压担子，磨炼了各级干部迎难而上、攻坚克难的拼搏干劲，锻炼培养出了一支敢打大仗、善打硬仗的干部队伍。凭着这种工作劲头，我们先后完成了百村万人大移民，实施了县城改造扩建四期工程，在全省率先实现了村村通水泥路。完成了10个乡镇卫生院和农村寄宿制学校的改造任务，办成了许多别人认为右玉不可能办到的事情。我们始终坚持传统不丢，牢记"两个务必"，坚持勤俭办一切事业。特别是从领导干部做起，工作严要求，生活低标准。许多工作都是靠发扬"资金不够义务补，物质不够精神补，白天不够晚上补"的觉悟和作风完成的。去年，全县超额完成了"五年翻两番"，财政收入从2004年的5000万增长到2.79亿元。今年上半年，全县生产总值、工业总产值和增加值、财政收入、固定资产投资等主要

经济指标的增幅均位居全市第一。7月底，财政收入达到了去年全年的水平。

牢记总书记嘱托 推动高质量发展
加快建设生态好产业优人民富的美丽右玉

吴秀玲

右玉是右玉精神的发祥地，习近平总书记先后 5 次（指 2011 年至 2019 年间——编者注）对右玉精神作出重要批示和指示，指出：“右玉精神是宝贵财富，一定要大力学习和弘扬。”今年（指 2019 年——编者注）6 月，中央政治局常委、全国政协主席汪洋视察右玉时指出，右玉精神集中体现了共产党人全心全意为人民谋幸福的宗旨，是开展“不忘初心、牢记使命”主题教育的生动教材。我们按照山西省委、朔州市委的部署要求，以塑造右玉崇高境界、先进标准、美好形象为载体，召开了开展“不忘初心、牢记使命”主题教育党课暨弘扬右玉精神推动右玉高质量发展全面建成小康社会动员会，部署开展了“集中学习、集中整改、集中宣传”活动，以传承

中共右玉县委书记 吴秀玲

弘扬右玉精神的新成效把主题教育推向高潮。

当前，右玉正处在最好的历史发展机遇期，习近平总书记对右玉精神的5次重要批示指示，是右玉干部群众干事创业的精神指引和力量源泉；省委、省政府批准设立右玉生态文化旅游示范区，制定出台了支持和推动右玉高质量发展的重大举措，是右玉改革发展的强大引擎和重要支撑；70年生态文明建设的实践，为右玉践行习近平生态文明思想奠定了坚实基础。我们立足时代要求，结合发展实际，紧紧抓住省、市支持和推动右玉高质量发展的重大机遇，围绕提升绿水青山品质、共享金山银山成果的主题主线，大力实施脱贫攻坚和旅游兴县"两大战略"，积极探索"绿水青山"转化为"金山银山"的路径和方法，巩固"绿"、提升"绿"、转化"绿"，全力打造全国"两山"理论示范区，加快建设生态好、产业优、人民富的美丽右玉。

第一，坚守为人民谋利、为人民服务的初心，全面打赢脱贫攻坚战。通过领导干部讲党课、开展主题党日活动等方式，引领全县党员干部进一步明确把推进脱贫攻坚作为新时代为人民服务的着力点和突破口，精准开展了八大工程二十个专项行动，部署开展了以"四问三宣一推动"为主要内容的千名干部进村入户跟

149

踪回访行动，以整体脱贫摘帽、决战决胜成效，切实把"两不愁三保障"各项措施落实到村、到户、到人。2018年6月份接受国务院第三方评估检查，8月8日省政府批准右玉退出贫困县，成为全省第一批退出的国定贫困县之一，交出了生态系统修复、打赢脱贫攻坚战两份"时代答卷"，彰显了右玉70年坚持不懈推进生态文明建设的发展优势。

第二，深入贯彻习近平生态文明思想，加快推进高质量发展。全力构建现代绿色产业体系。制定出台了《右玉县调整优化农业产业结构三年行动计划》，全县特色杂粮种植达40多万亩、沙棘28万亩，各类农业产业化龙头企业达20多家，"右玉燕麦米"已申报实施农产品地理标志登记保护。制定出台了《右玉生态羊全产业链发展规划》，全县羊的饲养量达到75万只，右玉羊肉成为山西省第一个获得国家地理标志认证的畜产品。累计建成光伏扶贫电站24座，总容量达58.884兆瓦，全县清洁能源总装机容量突破130万千瓦，形成了一个颇具规模的清洁能源产业。高标准推进右玉生态文化旅游示范区建设，强力推进了杀虎口景区开发、玉龙观光牧场、南河湾生态系统提质工程等一批引领性强的文旅项目，成功举办了山西右玉生态国际马拉松、玉龙国际赛马公开赛等一批体育赛事，全国二青会所有的马术比赛在右玉鸣锣开赛，基本形成了以生态文化旅游业为主导的现代产业体系。2018年，接待游客290.14万人次，实现旅游收入27亿元。

第三，贯彻落实习近平总书记对右玉精神的重要指示批示，大力传承弘扬右玉精神。多渠道开展新时代学习弘扬右玉精神课题研究，进一步推动学习弘扬右玉精神时代化、目标化、群众化和具体化、长效化。建成了右玉干部学院，以弘扬右玉精神为办学特色，立足右玉精神形成的历史脉络，以小见大，深刻阐释了共产党人的初心和使命，已经成为全国学习、研究、宣传习近平新时代中国特色社会主义思想的干部实践教育主阵地，被中组部列入省（部）级党委（党组）批准的干部党性教育基地备案目录。与中央党校（国家行政学院）党建部签署了战略合作计划，《右

玉县数十年持续加强生态建设经验》作为典型案例走进了中央党校课堂。电视连续剧《右玉和她的县委书记们》在央视一套国庆黄金档播出，大型音乐舞蹈史诗《为有牺牲多壮志——右玉和她的县委书记们》成功巡演，右玉绿化业绩被写入中学《生物学》课本。在省委召开的"不忘初心、牢记使命"主题教育专题党课暨第三次学用习近平新时代中国特色社会主义思想经验交流会上，右玉县委作了《牢记总书记嘱托，大力弘扬右玉精神》交流发言。组建了右玉精神报告团，带动广大党员干部人人会讲右玉故事、人人为右玉代言。进一步引深"右玉精神我弘扬十大行动"，让忠诚干净担当在全县广大党员干部中大力倡导和践行，让右玉精神在进行伟大斗争、建设伟大工程、推进伟大事业、实现伟大梦想中彰显新的时代魅力。

践行"两山"理论 弘扬右玉精神
在推进新时代水保事业高质量发展中建设
美丽右玉

张震海

　　右玉县地处"三北"地区长城沿线的潜在沙漠化地带，是典型的缓坡丘陵风沙区，曾是全国水土流失最严重的县区之一。新中国成立以来，在中国共产党的领导下，右玉人民坚持久久为功"一张蓝图绘到底"，把昔日的"不毛之地"建设成了如今的"塞上绿洲"，孕育形成了宝贵的右玉精神。习近平总书记先后六次（2011年至2020年间——编者注）对右玉精神作出了重要指示，成为我们接续推进水土保持生态建设的不竭动力。右玉荣获了全国治沙先进单位、全国沙棘生态建设与开发先进集体、国家水土保持生态文明县、联合国最佳宜居生态县等多项国家级荣誉，成为国家级生态示范区、绿水

中共右玉县委书记　张震海

青山就是金山银山实践创新基地。我们的主要做法是：

一、涵养水生态，厚植绿水青山

我们把水土保持作为右玉生存之基、发展之要，把水的问题放在整个生态系统中去考量和破解，实施了黄河上中游沙棘建设、黄土高原水土保持世界银行贷款、小流域综合治理、风沙源治理等水保工程，全县累计治理水土流失 913 平方公里，有林面积从新中国成立之初不足 8000 亩增加到 170 万亩，林草覆盖率由 0.26%提高到 60.9%，水土流失治理度由不足 0.3% 提高到了 63.63%，地表径流和河水含沙量减少了 60%，全年空气质量二级以上优良天数稳定在 320 天以上，右玉全县域宜林荒山实现了基本绿化，生态环境得到了根本性改善。

二、保护水环境，推进生态惠民

我们坚持绿化彩化财化一体提升、治山治水治气一体推进、山水林田湖草一体治理，累计完成重点小流域治理项目 16 个，建成了

153

山西右玉苍头河国家湿地公园，苍头河右玉县段逐步恢复了全年生态流量，国考苍头河流域杀虎口断面水水质达到Ⅰ类标准。良好的生态系统成为右玉生态惠民的最基本保障，全县172个行政村全部得到绿化美化，创建生态文明单位230多家，1.05万贫困群众吃上了"生态产业饭"，在"一个战场"打赢了生态治理和脱贫攻坚"两场战役"，成为山西首批摘帽的国定贫困县。右玉县委被党中央、国务院评为"全国脱贫攻坚先进集体"，右玉县被国务院扶贫开发领导小组办公室命名为"全国脱贫攻坚交流基地"。

三、用好水资源，践行"两山"理论

我们牢固树立"绿水青山就是金山银山"的理念，以水保项目牵引生态转化，通过全力做好转化、拓展、提升、共享"四篇绿色文章"，切实把水土保持方案、取水许可、水资源论证等与产业发展有机衔接起来，以"水"定规模、以"水"定产业、以"水"定结构、以"水"上项目，实现水资源与产业发展相互支撑、互为利用。全县特色杂粮种植达40多万亩、沙棘28万亩；右玉生态羊入选"国家级特色农产品优势区"，年饲养量保持在80万只左右；清洁能源并网装机容量达到156万千瓦，成为全省重要的清洁能源基地；设立了山西省首家省级生态文化旅游示范区，以康养、冰雪、现代马业、足球基训为标识的"四季之旅"文旅产业蓬勃发展，旅游人数和旅游收入均达到30%以上的年增长，在一个区域内实践印证了习近平生态文明思想的强大精神力量和实践伟力。

下一步，我们一定要以习近平新时代中国特色社会主义思想为指引，大力学习和弘扬右玉精神，在省委、市委的坚强领导下，抢抓机遇，创新推动，让"两山"理论根植右玉大地、融入群众血液，为加快推进新时代水保事业高质量发展贡献右玉力量。

没有终点的接力

王德功

　　我是个土生土长的右玉人。从戴着红领巾起，到右玉城北门外的黄沙洼参加全县植树造林誓师大会开始植树，像右玉的"小老杨"一样，亲历和见证了右玉大地由沙漠到绿洲的历史变迁。我就是在这样的历程中走过了大半辈子，因而对右玉的精神情结也是最深的。右玉历任领导班子的无私奉献精神深深感染了我。

领导的思路，人民的出路
领导的榜样，无穷的力量

　　张荣怀，1949 年 6 月至 1952 年 3 月任中华人民共和国成立后右玉县的第一任县委书记。他在县委工作会上提出：树是穷人的朋友，穷人度灾荒，

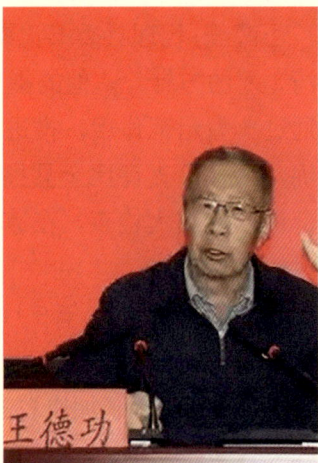

右玉县政协主席　王德功

155

树是救星，右玉要想富，就得风沙住，要想风沙住，就是多栽树，想要家家富，每人十棵树。

王矩坤，1952年3月至1955年1月任右玉县委书记。他上任半个月，县里召开人民代表大会，他向代表们说："你们看看，大风向我们宣战了，我们怎么办？退是没有生路的，我们人民代表就向大风宣战吧。"

马禄元，1956年4月任右玉县委书记。马老不吃荤，一次下乡吃派饭，人家用羊尾巴给熬稀粥，马老一闻，放下了碗。人家知情后坚持要给重做素饭，马老说，不能搞特殊，只好饿了半天。1961年，正值三年严重困难时期，马老的大儿子马友和我是同班同学，正是长身体时期，因长期吃不饱，营养不良，和好多同学一样得了浮肿病。一天，实在饿得不行了，马友求我和他一同到西城墙捋了一书包榆树叶，用清水煮了一下填进肚子充饥。后来，马友曾任山西省委组织部常务副部长。父辈的作风，一直影响着他。

庞汉杰，1957年7月至1958年11月任右玉县委书记。庞汉杰书记有胃病，在右玉工作又值困难时期，改善生活就是吃莜面，而莜面对于闹胃病的人很不适应。一次，他老伴孙淑凯回老家沁源，临回右玉时，亲戚们要给她带些家乡的红枣、核桃，但孙淑凯说："右玉地广人稀，需要更多的树种子去绿化右玉大地。"孙淑凯带回了松树子，让公公开了小块地培育树苗。

薛珊，代理县委书记期间提出"林草上山，田下大湾，抓沟、坡、湾、滩的方针"。他的指导思想是："胸中有全局，手中有典型，通过典型示范作用，推进全县绿化事业。"1965年深秋，阴雨连绵，为了检查评比全县推广典型的工作，他冒雨带领乡村两级干部进行巡回大检查。在冰冷泥泞的秋雨中，他带头赤脚行走在乡村的工地之间。

杨爱云，1971年5月从雁北军分区调任右玉县党的核心小组组长（当时县委一把手称谓）。1971年7月至1975年11月任右玉县委书记。为了加快右玉绿化进程，他提出了"十大流域摆战场，四大贫地做文章，实行大种（即种树种草）大养（即养猪养兔）"，并且身体力行这一方针。一次在欧村下乡，他感冒高烧，公杜领导要给买药、打针，他却说："你给我中午做三碗苦菜打凉粉，就好了。"吃完后，他又接着上了流域治理的工地。1983年患病期间，县长车永顺去看他，他握着车永顺的手说："老车，你看我手还有劲没有？"车县长上前去握着他的手说"很有劲"。他笑了，说："等我好了以后，一定回右玉看看咱在流域种的树！"

常禄，1975年11月至1983年9月担任右玉县委书记。常禄爱树、抓树、护树，是名不虚传的。在右玉任县委书记期间，每逢植树季节，他都带着妻子、孩子和干部群众一起干在工地，吃在工地。1978年，我在威远常门铺水库下游的黑台坪搞方格林园建设，一天，刚种下的高杆杨因浇水太多被冲倒，常禄书记路过看见后下车和司机用手扶起，到了公社后饭端上来几次，可常禄书记还是不吃，我一问司机才知道常禄书记是因为浇树冲倒七苗树而生气。常禄书记到临终还嘱咐右玉一定要把树保护好。他给右玉人民留下了丰厚的物质财富和精神财富。

袁浩基，1983年9月至1989年12月任右玉县委书记。他一上任就邀请专家论证右玉如何走科学发展的路子，制定了"种草种树，发展畜牧，促进农副，尽快致富"的十六字方针，使人们消除了"绿化到顶"的思想，克服了"植树影响经济"的厌倦情绪。他说，在右玉这块土地上，人不分老幼，职务不分高低，工作不分行业，无论现在还是将来，植树造林责无旁贷，管树护树，人人有责。他用自己的行动实践着自己的诺言，他把妻子、孩子带到右玉，和右玉人民一道践行着自己的诺言。

姚焕斗，1983年任右玉县县长，1989年任右玉县委书记，他提出"兴道路、补河岸、填沟整、绿山头、造林网、美化庄，右玉全境绿起来"的口号，并亲自主持绘制一幅"草肥水美哺育遍地牛羊，苍河展翠营造秀丽山川"的规划示意图，鼓舞全县人民的斗志，亲自带头实施"一张铁锹两只手，自力更生绘新图"的绿化活动。就这样，一场觉悟加义务、政策加技术的大行动，在右玉大地铺开。当姚焕斗离开右玉的时候，他让办公室主任从自己办公室带上平时用秃了的铁锹，之后又摘了几片树叶，夹在日记本里，这就是姚焕斗从右玉带走的东西。

157

师发，1992年至1996年4月任右玉县委书记。1992年，省委、省政府将右玉列入当年首批实现基本绿化县。重担在肩，右玉县委提出了"全党动员，全民动手，拼死拼活，背水一战，保证按期实现绿化达标"的要求。西部的总晾山、北部的曹洪山、中部的大南山，县城通往右卫镇的干线公路，人不分男女老幼，在右玉的大地上，人山人海，摆开了决战的架势，车水马龙往1900多米高的山上运苗、运水，机关干部自带干粮上工地，机关文艺宣传队自编自演，宣传鼓动上工地，冲刺"绿化达标"，绿色向山头延伸，百名林业功臣的丰碑矗立在大南山顶。

进入21世纪，生态保护与全球经济一体化的新理念成为地方科学发展的新内容，右玉县委为更好地解决生态保护与农民致富的矛盾，开始了大规模的移民并村，使右玉整体经济进入了一个全新的阶段。

2004年到2008年5月，以赵向东为书记、陈小洪为县长的县委政府一班人创新思维、深化改革，提出以煤炭能源、生态畜牧和生态旅游为振兴右玉经济的三大支柱，在全省乃至全国树起了生态右玉的大旗，使右玉的经济地位和社会形象得到了新的提升。

从中华人民共和国成立至今，右玉的领导就是这样一任接着一任干，每任都有新目标，新目标不离绿化、生态这个总目标。

右玉之路，是大自然逼出来的

从秦汉至明清，右玉多数时间处于战争烽火狼烟中，尤其是到了明代，"土木之变"后，不断修筑长城，在长城内外，修城筑堡，在右玉这块土地上就设右卫、玉林卫、威远卫、安东卫四个卫，重兵防守，筑起110多个城堡。修城筑堡要大量砍伐树木，再加上为了防止鞑靼南侵在长城外放火烧荒，致使右玉一带的生态遭到了严重破坏，直到中华人民共和国成立前夕，右玉大地还是黄沙漫漫连天际，白骨遍沙丘。在这样不宜人居的土地上，人们怎样生存？植树造林，便成了唯一选择。

右玉精神，是右玉历史传统的传承与发展

抗日战争时期，右玉英才辈出。这里曾建立了以右玉为中心的抗日根据地，成立中共晋绥边区工委，扩大晋绥根据地，继而开辟大青山抗日根据地。解放战争期间，右玉人民同样作出了重大贡献。自己没粮吃、没钱花，仍积极参战、支前，前后牺牲6000多人。

右玉的好作风，是一任任领导带出来的

领导与人民群众的和谐，形成千万人的合力。这个合力又促进了社会和谐。社会和谐、历史合力促进了人与自然的和谐；人与自然的和谐，进而增进了历史合力。从右玉的发展上证实，干群越和谐，这个合力也越大，事业也会大发展。从这个意义上讲，和谐也是生产力。

从1949年至2009年，18任书记，18任县长，集中体现了牢记宗旨、以人为本，一届传一届、一任接着一任干的公仆奉献精神；从乡镇到县级机关的干部，集中体现了任劳任怨、身先士卒、自我加压的忘我精神；各行各业的企事业单位，集中体现了围绕中心、顾全大局的服务精神；从农村党支部到广大党员，集中体现了砥柱中流、奋勇争先、舍小家为大家的献身精神；而广大人民群众也集中体现了百折不挠、苦干实干、艰苦奋斗的大无畏精神。

放飞绿色梦想

余晓兰

1989年秋，我和退伍的丈夫从四季如春的云南来到偏僻的塞外右玉，虽然以前从丈夫的嘴里知道一些家乡右玉的事情，可我一踏上这里的土地，还是不敢相信自己的眼睛。

面对贫困的现实生活，我和丈夫杀过猪、卖过肉、种过蘑菇、开过荒、跑过运输。当我参加全县每年组织的大规模植树造林活动时，看到县委书记、县长都是赤膊上阵，从机关干部到普通群众，那种热烈轰动的场面，我想：为什么我们不能用自己的双手把右玉也变成我家乡云南的样子呢？

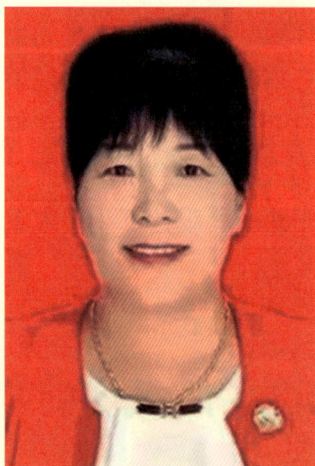

1992年，右玉县委、县政府发出鼓励农民治理开发"四荒"（"四荒"即荒山、荒沟、荒丘、荒滩）的号召，我拿出这些年来的积蓄，一下子就购

"全国十大绿化女状元" 余晓兰

买了 4000 亩荒山荒坡和门前 30 亩乱石河滩。从此，我和丈夫就拉开了治理"四荒"生态环境的持久战。打地埂，挖鱼鳞坑，一个山头一个山头地绿化，一道山沟一道山沟地治理。我和丈夫凭着一辆三轮拖拉机和两双勤劳的手，开山取石围堰、拉土垫地平田，将 30 亩乱石河滩改造为 30 亩坝滩地，又在坝滩地和荒山荒坡上栽下了 60 多万株松树，3 万多株杨树、果树、杏树，10 亩人工沙棘苗，10 亩柠条苗，进而办起了家庭林场，培植各种苗木 100 多亩，形成了一个规模较大的生态建设园区。

为了保证树苗的成活率，我每天往山上担 60 多担水浇树，担不上去的地方就一桶一桶地往上提，然后再蹲下来一株一株地浇灌。有时工地离家太远，中午就不回去，带点干粮，饿了在山上烧几个土豆吃，渴了就到沟里喝几口山泉水，累了在山梁上躺一会儿。双手和脚板不知磨起多少血沟和老茧，脸也晒黑了，粗皮糙肉全然没有一点南方女人的样子了。在这荒山坡上，我们俩付出了多少心血和汗水，谁也无法计算。几年下来，由于买树苗开支过大，不仅将原来积蓄的 5 万元全部花光，连父母以及两个姐姐寄来的 1.8 万元也一分不剩地投进了荒山治理中，还落下 2 万多元的饥荒。一段时期，甚至连生活都成了问题，每天只能喝稀粥，能吃上一顿大米饭就是我最大的奢望了。远在云南的父母姐妹对我的做法很不理解，都说我脑子有毛病，就指望栽树能发财吗？就连婆婆也心疼地劝道："你们还是回城吧，选这沟、这山，不留兔儿毛的地方，凭你们俩能治理个啥？"当时，我的心里也特别的矛盾。

就在我举步维艰、特别困难时，右玉县委、县政府给我的及时鼓励和帮助令我终生难忘。2001 年 4 月 16 日下午，我在担水浇树过程中不小心摔倒，扭坏了腰椎，卧病在床两个多月，父亲、姐姐知道消息后，把我接回云南老家治疗。就在我回老家治疗过程中，没想到右玉县委、县政府给我寄到云南老家 1000 元钱，其中时任县委书记赵向东拿出自己的工资 500 元，并给我写去了慰问信，打电话问候我的病情。县委、县政府从资金、物资等方方面面给予了我们关照，这更加坚定了我的信心。此后，我把全部精力都投入到了右玉的绿化建设中。

为了把更多资金投入造林这一块，我想到了以养殖业来推动林业，当年就买了 10 头小猪喂养。女儿当时才 6 岁多，白天看树苗当护林员，晚上帮我煽火煮猪菜，有好几次她煽着煽着竟困得一头栽倒在灶边的柴草堆上睡着了。看着孩子乏困的样子，我当时就哭了。上学以后，女儿除了自己动手做饭还得给我们往山上送饭，村民们见了都说："你家孩子真懂事！可你们太狠心了，咋能让孩子干这么重的活！"到女儿 8 岁时，她还没有去过县城。由于一直忙植树，女儿的学业也荒废了，初中没念完就退学了，后来才送到一所技术学校上学。

由于长时间回不了老家，父母年纪大了，每次生病的时候特别希望我能回去照顾照顾，哪怕是看一下也好，而我却常常做不到，只是打个电话问候一下。当我的绿化事迹不断见诸新闻媒体，并光荣地当选为党的十六大、十七大代表时，他们终于理解了我。

人常说，三分栽树，七分管护。村民们常说，我们的树是用心血浇灌出来的。一次，村里的放羊老汉一不小心让羊群进了林里，把刚栽上的小树苗都啃光了，平日里从不发脾气的我，这次却一反常态把放羊老汉大骂了一顿。其实，放羊老汉也挺可怜，一个人无依无靠，我知道不应该发那么大的火，可一看到有人不爱护树苗，我就忍不住了。2007 年夏季，天旱得厉害，刚栽下的小树苗有的已经叶子枯黄，如果再浇不上水，就有旱死的可能。唯一的办法就是打一眼井。当时家里准备了 5000 元，给快要技校毕业的女儿实习用，可为了救急，我没有和丈夫、女儿商量就偷偷拿出来打了井，女儿为此哭了一整天。拉住孩子的手，我的眼泪也在眼眶打转："孩子，妈不是不疼你，可妈也是实在没办法呀，你下一年还能实习，可那些树苗如果不及时浇水就会全部死掉的……"

出席了党的十六大以后，我对自己的绿化建设又有了更新的认识，决心通过种养结合两条腿走路，大力发展养殖业。我四处奔走，学习了大量的多种苗木栽植护理技术和科技养畜知识。经过几年的艰苦努力，现在荒山坡的治理面积已经扩大到1万多亩，当年亲手栽下的小树苗，如今已经成片成林。每年春季，原来的荒山、荒坡、荒沟、荒滩上一派春光，满眼翠绿。我们利用荒山荒坡大力发展了养殖业，饲养的优种绒山羊发展到了800只，绵羊发展到了150只。

做人不能忘本。在我最困难时，是乡亲们给了我无私的帮助，是他们给了我坚持走这条路子的勇气。为此，我总想方设法回报他们。大伙儿在致富路上缺资金、缺技术、缺门路，生活上有困难，我都会热情帮助。几年来，为乡亲们免费提供优质苗木，为群众义务修剪果树，为村里的小学捐款、捐物，累计拿出帮扶资金3.8万元。同时，为当地农村剩余劳动力提供就业岗位30多个，每人每年增加收入200元。在我的带动和帮助下，周边几个村子的人也纷纷走上了规模绿化治理的路子，现在已达到20多户了。

虽然我付出的只是些许简单的劳动，可是党和国家给予了我很高的荣誉，远远高出我的付出。2000年，我被评为全国"十大杰出青年农民"；2002年，被评为全国"十大绿化女状元"和省三八红旗手；2004年，获得了全国绿化奖章；2005年5月，被评为"全国劳动模范"；2006年，被评为"全国林业劳动模范"；2006年，我家被全国妇联、国家环保总局评为"绿色家庭"。我还作为农村的党代表，光荣地参加了党的十六大和十七大盛会。

（余晓兰，中共十六大、十七大、十八大代表，右玉县南崔家窑村村民）

用心血和汗水创造新的业绩

王旭东

从中华人民共和国成立初至 2008 年，右玉县植了近 60 年树，造了近 60 年林，硬是把一个昔日荒凉不毛的"风沙右玉"变成了今日的"塞上绿洲"，创造出黄土高原上少有的生态奇迹。18 任县委、县政府领导带领全县人民创立的辉煌业绩铭刻在塞外的大地上，由此铸就了"艰苦奋斗、无私奉献、顽强拼搏，百折不挠、负重奋进、勇于争先"的右玉精神，激励着全县广大干部群众代代相传，成为今天推动右玉实现科学发展的取之不尽的精神财富。

2005 年 3 月我上任后，县里给我的一项最大任务不是农业项目，而是建设几年也没建好的滨河公园。规划的滨河公园建设地址，实际是县城南的一条排污水沟边。这里原是垃圾遍地、污水四溢，是一条实实在在的"臭水滩"。县里也曾多次下决心治理过，树栽了一茬又一茬，栽树的人换了一批又一批。在这个节骨眼儿上，我算是临危受命，我感到了肩上担子的分量，只能进不能退。

我查阅了大量的技术资料，先后做了 3 万余字的笔记，走访了有丰富经验的园林专家，并请他们到实地会诊，制定了一个初步的设计方案，然后我们又先后到内蒙古的呼市和包头，对城市园林建设进行了参观学习，同时还向社会广泛征求意见，对方案进行了再次修改和完善，形成了一整套具体、翔实、科学的建设方案。

滨河没有林，盐碱垃圾害死人，这是实情；有林有景就有风光，有花有草就有生气，这是思路；打埂排盐，种草养林，林草相依，密切配合，这是方针；造林、种草、防沙治盐碱，百年大计，立竿见影，当年见效，这是方法。

方案定好了，信心鼓足了。可是，正当我信心百倍，准备大干一场时，一个更实际的困难又出现了，那就是没钱。我上任时，单位账面只有 50 元的看账钱，巧妇难做无米之炊，建设滨河公园所需的 50 多万元如何解决？一连几天我都彻夜难眠，因为资金问题，我急得满嘴都起了泡。资金到不了位，势必会影响工程的进度。为了尽快施工，我毅然决定抵押自己的住房，贷款 30 万元作为滨河公园建设的启动资金。可是这一想法刚一提出来，就遭到老婆的极力反对："这么大的工程万一搞砸了不是赔进去了吗？这局长能当了当，当不了就给人家搁下，你难道再让我们串房檐头子去？"说心里话，这么多钱要是真的打了水漂，我可真是猪八戒照镜子——里外不是人了。说实在的，我当时的压力是很大的，可不干不仅交不了领导的账，而且也交不了自己的良心账。

公园建设是个季节性活儿，根本容不得我前怕狼后怕虎，瞻前顾后拿不定主意，时光声声催人急。于是，一个"决胜滨河滩，建设滨河园"的大讨论在全局迅速展开。通过走、看、问、记，"主方""偏方"一齐上，发现问题，制定方法，誓让滨河滩变成四季常青、三季有花、绿树成荫、芳草遍地、鲜花飘香的城郊公园。在一次干部职工会议上，我郑重地向大家说："建设好滨河公园是我们在座大家的共同责任，不管困难多大，也要把它干好。它不仅能锻炼人的意志，更能培养人的品格，打赢这一仗，赢回来的是我们大家的荣誉！"

在滨河公园的建设中，我并没有局限在一般性的指导，而是

165

扑下身子，深入工地和施工人员、技术人员一起研究，一道实施。从预整地到方案设计，从树木、花卉的品种选择、搭配、调运、栽植到后期管理等，每一个环节都仔细研究，严格把关，生怕哪个环节出了疏漏。为了节省资金，我带领全局干部职工义务劳动100多天。每天早晨，当施工人员还没到工地的时候，我早已把工地各个角落都转了个遍，把发现的问题记在心里，然后在现场及时予以解决。晚上摸黑收工的时候，还要组织施工人员和技术人员对当天的施工情况进行总结，并安排布置第二天的工作。多说不如多做，我们带领大家齐心协力搞治理，光挖出的草根就有200多车。特别是在栽植花卉期间，大家每天中午不回家，就在工地吃点干粮对付对付。整个工程结束时，不论是男是女，脸上添黑、手上添茧、嘴上添泡，整个一批村夫农妇的样子。

我局有一位干部叫边廷华，他当时是26岁的小伙子，但十几天下来，风吹日晒、皮燥面黑，看上去像40多岁的中年人。工作中遇到困难他从不推诿扯皮，始终默默无闻地干着，大冷的天，竟然汗流浃背，一天干下来腰酸背痛精疲力竭，但他好像不知道什么是累。有时一次购进上千棵树苗和几百盆花卉，要在两天时间全部栽种完毕，技术性强、工程量大。他放弃休息时间，和施工人员一起加班加点干。他还充分运用在农大学到的技术，修枝、浇水、施肥、防治病虫害等每一个环节都精益求精，像母亲照顾自己的孩子一样，每件事都做到耐心、细致。谁都认为完不成的活，他硬是干完了、干好了。

由于一心扑在工作上，他在工地一忙，就把一位亲戚家邀他参加婚礼的事忘了，事后惹来这位亲戚一顿狠狠的数落。面对亲戚的误解，他没有丝毫怨言，只有一个念头，等把公园建设好了，再向他赔罪吧。

在滨河公园的建设中，这样的例子还有很多很多……

经过全局上下的共同努力，当年栽植樟河柳9660株、松树4320株、各类花灌木12300株，种植紫花苜蓿209亩，修筑防洪堤坝300米，栽种各类花卉15万株。在工程实施中，为了节省资金，我们自己建起了10座花卉大棚，培育花苗，除无偿提供城市美化用花外，还进入市场销售剩余鲜花，收回了全部经营成本，节约资金25万元。

有钱要办事，没钱同样也要办成事。知道滨河公园建设过程的人无不拍手称赞说："右玉有这样一批能干事、会干事、敢干事的干部，还有什么事办不成呢！"滨河公园的建设，成为县城南出口大风景区中一道靓丽景观，成为县城居民健身休闲娱乐的乐园，成为城市环境的一张名片，成为右玉绿化的一个窗口。

右玉精神是右玉人民在艰苦的条件下长期用心血和汗水凝成的"传家宝"，是新的历史时期全县干部群众干事创业的强大精神支柱。靠着这种精神，我们办成了许许多多大事实事，在全县上下形成了只争朝夕、踏实干事的工作作风。我们在传承右玉精神的过程中，走出了一条经济、社会、自然相和谐的可持续发展之路，使传统的精神有了新的时代内涵，焕发出了新的时代光彩。

现在右玉干部都认准一个理，那就是只要精神不滑坡，办法总比困难多；宁可脱皮掉肉，绝不甘居人后。近年来，在财政十分紧张的情况下，我们不等不靠，主动上手，坚持勤俭办一切事情，一分钱掰成两半花，把有限的资金用在刀刃上。比如，县城安装路灯时，县政府派出五名采购人员专程赶到江苏扬州，转遍了所有的路灯工业园区。当地企业老板请吃不去，给回扣不要，最后选定了一家既不请吃、又不送礼的扬州市十佳优秀共产党员办的企业，节约资金近200万元。杀虎口古关和城墙修复工程由县旅游局承担。早在开工前，他们到原平、代县市场上考察后得知，仿古城砖连运费每块价格是2.8元。后来，干部职工自己动手挖了6座砖窑，从代县请来师傅指导烧砖，结果每块砖降低成本1.2元，节约资金100多万元。去年全省六大绿化工程现场会在右玉召开，全县干部群众感到这既是对50多年绿化成果的展示，更是对50多年来以艰苦奋斗为内涵的右玉精神的充分肯定，绿化的热情非常高涨，一个秋季就挖坑300万个。同样是靠着这种艰苦奋斗的精神，我们在全省率先完成了村村通，完成了百村万人大移民等艰巨任务。回顾右玉几年来的发展，我们觉得完全是干部群众不讲条件、不计代价、夜以继日、苦干实干换来的。几年来，我们的城市建设、景点景区建设、村级组织活动场所建设等，都是在缺钱的情况下自加压力先动手干起来的，一边干事，一边筹钱，事干成了，钱也筹到位了。靠着这种工作劲头，全县干部变压力为动力，办成了许多别人认为不可能办到的事情。

（王旭东，原右玉县农业局局长）

绿化功臣

解 润

解润，山西省平鲁县（今平鲁区）人。1954年5月至1964年5月任右玉县县长。上任伊始，他带领农林部门的人马，徒步勘查，摸清了全县的风口和急需绿化的大片流动沙丘，然后研究确定了"哪里能栽哪里栽，先让局部绿起来"的指导思想，而后组织全县人民开展了大会战。1955年，国家拨来救济粮，他利用此粮，采取了以工代赈的做法造林，每栽一亩树，付给玉米15公斤。并用元宝坑交叉压条的办法，先后绿化了杨村梁、黄沙洼、杀场洼等荒坡沙梁，在旧城西门外、马官屯、袁家村河湾等地大面积栽植了杨树和沙棘乔灌混交林。他带领全县人民经过10年苦干，使全县林地面积由中华人民共和国成立初期的数千亩猛增到40余万亩，有效地控制了风沙，对改善右玉县生态环境起了巨大的作用。

张光熙

张光熙，山西省临县人。1971年5月任右玉县"革委会"副主任，1971年8月至1975年9月任右玉县委副书记、县"革委会"主任。在此期间，他身体力行，率先垂范，带领右玉人民大搞植

树造林。他曾多次深入农村、苗圃、林场进行调查研究，总结了群众创造的密植压条造林经验，大面积推广后，收到了明显效果。为了治理苍头河，他号召和组织沿河两岸的群众，大力营造乔灌混交的护岸林，几年内就使苍头河两岸及附近的大量沟壑基本上得到了绿化。他还提出全县实行"林草上山，粮油下湾"的农林发展方针，收到了明显的效果。此外，他在城关、高墙框、油坊、威远等地，组织和发动群众建设了社队苗圃，培育出新的优种秧苗 1.5 万多亩，为全县植树造林提供了大量的优质苗木。张光熙曾代表县委出席在柳林县召开的全省绿化工作会议，并介绍了经验，受到了省委的表彰。

车永顺

车永顺，河北省怀来县人。1972 年至 1983 年先后任右玉县"革委会"副主任、主任、县长等职。在任的 11 年中，他年年带领全县人民大搞植树造林，跑遍右玉的山山水水，与县委其他领导反复研究，制定了"远抓林、近抓牧，当年抓住油、糖、副，粮食自给不能丢"的农业生产方针。针对右玉森林北多南少、分布不均的状况，他走访群众，总结出"挖大坑，移客土，栽大苗，多浇水"的造林方法，在南部山区营造了小叶杨林，如今上万亩的森林长得郁郁葱葱。为了推广优种苗，他在自己蹲点的李达窑公社办起了苗圃，为全县植树造林提供了大量的优种壮苗。1981 年后还带领机关干部在贾家窑山，发动群众在欧家村后窑背阴造了针叶林。这两个地方的经验在全县推广后，针叶林得到快速发展。

卢功勋

卢功勋，山西省朔县（今朔城区）人。1965年至1970年任右玉县委副书记。其间，亲自规划并带领群众在盆儿洼村搞了大型农田林网建设。盆儿洼村是风沙侵害严重的地方，卢功勋到该村下乡蹲点，在取得省、地有关部门的支持下，与郭中元、郝乃恭、刘拖信等科技人员和当地群众一起，确定了建设农田林网体系，实行草田轮作的计划。经过3年奋斗，在村北的3000亩风沙土地上建成"井"字形防风林带8条，共1.2万米。同时，逐年扩大种草面积，共达600亩，并每年按3∶1实行草田轮作，有效地控制了风沙，涵养了水源，培肥了土壤，使该村走上一条农、林、牧全面发展的良性循环的道路。

邢志强

邢志强，山西省右玉县牛心乡消息屯村人。1970年至1976年先后担任牛心乡消息屯村党支部书记、右玉县"革委会"副主任、右玉县委副书记。他在村里任职期间，组织群众栽植零星树2000多株，绿化乡村道路4公里，栽树4000多株，营造防风林和护坝护岸林800亩。实践中他还总结出"林草上山，粮油下湾"的经验，在全县推广后，收到了明显效果。邢志强担任县级领导干部以后，分管农林工作，每年都带领群众大搞植树造林。威远盆地、黑沟山等地的造林工程都是在他直接领导下搞起来的，绿化成效显著。

顾 勤

顾勤，河北省唐县人，1954年12月来右玉工作，先后担任右玉县人民检察院检察长、右玉县副县长等职。在担任副县长期间，十分重视林业建设，后来又直接分管了农林工作。他曾和其他领导共同提出了"哪里能栽哪里栽，先让风口沙丘锁起来"的林业发展方针，带领全县人民大搞群众性的植树造林运动。每年造林季节，他全力以赴，动员群众、组织群众向风口沙丘开战，在他的亲自指导下，完成了杨村梁、东团山和李洪河流域等地的大片林建设任务。在1971年至1975年担任右玉县"革委会"副主任期间，帮助消息屯大队总结制定了"林草上山，粮油下湾"的方针，在全县进行了推广，既推动了农田基本建设，又促进了林业建设。同时，他还十分重视育苗，经常到苗圃指导工作。

王建国

王建国，山西省平鲁县（今平鲁区）人。先后任团右玉县委书记、破虎堡乡党委书记、右玉县副县长。1976年至1981年，担任破虎堡乡党委书记期间，他组织和带领全乡人民营造大片林8000多亩。1976年，他亲自组织当地群众在料巴山成功地栽植了1200亩油松，现已高达2米多。同时，还绿化了邢家口到破虎堡乡3条道路，总长6500米，其中道路两旁成檩材的杨树足有3000多株。在任职期间，他还主持改河造地，建起了破虎堡乡苗圃，成立了常年造林专业队。每年育针叶苗均在15亩以上，出圃苗木110万株，不仅满足了本乡造林的需要，而且还支援了兄弟乡镇，为绿化山

173

区作出一定贡献。1980 年被共青团山西省委、省林业厅授予青年植树造林先进集体称号。

刘建瑛

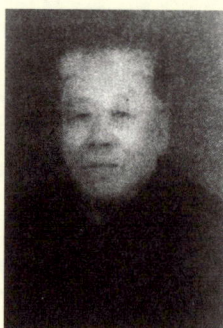

刘建瑛，山西省右玉县李达窑乡厂湾村人。先后在西黄家窑、城关、威远、油坊等乡镇担任领导职务。他带领群众共完成大片造林 9.3 万亩，在红旗口、上堡等地栽植高杆杨 5 万株，建成了农田林网。在威远、油坊建成了 3 个百亩苗圃，在威远东门外建成一座百亩果园。1983 年担任右玉县直机关党委书记后，连续 6 年出任机关植树造林总指挥，先后组织机关干部在沙家寺、猴林村、四道岭等地种植大片林 1.5 万亩。1984 年，他和原人大主任张殿卿一道，领导机关干部在高墙框粮站北建起了丰产林基地。1985 年、1986 年两年完成上堡至哑叭岭公路两侧栽植高杆杨的任务，共栽 3 万多株。

胡守义

胡守义，山西省右玉县高家堡乡沟北村人。1964 年参加工作，历任丁家窑公社副书记，管委会主任、书记，右玉副县长、县人大常委会主任等职。

1974 年至 1976 年任丁家窑公社党委副书记期间，带领农田基本建设专业队大搞大沙河治理工程，其中建苗圃 100 余亩，出圃松树苗木百万株，为县、乡绿化提供了苗木。同时沿河栽植护岸林 5 公里。1976 年冬至 1980 年秋，任欧村公社管委会主任期间，带领专业队队员连续两年在二窑背搞绿化，共栽植针叶阔叶苗木 3500 余亩。现在树木都已成材，整个二窑背成为一片林海。

1980 年秋至 1983 年春任威远公社党委书记期间，建起县、社、队三联苗圃 1000 亩，成为右玉县最大的苗圃。还在威远村大搞农田林网建设。由于绿化成绩显著，1981 年至 1983 年被雁北行署评为林业模范。

刘 义

刘义，山西省右玉县丁家窑乡新窑子村人。1974 年参加工作，历任村党支部书记、公社管委会副主任、主任，乡党委书记，右玉副县长、政协右玉县委员会主席等职。

在任丁家窑公社管委会副主任期间，专抓林业并办起了青年苗圃。苗圃过去是一片荒滩，经过垫地、打井、平整等工序，育苗 200 余亩。同时，采取多种经营方法，设立了畜牧组、种植组、育苗组。在整个苗圃建设过程中，刘义与职工们同甘共苦，奋战数年，不仅为县、乡提供了针阔叶等各类苗木百万株，还为乡政府每年创收两万多元。

1983 年调离丁家窑乡，先后任元堡公社主任、李达窑乡党委书记、元堡子乡党委书记、油坊镇党委书记，每到一方，绿化一处。如元堡子乡的周道堡、红沟梁、李达窑乡的东团山西梁，油坊镇的柳沟山等，在一无资金、二无技术人员、三无交通工具的情况下，他亲自规划、挂帅指挥，每天徒步往返几十里，饿了吃几个干饼子，渴了喝几口冰雪水，与乡村干部、村民一起，不怕苦不怕累，始终站在绿化工作的第一线。1986 年，县委、县政府为其记功一次。

1990 年到 2001 年，刘义担任右玉县副县长，分管农、林、水等项工作，不管职位如何调换，他抓绿化的积极性始终没有减。一年365天，每天早7点上班，从不过星期天和节假日，一辆破旧汽车一年要跑15万公里路程。1995年通道绿化工程整地时，他80天不下工地，累得患了腰椎间盘突出，躺在病床上还要过问工作，并提前出院，提早带病上班。他坚持科学发展观，深入基层调查研究，结合右玉县情，围绕改善生态环境这个大课题，从三个方面狠下功夫。一是由数量型转向质量型。二是由单一型转向多项型。三是由生态型转向效益型。

在担任副县长分管农业的十几年间，带领全县广大干部和群众，绿化了大南山、云石堡梁、总瞭山等重点区域和数十座山头，为右玉的绿化事业倾注了大量心血汗水，作出了重要贡献。1996年，他被中共朔州市委评为县级班子模范助手，1997年被山西省农建（农建即农田基本建设之简称。）指挥部评为农建绿化标兵。

关有玺

关有玺，山西省怀仁县人。2001年9月至2005年4月担任右玉县副县长，分管全县农业及农村工作。其间，组织县林业部门及生态建设项目单位共完成造林约40万亩，种植多年生牧草约15万亩，种植当年生牧草每年不少于15万亩。其中，2002年全县启动实施退耕还林工程以来，他作为分管副县长，亲自参与了"三线五片"和"百里绿色生态走廊"生态建设的规划设计，并具体组织实施。2002年至2003年，先后带领乡镇及生态建设项目单位负责人，赴内蒙古、山西临汾等生态建设先进地区参观学习，并在全县推广了退耕还林先进经验和做法。从2002年起，连续3年大搞生态建设和农田水利基本建设，每年名列全市前茅，受到全市现场观摩会与会领导的肯定和表扬。同时，还组织、协调有关单位，规划、新建了 15 座生态观光亭廊，组织编制了右玉生态建设十年规划。时任省委书记田成平 3 次来右玉视察工作，并要求在全省推广右玉生态畜牧经济发展经验。关有玺先后被授予山西省农田水利建设优秀领导干部称号和朔州市"五一劳动奖章"等荣誉。

阴荣林

阴荣林，1938 年生，山西省运城市芮城县人。在担任右玉县水利局总工程师兼右玉县沙棘研究所所长期间，先后承担了国家"七五"项目沙棘资源开发、良种选择及合理经营的综合研究，研究成果显著，沙棘扦插育苗技术研究、右玉野生沙棘改造技术研究和沙棘病虫害防治研究达到国际先进水平。其中右玉野生沙棘林改造技术的研究项目获得林业部科技进步三等奖。同时，通过建立人工沙棘种植试验示范园和开展 63 个沙棘优良品种研究，为中国"三北"地区建立林业生态体系和主要分布在这个地区的 8000 万贫困人口脱贫，提供了重要理论数据。

康润玉

康润玉，山西省阳高县人。曾任雁北地区绿化委员会副主任。从 1982 年起，一直在蔡家屯村蹲点。在他的多方努力下，蔡家屯村的林业建设取得了突出成绩。从 1985 年开始，他与乡党委密切配合，制定了逐年绿化大南山的总体规划，投资 6.2 万元，栽植樟子松 2500 亩，大苗成活率 90% 以上，小苗成活率 85%。1988 年又投资 8500 元，在村

177

南建起了生态农业中心苗圃，面积22亩，定植高杆杨12.8万株，插条8亩，松树育苗2.2亩，每年可提供各种苗木1.5万余株。同时，还组织蔡家屯村民在田边栽植大苗杨树2万株，在村民庭院里栽植各种树木5000株，其中经济树1200株。康润玉还制定了林业管护责任制，建立了蔡家屯、大堡、程家窑三村护林联防协定，加强了对林木的管护。

孙玉才

孙玉才，山西省右玉县杨千河乡二道梁村人。1999年6月至2002年7月任右玉县林业局局长。其间，先后组织实施了世行贷款山西植树造林项目、中德财政合作山西北部造林项目、晋北樟子松造林项目、九八国债资金造林项目等林业重点工程，都圆满通过了项目领导组的终期评估，赢得了国内专家、学者及工程技术人员的高度称赞。特别是在1999年组织县林业局社会林业工程项目研究与实施工作中撰写的《加快林业建设沙棘产业致富》《右玉县社会林业工程项目基础资料综述》两篇文章，被中国林业科学院评为社会林业工程项目优秀论文三等奖。孙玉才还积极为右玉林业建设争取项目投资，从1998年至2003年，共争取到包括天然林保护工程、日元贷款山西植树造林项目等5个较大林业项目，总投资达3000多万元。2002年，孙玉才被山西省人民政府授予"五一劳动奖章"。

张沁文

张沁文，上海市人。1958年南京林学院毕业后，分配到右玉工作。在12年的时间里，他踏遍了右玉的山川大地，实地勘测了右玉的地形、地貌和植被情况，为绿化右玉勾画出一个初步的蓝图。每年造林季节，他除了搞好林业规划外，还深入工地进行技术指导，为全县林业建设作出了贡献。1981年，张沁文担任右玉县林业局副局长，看到右玉的林业建设已经形成了网、带、片三种布局，乔、灌、草三个层次相结合的护林体系，就认真总结了30多年来发动群众大搞植树造林的经验，在县内县外广泛进行宣传。还主动建议并征得领导同意后，编写了《塞上绿洲》电影脚本，积极帮助山西电视台摄制组取景拍摄。该片在全国广为放映，鼓舞了人民，传播了右玉经验。

丁过兵

丁过兵，山西省右玉县牛心乡东丁村人。1968至1983年，曾两次担任东丁村党支部书记。1968年担任东丁村党支部书记期间，为了改变本村的自然面貌，带领群众在西沟、西梁等地植树造林，累计绿化荒坡500亩，林草间作600亩，四旁绿化5000多株。离职后出任村里的义务护林员。

绿化功臣

马　晓

　　马晓，山西省右玉县杨千河乡西六里村人。1986年参加工作，历任乡长、乡党委书记、林业局局长等职。

　　1997年至2000年任西碾头乡乡长期间，组织实施了黑沟山万亩造林工程，造林质量较好，成活率均在85%以上。2000年4月至2003年7月任杨千河乡党委书记期间，带领干部群众整地、植树5000余亩，出色地完成了退耕还林工程。2001年，该乡被评定为全县秋季植树造林第三名。2002年，该乡被评为全市退耕还林先进集体。

　　2003年7月担任林业局局长以来，坚持"为官一任，绿化一方"的宗旨，认真组织实施了"天保""日元""退耕""三北"4个项目的工程，完成造林18.2万亩。同时狠抓天然林保护工作，建立了专兼职护林网络，依法查处了偷盗乱砍滥伐林木行为，使全县150万亩森林得到有效保护。以后又申报落实了山西省六大造林绿化工程、农村小型薪炭林项目、生态公益林项目，为右玉的林业建设注入了新的活力，增加了后劲。2005年，被国家林业局评为退耕还林先进个人，被右玉县委、县政府评为农田水利基本建设先进个人；2006年2月，被右玉县委、县政府授予林业红旗标兵称号。

王　大

　　王大，山西省右玉县丁家窑乡旺家窑人，是乡重点工程护林员。他为了管好树木，顶风冒雨，不惧寒暑，每日翻山越岭，奔波在林地上。发现损毁林木现象，不管是谁都不放过。几年来，因为牲畜啃树，对放牧人员共处以罚款800元。由于他的精心管护，该村15年来所植的树成活率达到 90%。群众称赞他是铁面无私的"森林卫士"。

王　玉

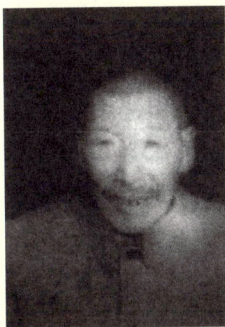

王玉，山西省右玉县元堡子乡元堡子村人。从 1984 年起担任护林员。虽已 80 高龄，但护起林来，无论是炎热的盛夏，还是严寒的隆冬，每天总是巡视在林地之间，高度负责地看护着每一块林地、每一株树木。他对待毁林人，从来不徇私情。近几年就发现和处理了毁林案件 18 起，被人们称为护林"黑脸包公"。王玉一边护林，一边还进行修枝抚育。只要他一出林地，身边总是带着一把砍刀、一条绳子，精心地修剪每一株幼苗。

王　向

王向，山西省右玉县城关镇黑流堡村人。从 1956 年任该村党支部书记起，就带领全村村民开展植树造林。20 年来，先后在后水草沟、后沟、李家窑沟等地营造大片林 4500 亩，在村里栽零星树 4 万株。在他的倡导下，植树成为村规民约中的一条主要内容。30 多年来，他年年坚持义务植树，共植 170 亩。1971 年，不再担任村党支部书记的他，又担任了本村义务护林员。由于他的认真管护，本村和邻近村庄的树木从未出现过乱砍滥伐和牲畜啃树现象。他一边护林，一边修枝，几年来，共抚育幼林 210 多亩。

王　官

王官，山西省右玉县威坪乡张千户岭村人。从1986年担任村党支部书记以来，把造林绿化作为全村的一件大事来抓，组织全村群众营造环村林带，栽植四旁树7000株，成活率90%以上。还带领群众在本村前沟栽植杏树、柳树等树种，治理了从未治理过的沟壑。同时，他狠抓护林工作，利用各种形式宣传《中华人民共和国森林法》。在村内刷写护林标语20余条，树立水泥碑5块，实行村民护林责任制，把护林任务落实到每户每人，配备了专职护林员。由于他护林工作抓得紧、抓得实，养成了人人护林爱林的好习惯。全村杜绝了人畜毁林现象，树木保存率达到95%以上。

王　悦

王悦，山西省右玉县杀虎口海子湾村人。在任村支书期间，带领群众连续几年在本村的大圪旦、北泉子、南湾等地植树500亩，种沙棘100亩，房前院后植义务树近万株，基本上达到了村庄绿化标准。对盗伐集体林木事件，王悦不怕得罪人，多次现场抓获盗伐林木者，并耐心教育村民要树立集体观念和法律意识。后来，全村人人成为护林员，连续多年再没有出现过盗伐林木的现象。

王　荣

王荣，山西省右玉县杨千河乡西黄家窑人。在任杨千河乡林

业员期间，和县林业局、乡主要领导一道，徒步行程 190 多公里，对该乡的地形、地貌进行了实地勘察，作了详细的规划。几年来，按照规划，共营造大片林 3.8 万亩，一般造林 1.7 万亩。其中，柠条 2500 亩、仁用杏 700 亩、樟子松 2000 亩、油松 5000 亩。经他指导，工程合格率达到 98% 以上。

王　俊

王俊，山西省右玉县破虎堡乡二三墩村人，复转军人。1973 年以来一直担任村党支部书记，1984 年因病逝世。在他担任村支书的 12 年里，坚持抓植树造林。他上任不久，就同其他村干部一起，对全村境内的荒山、荒坡、荒沟进行了勘测规划，以后分年度植树造林。先后营造大片林 1500 亩，栽植零星树 3 万余株，绿化道路 4 条共长 35 公里，封沟 5 条，治理面积达 450 亩。1976 年秋季，还组织全村群众在村前建起一个 50 亩的果园，年产水果 3500 余公斤。他还带领群众在村西的河沟内种植了 500 多株杏树，全部结果。

王月兰

王月兰，山西省右玉县威远镇威远村人。1969 年任大队妇联主任。1971 年，威远大队成立"三八"苗圃，她担任了负责人，她带领 10 名妇女利用半个多月时间，平整了 30 亩育苗基地，当年插秧 3.5 万株，以后又将育苗基地发展到 150 亩，存秧 17.5 万株，育苗品种由 2 种

183

增加到 13 种，年提供高杆杨秧苗 3.5 万株。20 年来，共提供各类高杆杨秧苗 70 万株。她还带领妇女群众栽植丰产林 380 亩、大片林 6300 亩，完成农田林网造林 2.88 万株。

王占峰

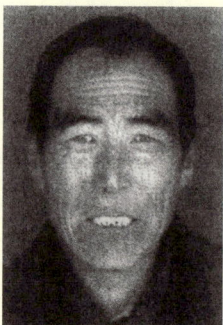

王占峰，山西省右玉县牛心乡老墙框村人。1983 年，他放弃了大同口泉旅店经理的职位，毅然回到坡陡沟深、乱石林立、黄沙遍地的石炮沟，开始了他的绿化事业。20 多年来，他只身扎根山沟，倾心绿化治理，使石炮沟的有效治理面积由最初的 150 亩扩大到了 2005 年的 1200 亩。为使沟里的泉水得到充分利用，他建起了水库，养上了鱼；为使坡梁上的果树浇上水，他专门去县水库学习了连通灌的安装技术，在山坡上安装了长达 2 公里的连通灌，使许多坡梁地变成了水浇地；为了适应高寒地区的气候环境，确保苗木成活，他到雁北果土站学会了育苗技术，自己建起了苗圃。2005 年底，王占峰在石炮沟共造林 630 亩，栽植果树 40 亩、葡萄树 5 亩、仁用杏树 15 亩，种草 50 亩。林果业一项，年收入在 2 万元以上。王占峰的治理业绩得到了各级政府和社会的一致认可，他先后荣获山西省劳动模范、山西省小流域治理标兵等光荣称号。

王生财

王生财，山西省右玉县李达窑乡薛家堡村人。曾任薛家堡村党支部副书记。1981 年，实行家庭联产承包责任制后，王生财与村里签订了治理 500 亩荒滩的合同书，带领全家 5 口人，一边搞工程，一边植树。1984 年，在新开出来的滩地上育苗 70 亩，次年定植。以后又在澄出来的滩地上育苗 120 亩，定植高杆杨 360 亩，达 20 多万株。到 1986 年，每年有 5 厘米以上的 1 万株大苗可以出圃。1991 年春季，为全县提供优质大苗 2.5 万株。王生财多次受到省、地、县水利和林业部门的表彰和奖励。

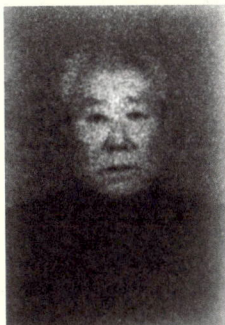

王永禄

王永禄，山西省右玉县丁家窑乡圣水堂村人。历任丁家窑乡中学校长、联校长，县一完小教导主任。任职期间，积极带领师生植树造林，成绩突出。7 年中，封了一条沟，治了两面坡，共植大片林 50 多亩。现大部分已成椽材。同时，在校园植树 1500 株，育优种杨树 1.5 亩，苗木除本校使用外，全部出售，在一定程度上弥补了教育经费的不足。1982 年，带领师生在乡政府附近公路两旁植树 1000 多株；1984 年，又带领全校师生在校园后建起一个占地面积 10 亩的果园，所栽的果树已全部挂果。

王兆兴

王兆兴，山西省右玉县杀虎口乡杀虎口村人。先后在村里担任过主任、支书等职。他在任期内，为杀虎口村的植树造林做出了显著的成绩。初当支书，他就带领群众在二十洼植树 200 亩；1957 年，在大寡妇桥梁、三边梁、唐子山顶、大沟植树 350 亩；1958 年在二道河梁植树 100 亩，绿化长城两公里；1965 年在大河湾植树 400 亩。在他任职的十几年里，

185

先后带领群众共植树 1250 亩，成活率在 95% 以上。

王好善

王好善，山西省浑源县人。1976 年任右玉县粮食局局长。1978 年，响应右玉县委、县政府的号召，在高墙框粮站兴办一座林场。这里原来是一片荒滩，王好善带领 200 多名干部、职工，战胜各种困难，奋战 100 天，开垦出育林地 500 亩，造林 90 亩，植树 9000 多株，打地埂 700 多米，动土石 3000 多立方米。从此以后，每年充实、完善。十几年来，先后投资 9 万多元，投工 2 万多个，预整地 700 多亩，建机井 4 眼，植树 4.7 万多株，建起一个面积 80 亩、有 670 多株果树的果园。该林场经多年经营，木材蓄积量达 3000 立方米，历年出售苗木获利 5 万余元，生产果类 5000 余公斤。

王克敏

王克敏，山西省右玉县欧家村乡盘石岭村人。从 1950 年至 1981 年任村干部。在此期间，为本村的林业建设做出了一定成绩。1950 年，担任该村民兵连长，在村西二道沟建起了民兵造林基地，带领全村 40 名民兵奋战两个春秋，运用封沟育林的方法栽植了杨树插条。1952 年担任村主任，带领群众用两年时间，绿化了一沟一山。4 年共栽植杨树 950 亩、柳树 50 亩、杏树 10 亩。1956 年，他光荣地出席了团中央在延安召开的晋、陕、甘、宁、蒙五省（区）青年造林大会。1981 年离职后，又主动担任了护林员，精心地守卫着盘石岭的一草一木。

王志强

王志强，山西省右玉县李达窑乡盆儿洼村人。在右玉县林业局工作期间，负责全县森林病虫害的防治工作。全县设有 15 个病虫害发生动态观察点，每隔半月要进行一次定点观察记录，跑一个循环就需要半个多月的时间。他不辞劳苦，一个人骑着自行车，深入林地进行观察。在害虫发生高峰期，常常是日奔山头，夜伴灯光，工作到深夜 12 点。他花了两年时间，潜心钻研，在基本查清右玉境内主要森林病虫的同时，建档归类，制作各类病虫标本 120 多盒，生活史标本 30 多套，建立起右玉县第一个森林病虫标本室。1987 年，他的学术论文《沙棘重要害虫红缘天牛的观察初报》，获雁北地区林学会科技论文二等奖。1990 年，右玉县委、县政府授予他林业劳动模范的光荣称号。

王宝旦

王宝旦，山西省右玉县欧家村乡盘石岭村人。1959 年至 1974 年担任盘石岭村党支部书记。其间，组织群众坚持不懈地植树造林。到 1974 年离村担任本乡水利协助员，共造林 4000 余亩。1964 年，盘石岭村被省政府评为林业建设先进单位，王宝旦被评为先进个人并出席了表彰会，还被吸收为雁北林业委员会委员。1966 年，该村又被国家林业部评为林业建设先进单位。1971 年，王宝旦带领群众栽植的第一批树开始有计划地采伐利用。从此，这个仅有80户人家、300口人的山村，每年仅林业一项收入就有3000多元，成了当时全乡林业收入最高的村。

王忠兴

王忠兴，山西省右玉县高家堡乡西窑头村人。在1952年到1983年的31年里，一直从事林业工作。曾担任右玉县林业站站长、右玉苗圃主任，多次被评为省、地、县林业劳模。王忠兴在任右玉县林业站站长期间，先后带领技术人员勘测规划，指导农民群众在黄沙洼、苍头河岸、李洪河岸、杨村梁、李达窑梁等地营造了大面积的人工林。1966年，被调到右玉苗圃担任主任。他带领工人打井、盖房、垦荒、育苗，共打井7眼，盖房30间，开修圃地200亩，试栽针叶树育苗获得成功。他任职期间，苗圃平均每年出圃苗100余万株，为右玉科学造林提供了优良树苗。

牛永卿

牛永卿，山西省右玉县威远镇牛家堡村人。1974年任梁家油坊国营林场书记。上任后，便带领林业技术员走山村，串山岗，跋山涉水，跑沟上梁，深入各乡、村调查研究，实地勘测，制定造林规划。任职7年期间，带领职工共植树造林12万亩，绿化公路100公里。1987年3月，由于工作的需要，牛永卿调到县供销社工作。每年县委、县政府下达植树任务后，他总是统筹规划，合理安排，一手抓植树，一手抓业务，既保证了植树任务的按时完成，又保证了业务工作的顺利进行。任职4年中，他带领全系统干部职工完成造林1万亩，绿化公路10公里。

毛永宽

毛永宽，山西省右玉县威远镇威远村人。1970年至1979年担任威远镇威远村党支部书记。任职期间，年年带领群众大搞植树造林，共完成大片林1万多亩，渠、路、田边配套栽植高杆杨10万余株。1972年，在他的指导下，在村东门外办起一个百亩苗圃，当时是全县唯一的村办苗圃，培植高杆杨、樟子松、槐树等10多个树种。他常年奋战在苗圃，最终积劳成疾，为林业建设献出了年轻的生命，享年31岁。右玉县委、县政府授予他优秀共产党员称号。

尹 连

尹连，山西省右玉县牛心乡狼窝沟人。1982年任右玉苗圃主任。上任后，带领工人发扬艰苦奋斗的精神，精心培育苗木，当年就出苗木120万株，赢利8万元。1983年，担任右玉县林业局副局长，整天深入基层指导植树造林工作。在机关干部造林中，他带领技术员亲自到工地进行技术指导，现场示范，把好质量关，每天骑着自行车走40余公里。1985年担任右玉城建局副局长，又带领技术人员对右玉县城进行了详细规划，组织职工对街道和机关庭院进行了绿化。

189

边廷功

边廷功，山西省右玉县高家堡乡边家堡村人。毕业于右玉县林业学校。1982年至1989年在右玉县林业局工作，一直从事林业规划、设计、施工、检查、验收和建档等工作。1989年组织制订了右玉县西山防护林二期工程规划，受到省西山防护林业局工程技术人员的称赞。1985年，会同40余人，经过两个月时间的艰苦工作，完成了全县森林资源的清查工作。1989年，调元堡子乡林业站工作，用两年多时间，规划并指导全乡完成造林6000余亩。在乡政府的支持下，恢复了乡办苗圃，新育苗22亩。在他的努力下，村村建立了护林组织，签订了护林责任状，促进了全乡的护林工作。

左德华

左德华，山西省右玉县高墙框乡南草场村人。从1978年担任村支部书记以来，年年都把植树造林作为一项重要工作去对待。经过十几年的艰苦奋斗，将一个昔日风大沙多、穷山恶水的村子，建设成绿树成荫、林网纵横，森林覆盖率达到62%、人均拥有积蓄材19.1立方米的林业先进单位。左德华能够在林业上做出成绩，一是他能够根据本村实际，因地制宜植树造林。全村8条沟壑、8个滩湾都做到适地植树，还十分注重补植和更新。二是严把栽植质量关。每年春秋两季造林时节，都把质量放在第一位，哪里能栽哪里栽，真正做到栽一株活一株。三是非常重视林木管护。他经常召集牛羊倌开会，叮嘱他们严禁林地放牧，对各种毁林事件严惩不贷。自己还亲自担任了护林员，凡是栽上树的沟坡都立了护林碑。全村大片造林达到1100亩，占总土地面积的52%。

祁 三

　　祁三，山西省右玉县李达窑乡残虎堡村人。连续28年担任残虎堡村党支部书记。他年年带领全村群众大搞植树造林，除绿化治理了牛路沟和降眼沟以外，还动员村民在庭院里栽植果树。现在，家家院内有果树，而且都已挂果。从1987年起，改任党支部副书记，以后的9年里，他带领全家植树近1000株。1991年3月，他组织村民成立了经济合作社，承包了集体的135亩果园和一条牛路沟，带领社员在沟底栽植了高杆杨700余株，在坡梁上栽植了50多亩木瓜、落叶松，还播种了草木樨与牧草。祁三曾多次受到地（市）、县的表彰。

伊小秃

伊小秃，山西省右玉县城关镇北辛窑村人。1956年至1983年

担任村党支部书记。上任后，面对光秃秃的山坡、日益肆虐的风沙，他下决心带领全村群众大搞植树造林。他们以治理荒山为突破口，先后治理了村前村后的10座荒山，造林1520亩，同时大搞村庄绿化，栽植四旁树4.5万株。他组织的一支造林突击队常年坚持造林，一直干了20多年。1983年，因年龄关系，他改任村党支部副书记，又主动承包了村里的一座荒山，每天早出晚归，上山造林护树，有时甚至连饭都顾不上吃。辛勤的劳动，使这座荒山变了容貌，7年时间，共义务植树300多亩。

191

邢占山

邢占山，山西省右玉县杀虎口乡樊家窑村人。1970年至1982年担任村党支部书记。他根据本村四面环山、水源充足的自然条件，带领群众建成35亩的一处果园。同时，还更新和改造了原有的杏树2000多株。原来樊家窑村杏树不少，可是因年老枝枯，结果不多。老邢每年带领群众除老栽新，经过十几年的努力，原有的杏树全部更新，杏树收入每年人均可达80元左右。在发展果木树的同时，他还带领村民们在村南坡和大南沟等地栽植杨树500多亩、沙棘300多亩，其中大部分树木已经成材或挂果。

孙 正

孙正，山西省右玉县李达窑乡残虎堡村人。在担任杀虎口公社书记期间，带领群众在马营河创建了面积170亩的社办苗圃。还号召全社村村大办果园，3个大队栽植各种经济林100多亩。他在林业局工作期间，除了按县委、县政府要求抓好林业工作外，1982年在草沟堡大队蹲点时，组织全村50户社员户户搞育苗，成为领导育苗的先进典型。1983年调到县建设局工作，为了提高城市绿化标准，狠抓县城主要街道的树种更新，亲自从外地选调优种柳树大苗1000余株，统一规划挖坑，统一下苗覆土，统一验收质量，多次浇水，成活率达96%。县城绿化连续5年受到上级有关部门的表彰奖励，他本人也多次被评为省、地、县林业劳模。

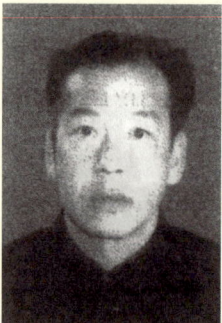

刘 兵

刘兵，山西省右玉县高墙框乡草沟堡村人。在担任村党支部书记期间，1981年，在他的主持下，村里办起苗圃，生产的3.6亩高杆杨苗和12亩插条全部用于村里的四旁绿化。刘兵本着"先沟湾，后坡梁，先固土，后栽植"的方针，制定了逐年绿化方案。他组织村民在村西的300亩涝地上种了沙棘，后来又在沙棘间隙种了插条，使涝地变成林地。村里5条主要道路和800多亩基本农田都栽上了林网。他还组织村民从内蒙古引进优种，种了500亩柳树，利用柳条编织，发展加工业，户均年收入210元。1986年，又从外地购回1500多株葡萄苗，还与乡林业站试办了一个20亩大的果园。

刘世华

刘世华，山西省右玉县西碾头乡西碾头村人。1985年担任西碾头乡护林员，在他的指导下，组建了乡办苗圃，种植60亩优种杨、20亩针叶树。几年来，为全乡提供阔叶杨种苗7万株、针叶树种苗10万株。为了普及林业知识，他举办了8期造林技术培训班，培训人员120人。他先后查出各类毁林案件35起，追缴木料3.8立方米，收缴罚款350元。他还组织完成了黑沟山万亩工程造林，一般造林1.1万亩，四旁植树15万株，幼林抚育、"小老杨"改造1.5万亩。

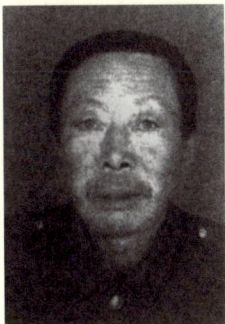

刘克礼

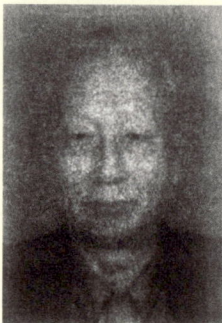

刘克礼，山西省繁峙县人。1958年山西林业学校毕业后，分配到右玉工作。1974年至1986年，任右玉县林业局副局长。刘克礼在右玉工作期间，参与了几乎所有的万亩林区和大型防风林带的规划设计和施工技术指导。在防护林建设一期工程中，他主持完成了总体规划，提前两年完成了建设任务。1984年赴河北学习"小老杨"改造的技术经验，回来后在高墙框等地试点推广，为全县"小老杨"改造摸索出经验。他还在四道岭、南八岭等地搞樟子松护岸造林试验，获得成功后在全县大面积推广。1984年在省劳动竞赛委员会组织的立功受奖表彰中荣立三等功。

刘德富

刘德富，山西省右玉县牛心乡牛心村人。1959年至1982年，曾3次担任牛心村党支部书记。任职期间，坚持植树造林。1959年，刘德富第一次担任牛心村党支部书记，就提出了"三年绿化牛心山坡"的口号。带领群众苦战3个春秋，在山北坡植树1000亩，现已全部成材。1963年，第二次出任支部书记，又带领全村群众，利用5年时间，将村东一条200亩的河沟全部栽上了杨柳树，使两旁近千亩良田免遭洪灾。1979年，他又带领群众将村东护村坝延长150米，在两旁种了零星树近万株。1982年，退居二线，担任该村义务护林员，为管护林木付出了辛勤的劳动。

安贵成

安贵成，山西省右玉县破虎堡乡金家园村人。当干部 17 年，年年带领群众植树造林。1974 年担任金家园村支部书记，当年，就在村南坡机耕插播杨树 500 亩，全部成活。以后，每年在造林季节都要组织村民因地制宜植树造林。1985 年，在村西湾栽植优种高杆杨 3000 株。后来又组织村民在西沟栽植高杆杨 50 多亩。17 年间共营建大片林 2000 多亩，零星植树 5000 多株，绿化道路 1000 米，使全村森林面积占到总土地面积的 37%。

乔拴有

乔拴有，山西省右玉县城关镇红旗口村人。曾担任村党支部书记，为家乡的林业建设作出了突出贡献。红旗口地处马营河与苍头河的交汇处，耕地风蚀十分严重，有的地块一年要种几次才能出苗。面对现实，乔拴有摸索出了植树造林防风固沙的路子。他带领全村 50 多个劳力，发扬愚公移山精神，坚持植树造林，一连干了 23 年，共营造大片林 2720 亩，田间林带 5 条，总计种植杨树 1.7 万株，终于治理了风沙，彻底改变了农业生产条件。

纪 满

纪满，山西省右玉县高家堡乡小屯村人。曾多年从事林业工作，历任公社书记、右玉县林业局局长等职。任职期间，开展了苗圃建设，主持建立和完善了两个国营苗圃和部分乡办苗圃，全县育苗面积最高达到 1000 亩以上，每年出圃苗木达 1000 余万株，

195

不仅满足了本县造林的需要，而且有大量的苗木支援到外地。同时狠抓了大片造林，1973年至1981年担任右玉县林业局局长期间，每年都要深入实地勘测规划，组织全县人民开展植树造林，在全县发展林业中起到了参谋作用，使全县林地面积稳步增加，累计达到80余万亩，森林覆盖率提高到27%。纪满多次被评为省、地林业劳动模范。

许德生

许德生，山西省右玉县高墙框乡咀流屯村人。担任村干部将近20年，一直坚持不懈地带领群众植树造林，使全村大片造林达到1400亩，零星植树5000多株，森林面积占到总土地面积的58%。咀流屯村的西部、北部和东部都有较大的季节性流水沟，适宜树木生长。许德生1979年担任村支部书记以后，对全村的沟壑进行了细致的调查，制定出逐年绿化的总体规划。从此，每年带领群众不停地营造和补植，经过几年的努力，东面的魏山沟、北面的后沟、西南面的塌阴湾等5条沟壑都栽植了树木。据不完全统计，仅沟壑内的树木价值人均就达1500元。另外，他还在坡梁上营造防风固沙林570亩，1981年还在本村北梁育苗28亩，平均每年可为本村提供树苗9000多株。

余晓兰

余晓兰，云南省开远县（今开远市）人。1989年随在云南当

兵的丈夫善功复员来到右玉偏僻贫穷的杨千河乡南崔家窑村。1992年，右玉县委、县政府发出鼓励农民开发治理"四荒"的号召后，余晓兰把几年养猪、磨豆腐积攒的几千元钱拿出来，承包了南崔家窑村4000亩荒山荒坡和门前的30亩乱石滩。在党和政府的帮助下，她同丈夫一道投入艰苦的治荒持久战中。2000年，右玉县实施退耕还林战略后，余晓兰又把承包治理的荒山面积逐渐扩大到近3万亩。经过20多年的不懈治理，乱石滩、荒山已绿树成荫。如今，乱石滩上已栽种了5000多株果树，还建起了苗圃，培养适生、高产、高效果树10万株；近3万亩荒山坡上已栽种果树5万株、高杆杨1000多株，人工栽种沙棘苗300亩、柠条苗300亩。同时她还饲养绵羊、山羊300只。全省建设雁门关生态畜牧经济区战略启动实施后，余晓兰在治荒的同时，瞅准机会退耕、种草、养畜，又在高墙框村兴办面积达75亩的苗圃，新育油松、樟子松等优种树苗128万株，力争建设全县最大的生态园区。余晓兰治荒的事迹得到了党和政府以及社会的肯定，她先后荣获全国十大绿化女状元、全国十大杰出青年农民、全国三八绿色奖章、省三八红旗手、省特级劳模、全国绿化奖章、全国劳模等荣誉。她还是党的十六大、十七大、十八大代表。

李 枝

李枝，山西省右玉县城关镇李家堡村人。1958年至1983年，担任李家堡村党支部书记。25年来，他年年带领群众在荒山荒沟植树造林，先后绿化了油坊山，共营造大片林3100亩。在村南河湾、西湾、东湾等地建起农田林网，防护面积1500多亩。号召农民在房前屋后栽零星树 1.8 万株。1983 年冬，因年老体弱，他不再担任村干部后，又担任了村里的义务护林员。在护林的同时，8 年中义务植树 2000 株，抚育幼林近 300 亩。

李 春

李春，山西省右玉县白头里乡马莲滩村人。1953 年至 1974 年，担任马莲滩村党支部书记。在任职的 21 年里，植树造林常抓不懈，林业建设成效显著。新中国成立初，李春就根据该村荒坡广、沟壑多、宜林面积大的特点，同其他村干部一起对全村境内的荒山、荒坡、荒沟进行了勘查，做出了植树造林的规划。以后，每年春季带领群众大搞植树造林。21 年时间，先后在本村的南梁、后梁等地营造大片林 3500 亩，在村前屋后、道路两旁栽植零星树 5 万余株，绿化大渠 3 公里，封了东沟、大山沟、鸡沟三条沟，治理面积 500 余亩。为全村林业的发展、为集体经济的壮大发挥了重要作用。

李 森

李森，山西省右玉县梁家油坊镇油坊村人，先后在右玉县水保队、国营右玉苗圃、油坊林业站等单位工作。20 世纪 70 年代中期，右玉县试验搞针叶林育苗，在他的努力下，获得成功。油松、落叶松育苗成活率达到 80%。80 年代，右玉苗圃推行育苗生产责任制，他一人承包 50 亩，平均成活率达 95%，苗木达到国家一级标准。雁北行署林业局在右玉苗圃召开现场会，推广了李森樟子松育苗技术。1985 年至 1989 年，他累计承包育苗达 120 亩，共培育苗木 900 万株。1990 年，他调到油坊镇林业站工作，规划设计了柳沟山万亩针叶造林工程，完成 7000 亩余，成活率 95%。他被省林业厅授予辛勤园丁的称号。

李 喜

　　李喜，山西省右玉县丁家窑乡前窑村人。他在 20 世纪 50 年代担任该村党支部书记期间，带领全村群众在宜林荒山荒坡上植树造林。为了保证成活，他学习阳高大泉山的经验，采取了等高植树的方法，在坡度 40 度以上的荒坡上，划开行距，人工开沟，再在沟内挖坑栽树。采取这种方法，保持了水分，树木的成活率比采用一般方法提高了 35%。前窑村的群众在李喜的带动下，十几年如一日，共营造大片林 7200 亩，多次受到林业部门的表彰。李喜年过花甲后，又主动担任了村里的义务护林员。10 多年来，该村没有发生过一桩乱砍滥伐事件。

李甲才

　　李甲才，山西省右玉县高墙框乡高墙框村人。1967 年入党后，他先后担任本村主任、支书等职务。他在任职的 20 多年里，一直把植树造林作为改变自然条件和生产条件的重要措施，从长远打算，为村里建设"绿色宝库"。20 世纪 60 年代，他就根据本村西临苍头河、东南沟壑多的特点，带领群众，通过植树造林锁河岸、填沟壑。在村西湾、南湾种植沙棘、杨树 1300 亩，遏制了本村苍头河地段的洪水泛滥。同时，还封沟 15 条，为以后林业的发展奠定了基础。70 年代，他组织群众对本村新堡梁、东梁的荒坡进行绿化，共植树 600 多亩，成活率、保存率均达到 90% 以上。还在西坪育杨树插条 58 亩。后来，他还狠抓林木品种更新，先后营造了高墙框北坪 500 亩速生丰产林、西坪大面积的林网化工程。经过几十年的不懈努力，全村森林覆盖率达到 61.5%，人均占有成材木 20 多立方米。

李生玉

李生玉，山西省右玉县威坪乡猴林村人。自 1966 年担任该村护林员以来，几十年如一日，管护着数千亩林地。李生玉护林有"三不怕"，即不怕苦累，不怕惹人，不怕报酬少。在他刚担任护林员时，队里一年只给补贴 50 个工。他白天在地里参加劳动，早、午、晚空闲时间查看林木。他既当护林员，又当绿化宣传员，走到哪里，就宣传到哪里，亲手制作石碑、木牌 60 余块。还种植松树、杨树 4200 多株，抚育幼林 4500 亩。

李作旺

李作旺，山西省右玉县元堡子乡元堡村人。1983 年任威远苗圃主任后，面对苗圃只有简陋的 5 间土房，周围一片乱石滩，寸草不生的情况，他就带领职工同心协力共战荒滩。经过几年的努力，开辟出可使用林地 446 亩，建防渗渠 2400 米，全部苗圃地都能灌溉。种植零星树 6700 株，育苗 35 亩。住房、加工房由原来的 5

间增加到 43 间，固定资产也由原来的 8000 元增加到 25.2 万元。从 1984 年苗木出圃以后，平均每年出售苗木 29 万株，收入 5 万元。副业收入从 1986 年开始平均每年 3 万元，人均收入 8000 元以上。1984 年荣立山西省劳动竞赛委员会三等功，1984 年、1985 年被评为雁北地区林业劳动模范。他撰写的论文《樟子松育苗技术》被雁北林学会评为二等奖。

李青山

李青山，内蒙古土左旗人。1949 年从部队转业来右玉工作。1961 年后一直在右玉县水利局工作，先后任副局长、局长。李青山长期致力于右玉造林种草、水土保持事业。20 世纪 50 年代后期，主持制订了右玉县第一个绿化右玉、治理水土流失的发展规划《右玉县流域治理规划（草案）》。此后，多年来一直从事造林种草、保持水土工作。20 世纪 70 年代初，在水库兴建过程中，他大抓库区绿化，先后完成了库区绿化 1000 余亩，干渠绿化 12 公里。建起苗圃一处，面积 40 余亩；果园 2 处，面积 30 余亩。

李钱仁

李钱仁，山西省右玉县城关镇头水泉村人。历任该村村主任、村党支部书记。任职期间，勤勤恳恳，带领全村群众大搞林业建设。在本村后梁、康叉沟、瓦窑沟、黄沙洼等地共植大片林 2350 亩，四旁植树 3.4 万株。每年植树季节，坚持天天出工。1980 年春季，

在不误春耕的情况下，他每天带着妻子、儿女义务植树，为村里绿化了一条路。1983 年因年龄、身体关系，不再担任村党支部书记后，每天带着一把剪刀、一把砍刀，一边放牧，一边整枝。几年来，整修幼苗 1000 多亩，同时发现乱砍滥伐，马上制止。在他的影响下，头水泉村连续 5 年未发生过乱砍滥伐和牧畜啃树现象。

李树林

李树林，山西省右玉县威坪乡燕家窑村人。从 1964 年起担任该村党支部书记。坚持带领全村群众植树造林，使燕家窑村成为一个拥有 1.1 万亩森林的村庄。李树林上任后，首先和村民订了 3 条规定：每年人人都必须植树；植树必须保质保量；护林者奖，毁林者罚。没有秧苗，他就到内蒙古清水河乡调回一车皮串根树，栽在下湿沟，成活率 90% 以上。就这样起家，年复一年从不间断，使全村的山山洼洼都披上了绿装。

张　秀

张秀，山西省右玉县杀虎口乡海子湾村人。从 1961 年起，担任该村党支部书记。海子湾村地处苍头河西岸，水土流失严重。他上任的第二年，就作出规划，带领群众在村后梁栽杨树 50 亩，次年全部成活，从而增加了植树造林的信心。以后，连续 7 年在北梁、北泉子东沟、黑湾坡等地共造林 600 多亩，并在苍头河两岸栽乔灌混交林 50 亩，建 5 亩果园 1 处。现在大片的林木已长大成材，水土流失基本得到控制，每年还可向村民提供木材 5 立方米以上。海子湾连续 8 年被地县评为林业先进单位。

张引弦

张引弦，山西省阳高县人。从 1955 年起，先后担任右玉县中学校长、教育局局长。任职期间，在林业建设方面做出了显著成绩。1956 年春天，他带领全校 400 多名师生，参加了县里的造林，当年植树 3000 多亩。在以后的 17 年里，每年都要率领全校师生植树造林。先后绿化了北起马营河村，南至高墙框村长达 20 多公里的公路和数座荒山荒坡，造林 4 万多亩，所得林业补助费全部用于教学。1972 年担任县教育局局长后，组织全县各中小学校开辟校办林场，少则几亩，多则几十亩，甚至上百亩。到 1983 年，全县各中小学校共开辟校办林场 300 多个，绿化面积近万亩。

张过兵

张过兵，山西省右玉县李达窑乡盆儿洼村人。历任该村党支部书记、副书记、村主任等职，为盆儿洼村的造林种草作出了很大贡献。1953 年，张过兵从部队复员回村后，就同村民们筹划治理村前的樊家沟。第二年，他担任了村主任，带领全村群众先在沟底栽植了果树，种植了野豌豆、沙打旺等牧草，建起了养兔场。

接着，在坡梁上和沟沿地段挖水平沟，栽植杨榆树。全村群众在他的带领下，先后用了3年时间，共在樊家沟栽植果树1500株、杨榆树4700株，种草480亩。到1981年，树木和牧草覆盖了整个流域。樊家沟成为全县小流域治理的典范。张过兵也多次受到上级有关部门的表彰和奖励。

吴连喜

吴连喜，山西省右玉县丁家窑乡青羊沟村人。任该村支书期间，一直坚持植树造林，在改变青羊沟村荒山秃岭方面做出了显著成绩。从任职那年起，他就开始率领全村群众，大搞植树造林。经过20多年的努力，共绿化荒山2座、荒坡4处，栽松树3.4万株、杨树1.8万株，其中多数已成材，木材积蓄量达到500立方米。吴连喜离职后，每年坚持参加村里的植树造林。1991年春天，他身患感冒，浑身发烧，还要支撑着上山植树，受到全村群众的赞扬。

陈　富

陈富，山西省右玉县李达窑乡乔家窑村人。身带残疾，行走不便，但在半生的放牧生涯中，义务护林30多年，成了全乡闻名的"护林包公"。1985年，乡政府在乔家窑附近的大小山沟，建起面积1100亩的工程造林基地。他自告奋勇当了护林员。他克服行走不便的困难，不管刮风下雨，整天巡视在林地，一有空就修枝、培土、锄草，进行抚育。他走到哪里，把护林政策宣传到哪里。一旦发现有人毁了林木，决不留情，一追到底。陈富多次被县里评为护林模范。他虽然离开了人世，但那种爱林护树的精神，却永远留在人们的心中。

杨 雍

杨雍，山西省右玉县高家堡乡杨家后山村人。1964年退休回村后，每年春秋两季带领村里的小学生搞绿化，15年植树近5万株，使荒秃的山沟变成了绿沟。他还协助村里制定了《护林公约》，自己当护林员，凡是栽了树的沟，都立了护林牌。一到冬天，他就带领学生用树枝拦住沟口，防止牲畜进去糟蹋。遇上毁林事件，他马上报告村委会，严肃处理。杨雍带领学生义务植树事迹突出，村里人称他为"杨家后山不老松"。1980年至1982年，连续3年受到省政府的表彰。

苑二顺

苑二顺，山西省右玉县元堡子乡教场坪村人。从1967年起，每年除参加集体造林外，还在自家房前院后栽植了零星树3000余株，大部分已成材。每栽一棵树，老苑都付出了艰辛的劳动。树坑挖不开，就用铁棒一点一点地凿，栽上幼苗后，每隔三五天就从很远的地方挑水浇一次。为了防止牲畜啃树，他在行间种上粮食作物。老苑栽的树，成活率和保存率都达到90%以上。

范三仁

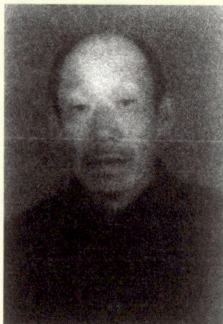

范三仁，山西省右玉县丁家窑乡前沟村人。曾担任该村党支部书记。从1985年起主动担起总瞭山地段护林员这副重担。为了使这些树苗能尽快成长，夏天，老范除了看好树以外，要主动为树苗锄草、培土、浇水。每当下雨天，别人从地里往家里跑，他却从家里往山上跑，冒着雨水，把树苗从稠处移植到稀处。他就像保护自己的眼睛一样保护着树苗，保护着总瞭山的大片树，从3000亩、6000亩、8000亩，一直发展到现在的1万亩。为了保护树木，他每天巡逻走路不下15公里。特别在开春后牲畜易糟蹋的这一段时间里，整天不回家，巡视在林地。6年来，总瞭山林地很少发生毁树事件。

武占先

武占先，山西省右玉县白头里乡西史村人。从1966年到1975年担任该村党支部书记。其间，他向全村群众提出了"要让咱村富，就需多种树"的口号，受到村民的拥护。在他的带领下，村民们经过10个春秋的苦战，先后在北坪、南梁、东沟等地营造大片林1500多亩，全村有林面积达到户均23.7亩。1968年还组织群众在北坪搞了林网建设，营造林带50余条，成活率均在90%以上，防护面积500余亩。多年来所造林木有79%的树长成了檩材，30%长成了柱材。

庞永清

庞永清，山西省右玉县李达窑乡东窑沟村人。1972年初担任该村党支部书记后，参加了县里组织的村干部参观组，去离石县（今离石区）参观学习，他看到发展林业的前途，回来后，就四处发动，争取有关部门的援助，从第二年开始便组织群众改河造地、栽树种草。仅用两年时间，浇水漫地600亩，栽植各种果树800株，四旁植树2.3万株。这些果树从1970年开始挂果收益，年平均收入2.5万元，用材蓄积量达到730立方米。村里用林业收入修建了学校、党员活动室、村委办公室和一部分水利设施，使400亩滩湾地实现了自流灌溉。

赵 义

赵义，山西省右玉县李达窑乡林家堡村人。1978年，公社在大庙山下筹建苗圃，任命他为苗圃主任。他带领20多名职工，白手起家，当年育油松、落叶松等10多个品种的苗木58亩，每年为公社创收1万余元，他所管理的苗圃被右玉县林业部门评为先进苗圃。1987年，苗圃由他人承包。1990年他重返苗圃，又带领8名职工，新育油松15亩、樟子松10亩、仁用杏树10亩、定植油松20亩、高杆杨20亩。1991年春季，除解决本乡需用的苗木外，还支援兄弟乡镇针叶松苗50多万株、高杆杨2万株，纯收入达2.8万元。

赵　福

赵福，山西省右玉县杨千河乡崔家窑村人。1954 年担任该村党支部书记。1966 年，他利用本村西团山下的小气候，带领群众栽植杏树 5000 多株。以后经他亲自剪枝、施肥、浇水，成材结果的有 448 株，户均 16 株。每到杏收季节，驴驮车载到五里三乡销售杏子。全村 130 口人，仅仁用杏一项，当年年人均收入就有 40 多元。

赵广明

赵广明，山西省右玉县破虎堡乡破虎堡村人。1980 年担任破虎堡乡苗圃主任后，带领 70 多个劳力，靠十几辆小平车就完成了平整土地的任务。并修渠 4500 米，打埂 5000 米，筑路 1500 米，打坝 800 米，动土 240 立方米，在一个乱石滩上，建成了一个面积 250 亩的苗圃。苗圃从建立起，共生产各种苗木 1200 多万株。除供本县绿化外，先后向三省、五县出售苗木 1000 多万株，收入 30 多万元。此外，苗圃还营造大片林 1000 亩，栽植零星树 5 万株，绿化了两座荒山。现在苗圃有留床苗 54.5 亩，达 550 万株。1991 年又新育苗 20 亩。他们还开办了瓦厂和油坊，增加了苗圃的收入。

赵国仕

赵国仕，山西省右玉县威远镇旗杆村人。1956 年至 1985 年担任本村党支部书记。上任后，他广泛征求村民们的意见，因地制

宜植树造林。他带领村民除完成上级下达的造林任务外，还累计种植护田、护岸树 300 多亩，培埂压条 40 多亩。他还鼓励村民在房前屋后种植零星树 1000 多株。1985 年，他不再担任支部书记，又承担威远镇的专职护林工作，每天巡护在林区内，受到了群众的一致好评。

段 义

段义，山西省右玉县油坊镇曹虎屯村人。1962 年至 1982 年担任该村支部书记。任职期间，为绿化曹虎屯作出了突出贡献。1975 年，他带领群众办起了一个 3 亩大的小苗圃，历年来，为本村提供高杆杨树苗 1.5 万株。1962 年至 1965 年期间，在该村西场畔造林 200 多亩，在东沟、西沟、南沟和北沟、四树园造林 100 多亩。他还发动群众家家户户在村前屋后栽植零星树，少的 10 多株，多的 40 株以上。段义离职后，仍然热心于村里的林业建设，经常宣传造林，主动保护林木，每年造林期间，都要为村干部出谋划策，受到了村里群众的赞扬。

段 玉

段玉，山西省右玉县油坊镇马官屯村人。1954 年至 1972 年担任该村党支部书记。任职期间，带领全村群众，采取山、水、田、林、路综合治理的办法，先后营造农田防护林 10 万株，保护农田面积 2500 多亩，营造大片林 1400 多亩，现已成材 5000 株（可做檩材）。1957 年，段玉根据本村地势平坦、水资源丰富

209

的有利条件，带领党支部一班人，精心研究，合理规划，开始了方格林网建设。共计建起防风林带 11 条，有林面积达 2500 亩。1969 年，又亲手建起一个 20 亩大的果园，300 多株果树均已挂果。

郝文运

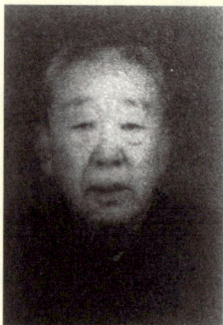

郝文运，山西省右玉县高家堡乡高家堡村人。1973 年至 1978 年任高墙框公社书记。上任后，跑遍了全公社的山山凹凹，制定了"先沟湾，后上山，先杨柳，后灌木"的综合治理方针。当年秋天，带领社员封沟育林 2000 亩。1974 年又在高墙框村办起了全县第一个村办苗圃，育苗 11 亩，培育苗木 4 万余株。后又采取"重点工程搞会战，一般工程分村干"的办法，狠抓"三座山"的造林绿化。3 年内在郭敖屯白家凹山、蔡家屯北山和高墙框东山营造防风林 4000 亩，同时还绿化道路 11 条、共长 1.5 万米。5 年时间，全乡共营造大片林 1.3 万亩，植零星树 10 万株，补植苍头河护岸林 5 公里，使该社的森林覆盖率提高到 40%，所在单位连续被地、县评为林业先进单位。1978 年至 1983 年任县委宣传部部长期间，兼任县级机关造林总指挥，带领县级机关干部参加了贾家窑山、四道岭绿化工程。1984 年至 1994 年任右玉县委农工部部长期间，组织实施了大南山造林工程，修盘山路一条，全长 10 公里，沿路栽植大苗樟子松 7000 余株。荒山荒坡根据不同地形栽植樟子松、柏树、柠条 7834 亩，成活率均在 85% 以上。

姚 永

姚永，山西省右玉县杀虎口乡马营河村人。从 18 岁开始任

210

马营河村党支部书记。其间，连续多年带领群众在村东北的水磨湾栽植杏树 200 多株、果树 100 多株。同时，大抓村庄绿化，全村共植零星树 1.5 万株，其中大部分已成材。十几年来，他带领群众在荒山、荒坡共植树 700 多亩，使全村基本上达到了绿化标准。

姚振明

姚振明，山西省右玉县李达窑乡林家堡村人。曾任高墙框乡党委书记。在该乡工作的 9 年里，一直把林业建设作为改变自然面貌和生产条件的关键，坚持不懈地植树造林。1984 年，他带领群众在高墙框村北营造了 500 亩速生高产林，栽植高杆杨 5 万多株，成活率达到 90% 以上。从 1986 年到 1989 年，在大南山营造大片樟子松 4000 亩，约 40 万株，成活率达到 90% 以上。9 年里，全乡共栽植零星树 36.8 万株。1986 年、1987 年，在魏家山向阳坡营造仁用杏树 3000 亩。现在全乡 31 条主要沟壑和宜林河滩都栽上了各种树木，总面积约 1.5 万亩。1984 年，该乡被雁北地委、行署评为林木更新成绩显著先进乡。1988 年，雁北地委又授予该乡"生态农业发展快，农林牧草各业兴"称号。

胡应岗

胡应岗，山西省灵丘县人。1952 年调到右玉，一直从事林业工作至退休。1960 年 2 月，担任右玉国营林场第一副场长后，把全部精力投入林业建设中。20 世纪 60 年代初，右玉城北门外是一

片方圆几十里起伏连绵的沙丘，胡应岗毅然承担了这里的治理任务。经过实地勘测，细致规划，采取了"穿鞋、戴帽、扎腰带"的营林方式，组织周围村庄群众用了5年时间，营造防风固沙林2万多亩，锁住了风沙。1979年，胡应岗担任县国营林场场长，任职6年间，组织和带领林场职工抚育国有林12万亩，营造速生丰产林1600亩，更新针叶树3000亩，调整了林种结构，改变了树种单调的现状。1984年又主动担任林场技术顾问，积极协助工作。

胡尚云

胡尚云，山西省右玉县白头里乡滴水沿村人。1960年起一直担任该村的护林员。几十年来勤勤恳恳，任劳任怨，为保护村里的林木资源作出了突出贡献。他管护树木严格认真，即便是乡里批准打树，他也一定到现场一一检查。所以，该村30多年来未发生过乱砍滥伐毁林案件。在管护的同时，他还在房前院后植零星树210株，现在70%成材，在自留地上大片造林7亩，成活率达到95%以上。

郭　爱

郭爱，山西省右玉县白头里乡马莲滩村人。1980年任该村党支部书记，1989年任白头里乡副乡长。郭爱在任村党支部书记的10年里，带领村民先后在村东沟、南梁、后洼等地营造大片林1700余亩，其中有200亩已经成材；栽植零星树5.4万株，绿化道路4公里，治理绿化盐碱滩300亩。担任白头里乡副乡长后，分管全乡林业工作。3年中，全乡新造大片林1万余亩、柠条2000亩，建设农田防护林网2000亩，绿化村庄道路50余处，抚育幼林1.5万亩。同时，狠抓林木管护，不徇私情，敢于碰硬，共查处毁林案件7起、毁林人员75人，收回林木损失费9000元。他下乡每到一处就大力宣传森林法律法规，使广大群众增强了造林意识和护林观念。

郭 善

郭善，山西省右玉县威远镇火烧洼村人。曾任破虎堡公社主任，白头里公社主任、书记，油坊镇公社书记等职。在白头里公社任职期间，带领群众营造了东起周鱼西梁，西至滴水沿奶头山，南至杨村北梁，北至曹虎屯村南东西13公里，总面积50平方公里的大型防风林带。1965年至1966年，在李洪河流域营造了20华里的水保林。1966年，组织叶家村村民绿化了西沟，栽植杨树300多亩；组织西史村村民在北梁、后沟等地，造林150亩。1976年调油坊镇任职，组织群众在双山夹后坡造林100亩，在马官屯村开展村庄绿化，在石头河至马官屯10公里长的洪水灌渠两旁种植高杆杨，在马官屯、元村南沟植树200亩，全部存活。

郭政新

郭政新，山西省阳高县人。1954年毕业于清华大学，1965年9月任右玉水保试验站副站长，1974年2月起任右玉水利局副局长。在他任水保试验站副站长期间，参与制订和领导实施了李达窑乡盆儿洼农田林网工程的建设，先后营造大片林1300亩，在2000余亩耕地上营造总长 1.2 万米、折合面积 250 亩的 9 条主副防风带，构成 10 个方格林网，保护农田 2300 亩。在任水利局副局长期间，参与了治理新墩湾流域的规划与实施工作，重点治理一墩、六坡、九条沟，面积 670 亩。先后完成鱼鳞坑 90 余万个，沟头埝 1.37 万米，完成大面积绿化造林 6087 亩，种草 2270 株。退休之后他精神不老，仍然带领局党支部一班人为建设家乡不懈努力着。

郭永富

　　郭永富，山西省右玉县城关镇北元村人。从 1962 年起担任该村党支部书记。任职期间，十分重视植树造林。从 1962 年到 1983 年，组织全村劳力先后治理了两山一沟，营造大片林 2000 多亩。从 1983 年到 1991 年，在 1200 亩基本农田里营造了田间林网，绿化了田间道路，植树 3 万余株。2007 年春季，他不顾有病，带领全村劳力在新开的 450 亩水浇地上搞了林网建设，共栽植高杆杨 2700 株。

贾　旺

　　贾旺，山西省右玉县威远镇威远村人。自 1998 年参加工作以来，一直从事水利工程工作。先后参加编制右玉县农田基本建设"八五""九五"规划，组织实施了杨千河、石塘沟等流域的治理工程以及水土保持世行项目的实施。其中，杨千河流域治理工程被省政府评为优质高效小流域工程，石塘沟流域治理工程获右玉县委、县政府农业技术承包三等奖，本人同时被评为县科技

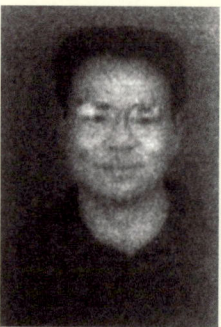

工作先进个人。他还积极开展水利水保理论研究工作，撰写的《右玉沙棘资源利用存在的问题及对策》《依托资源优势发展沙棘经济》《种植沙棘搞水保生态经济获双赢》等论文分别发表于《中国水土保持》《中国水利报》。1995年，他被省水利厅评为省水利系统先进个人。

徐进龙

徐进龙，山西省右玉县威远镇辛堡村人。从1952年起就担任该村党支部书记。几十年如一日，带领群众大搞植树造林，在村前院后共植零星树18万株。在王家湾、石塘山、后湾以及西河岸营造大片林1.5万亩，其中许多树现已长成栋梁之材。从1989年起在乡政府的支持与协助下，发动和组织全村群众大搞农田林网建设，共营造林带15条，植高秆树53万余株，防护林面积达到5000多亩，为全村农业高产稳产打下良好基础。

寇永孝

寇永孝，山西省应县人。曾任右玉县绿化委员会副主任。几十年来，一直奋战在右玉林业战线。他刚参加工作，就来到油坊林场小蒲洲营作业组，指导群众大搞人工造林。奋战10余年，完成了杨千河、丁家窑、威坪、威远1/3的"一坪、一洼、干大梁"10万亩造林任务。其间，他还在后窑村西沟等地，组织职工搞针叶树育苗、造林试验，并获得成功。现保存下的500亩油松，已长成栋材。1979年，调到右玉苗圃，组织工人对针叶树进行了全光育苗和小苗换床移植,培育大苗获得了成功。该技术材料在"三北"防护林技术交流会上印发。1983年,右玉苗圃在全区苗圃检查评比中名列第一。

康占武

康占武,山西省右玉县杀虎口康家湾村人。任该村党支部书记的10多年来,他带领群众大搞村庄绿化,取得显著成绩。1985年,他在自留地上办起了2亩大的苗圃,经过5年时间的精心培育,到1990年苗木出圃,他将2000余株树苗定植在屋前院后和地畔。他的行动给村民们带了一个好头,大家也像他那样,在屋前院后植树。两年时间,全村屋前、院后、村头、路旁共栽植高杆杨一万余株,成为全县的绿化村。同时,他还根据本村实际,带领群众因地制宜发展了经济树。

曹　满

曹满,山西省右玉县高家堡乡人。他从进入右玉县沙棘研究所工作,到担任汇源饮料食品集团右玉有限公司总经理的近20年间,一直致力于沙棘的研究和开发,为右玉沙棘事业的发展作出了积极贡献。1990年,曹满因在"七五"期间沙棘开发利用工作中贡献突出,受到全国沙棘办的表彰奖励。此后,由他参与完成的沙棘遗传改良传统研究项目获国家科学技术进步一等奖和林业部科学技术进步一等奖。参与完成的沙棘改造技术研究项目,因创造出带状间伐改造、带状间伐补植改造、疏伐改造等科学方法，使本地野生沙棘产果提高了 6～7 倍，为此获林业部科技进步三等奖。研究编撰的《沙棘病虫草害名录》填补了省内空白，获山西省科技进步二等奖。参与完成的沙棘病虫害调查及防治技术项目获山西省科技进步二等奖。1999 年出任汇源右玉公司经理后，始终以开发沙棘产业带动当地经济发展、助农民脱贫为己任，几年间推出了一系列沙棘产品，并运用汇源品牌优势扩大市场，使公司成为年实现利税上千万元的全省百强龙头企业。还先后与当地 2 万多农户建立了稳定的沙棘果收购销关系，使农民靠出售沙棘果人均年增收 40 多元。

曹国权

曹国权，山西省右玉县西碾头乡曹家村人。从新中国一成立，他就和老伴在门前的大东沟里开始栽树。"文化大革命"期间，他们种的树全部归公，但每年仍然栽树不止。中共十一届三中全会后，更激发了他的积极性。他虽然年过花甲，但看到大东沟还未得到彻底治理，就主动与村委会签订合同，承包了这条沟，逐年进行治理。为了改造"小老杨"，他还办起了小苗圃，肩挑箩筐担土垫地，水分不足，就从 5 里外挑水灌溉，所栽针叶树获得成功。40 多年，共栽植各种树木 1 万余株，其中有一半成材。他曾被评为山西省林业模范。

曹国珍

曹国珍，山西省右玉县元堡子乡南花园村人。从 1982 年担任

该村支部书记以来，年年带领群众大搞植树造林。1982年、1983年、1989年，先后带领群众在南山、西沟等地营造大片林1400亩；1984年、1986年，带领本村群众，在周道堡栽植油松、樟子松2000亩，成活率均在85%以上。1985年，又带领群众在周道堡种植多年生牧草1000亩。林牧结合，促进了畜牧业的发展。1988年，又带领群众完成了800亩仁用杏工程造林。到2007年，全村森林保存面积达到3000多亩，宜林荒山荒坡基本实现绿化，有效地改变了南花园村的自然条件。

曹拴女

曹拴女，山西省右玉县白头里乡滴水沿村人。曾任该村妇联主任、妇女队队长。从任村妇联主任、妇女队队长时起，就带领妇女为绿化滴水沿努力付出着，多次受到县、乡两级的表彰和奖励。1975年以后，年逾花甲的曹拴女体弱多病，不能干重活，便在窑前院后的空地里逐年植树。因是草滩地，铁锹挖不动，就用火柱开洞，然后将优种杨树条插进去。就这样，一株一株地栽植，一共栽了3000多株，其中已有60%成材。同时，还栽植了榆树150余株、杏树60多株。

黄　海

黄海，山西省右玉县高墙框乡红土堡村人。1980年实行生产责任制以后，担任该村党支部书记。他曾多次组织村干部和群众

商讨绿化家园的设想，制定了"清理灌木丛，用材林"的规划。1978—1979 年，组织全村群众，在全村最长的一条沟——马圈沟栽上了高杆杨。以后，每年绿化一条沟，成活率达到了 90% 以上。1981 年，黄海抽出 10 亩上等地，建起了村办苗圃，定植高杆杨 5.2 亩、插条 4.8 亩，每年除满足本村的秧苗外，还为其他村庄提供 3000 株大秋秧和一万条插条。经过多年治理，红土堡村森林覆盖率达到 65%，5 条较大的沟壑林木茂盛、绿树参天，木材蓄积量达到 910 立方米。

强 厚

强厚，山西省右玉县欧家村乡欧家村人。从 1976 年开始做护林工作，几十年来，他风里来雨里去，守护着全乡 4 万多亩森林。他不徇私情，工作认真，被人们誉为"绿色包公"。哪片林被牲畜啃了，或是被人盗了，他就跟踪追查，有时一连几顿吃不上饭，一连几天睡不好觉，直至水落石出。只要是破坏了林木，不论是亲戚还是朋友，一律按规定处罚。后来，在他管护的范围内，再未发生盗伐和牲畜啃树现象。

韩 祥

韩祥，山西省右玉县杀虎口乡马营河村人。先后任欧家村公社主任、右玉县林业局副局长兼右玉苗圃主任。1984 年分管右玉苗圃工作后，始终坚持两个文明建设一齐抓，不断完善生产经营承包责

任制，极大地调动了职工的生产积极性，生产出高质量的多种苗木。1990年人均纯收入1万元，1991年超过2万元，在全省同行中名列前茅。右玉苗圃不仅满足了本县的造林用苗，还向东北、内蒙古、陕西等地提供了苗木。1990年，一年就出圃三年生樟子松100万株，价值10万元，使右玉苗圃成为全省的一类苗圃。韩祥1989年出席了省劳模表彰大会，1990年受到林业部的表彰，右玉苗圃被评为省级文明单位，被省绿化委员会授予绿化先进单位称号。

谢　福

谢福，山西省右玉县李达窑乡薛家堡人。1982年至1989年在右玉县林业局从事宣传工作。其间，在中央和省、地、县报刊上发表关于林业方面的新闻报道和科技文章100余篇，被山西省《绿色天地》编辑部、雁北日报社聘为特约通讯员。1989年调到欧村乡林业站，从事林业技术工作，开始协助乡政府规划老墙框后万亩针叶树造林工程，并负责万亩造林工程的技术指导和管理工作。3年共完成造林8000亩，成活率达到60%。欧家村林业建设在全县农业大检查中，多次被评为先进，这与谢福所付出的辛劳是分不开的。

窦明礼

窦明礼，山西省右玉县白头里乡插门庄人。曾担任该村民兵连长、党支部书记。他在担任村干部期间，带领村民艰苦奋斗，先后在本村的西沟南湾、东湾、后梁林地营造大片林1200余亩。

在村前房后、道路两侧种植零星树 1500 余株，绿化道路 2 公里，封沟 5 条，治理面积 400 余亩，这些树木多数已长成了檩材或柱材。早在 1971 年，因林业达标，窦明礼就代表插门庄出席了地区劳模表彰会，此后他还多次受到上级的表扬和奖励。

裴生艮

裴生艮，山西省阳高县人。1957 年 3 月调到右玉工作，历任团右玉县委书记，右玉公社主任、书记，右玉县农工部部长，右玉县财委主任等职。1956 年，在大仁县工作时，曾出席在延安召开的五省青年造林大会。来右玉后，积极响应县委、县政府的号召，发动全县青少年参加植树造林。在此期间，共营造"少年林""红领巾林""青年林"300 多处，面积为 1.5 万亩。1958 年代表全县青年发出"绿化万里长城内侧"的倡议，并担任副总指挥，在右玉县境内 90 多公里的长城内侧营造林带，按时完成了任务。1983 年，参加绿化大同—杀虎口公路绿化领导工作，所植高杆杨成活率达 95%。

蔚 江

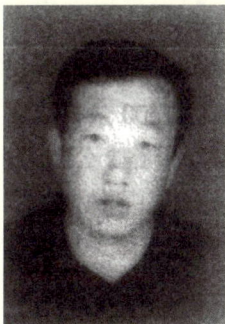

蔚江，山西省右玉县高家堡乡布村人。从右玉林校毕业后，在县林业局工作，1989 年调牛心乡林业站担任林业员。在林业局工作的几年中，负责全县植树造林的规划、设计、施工，跑遍了右玉的山山水水，共规划林地、指导造林 10 万多亩。调牛心乡林业站工作后，规划、设计了牛心乡大片造林工程，面积达 2360 亩。在他的具体指导下，造林质量明显提高。次年又组织了牛心村南河湾百亩杨树丰产林的营造，成活率达到 95%。他还十分重视护林工作，为全乡 24 个自然村选拔了护林员，建立了乡护林协会、护林小分队，制定了护林奖惩制度。1989 年冬，亲手查处了 21 起毁林案件，罚款 1440 元，刹住了毁林歪风。

潘日成

潘日成，山西省右玉县元堡子乡红教村人。1977 年 10 月从山西省林校毕业后，分配到右玉县林业局工作，先后担任技术员、林业站站长、林业局副局长、林业局书记等职，从事林业工作 12 年。他一心扑在右玉的林业建设上，勤勤恳恳、任劳任怨，先后规划、设计了贾家窑山、段家山、四道岭、五道岭一线山川的县级机关干部职工万亩针叶树造林工程，大南山、小南山万亩重点造林工程，桃山县级机关造林工程，七连山万亩樟子松重点造林工程；参与了破虎堡公社苗圃、李达窑公社苗圃、杀虎口公社苗圃的选址、规划、建圃、育苗等工作。在任威坪乡书记期间，大抓全乡植树造林工作，兴建了威坪乡西湾苗圃，培育樟子松、油松、落叶松树苗 100 余万株，新品种杨树育苗 200 余万株。绿化了常门铺、张千岭两个村庄，栽植了高杆杨 2 万余株，使村庄、道路、农田掩映在绿树之中。潘日成在从事林业工作的 12 年间，每年都要亲自检查验收全县的重点造林工程和各乡镇的一般造林任务，为右玉的林业建设立下了汗马功劳。多次被雁北行署、省林业厅评为林业战线先进工作者。1984 年，山西省劳动竞赛委员会授予他三等功一次。

媒体关注

践行科学发展观的楷模

——山西右玉科学发展 60 年

"右玉精神"是建立在为子孙后代而持续发展的科学生态模式上，它不仅是我们党创立集体领导形象的典范，也是个体建树群体、党员建树政党、干部建树国家的无私奉献和艰苦奋斗精神，更是践行科学发展观的生动实践。这种精神，塑造了共产党人立党为公、执政为民的时代楷模。

60 年来，右玉这场为生存而奋斗的特殊"接力赛"，虽然不同年代有着不同的特点，但主题只有一个，那就是"换届不换方向，换人不换精神，一任接着一任干，一张蓝图绘到底"。从 20 世纪 50 年代的"哪里能栽哪里栽，先让局部绿起来"到 60 年代的"哪里有风哪里栽，再把风沙锁起来"，从 70 年的"哪里有空哪里栽，再把窟窿补起来"到 80 年代的"适地适树合理栽，再把三松引进来"，从 90 年代的"退耕还林连片栽，绿色屏障建起来"再到 21 世纪的"乔灌混交立体栽，山川遍地靓起来"。在这一史无前例的"绿色长征"中，不论是解放初百废待兴的恢复期，还是大炼钢铁、"大跃进"的冒进期，不论是以"阶级斗争"为纲的"文化大革命"极左时期，还是有水快流的改革开放初期，右玉历任领导班子始终从县情实际出发，咬定青山不放松，排除一切干扰，把植树种草、改善生态作为全县的头等大事，带领干部群众摸爬滚打在栽树的第一线，顽强执着地为右玉大地披绿增翠，全身心地为右玉人民和子孙后代造福谋利。

　　一个地方，一年做一件事不难，难的是 60 年如一日地做同一件事；一个班子念一本经不难，难的是历任班子同念一本经。右玉县 18 位书记并不是从狭隘的个人政绩观出发，而是把植树作为右玉人民的长远利益，作为党的利益、政府的政绩，所以他们一任又一任地坚持。他们 60 年树立起来的是共产党人的崇高信念和不屈意志，树立起来的是党的形象和政府威信。

　　在南方 50% 的森林覆盖率算不了什么，但在风沙肆虐、十年九旱的黄土高原右玉，森林覆盖率达 50%，的的确确是创造了伟大的奇迹。右玉植树的初衷就是为了防风治沙、改善生存条件，它不仅没有直接的经济效益，而且每年还要投入大量的人力财力。右玉又是一个国定贫困县，可用财力十分有限，经常是有心栽树，无钱买苗。但是不管千难万难，右玉干部群众认准了一个理：怕难没有出路，穷熬不如苦干。60 年的艰苦创业，右玉能够把一块"不毛之地"建设成今天的"塞上绿洲"，靠的就是坚持不懈、矢志不渝的坚定信念。正是因为这一感人业绩，右玉 17 任县委书记集体荣获 "2007 山西记忆十大新闻人物"。

　　狂风能吹折树苗，流沙能掩埋树苗，却从未动摇过干部干事创业的坚强作风。无数次今天栽苗，明日沙埋；多少树今年成活，明年折。一场场播撒绿色同风沙吞噬绿色的"拉锯战"，磨炼了干部的意志，坚定了干部的信念，锤炼了干部的作风。广大干部负重前行，勇于进取，在失败中吸取教训，在成功中总结经验，带领群众发起一次又一次的绿化攻坚战。

　　植树造林，改善环境，这是右玉在实践探索中的历史选择。60 年来，右玉人民靠艰苦奋斗的作风、坚韧不拔的意志、坚定不移的信念，换来了半壁山川的林草覆盖，走出了一条"植树种草防风沙、发展畜牧富农家、生态建设增活力"的可持续发展道路。

　　右玉 60 年的奋斗史，是我们党执政为民的一个实践缩影，是对科学发展观的一个有力印证和诠释。60 年来，右玉人民前赴后继、艰苦奋斗，凝练形成了可贵的右玉精神。这种精神，植根于右玉人民自强不息、勤俭质朴的地域性格土壤中，生成于植树造林、改善环境的艰苦历程中，升华于今天执政为民、科学发展的生动实践中。

（载人民网 2009 年 1 月 7 日）

右玉县书记们的政绩观

谁都知道，种树是"投入多、见效慢"的"慢活"。"十年树木"啊！何况，像右玉这样自然条件恶劣的地方，只要不是"拔苗助长""大树进城"，一棵树要成材没有几个十年是不可能的。右玉书记们选择了种树，实际上是选择了"为官一任、造福一方"的理想，选择了"山河秀美、人民幸福"的信念，选择了"心忧天下、关爱百姓"的情怀。我想，如果为了个人政绩，右玉的书记们绝不会一任接一任地坚持、坚守，去为他人做"嫁衣裳"，干"后人乘凉"的"傻事"。而没有持之以恒的苦干，哪来今天的"久久为功"？右玉书记们可贵的政绩观令人钦佩，这和当今一些人为了升迁"进步"，热衷于创造政绩而急功近利、打快拳、搞短期行为，形成鲜明对比。

（载《人民日报》2010 年 8 月 10 日头版）

从"不毛之地"到"塞上绿洲"
——山西省右玉县 60 年植树造林纪实

一任接着一任干，一张蓝图不褪色。就这样，在右玉，绿色"接力赛"一棒接一棒地往下传，只有方法上的改进，没有方向上的偏差。而右玉的绿色发展蓝图又是具体的、与时俱进的。20 世纪 50 年代到 80 年代初是为了生存而绿化，20 世纪 80 年代到 20 世纪末，是为了发展而绿化，而现在，则是为了文明而绿化。

然而，风沙的淫威没有挫败右玉民众征服黄沙洼的决心。几年中，右玉人连续展开了二战、三战黄沙洼的战役。所有植树大军把工地当战场、以工地为食堂、让工地当课堂，干中学、学中干，和黄沙洼铆上了劲！屡战屡败，屡败屡战，他们在教训和实践中总结出了树草结合、乔灌混植、以草护林、以林固沙的治理办法。为了阻止风沙把树苗掩埋，他们在流动沙丘上，把庄稼秸秆打成结，铺在沙丘上面，然后在沙丘顶部密植造林，坚持先固风沙，后造林带，逐步控制，多年连片。通过 8 年的探索和努力，肆虐的风沙终于低下了头，黄沙洼治理成功！

（载《人民日报》2010 年 8 月 9 日头版）

可贵的 60 年 "绿色接力"
——山西省右玉县坚持植树造林、加强生态建设纪实之一

确实，走进右玉，就走进了无边无际的绿色。满目皆绿，碧野清风，让人很难想象这里曾经黄沙蔽日。是右玉人对绿色的执着，创造了今天的绿色奇迹。正如现任县委书记陈小洪所说："右玉的绿化成果，是大自然逼出来的，是共产党人带出来的，是右玉人民干出来的。"

右玉县南山公园的高地上，耸立着一座纪念碑，造型是 "人" 形的树干上蓬勃生长着红、黄、蓝、绿四棵参天大树，寓意是人民群众的力量托起了满山苍翠。纪念碑的基座上刻着历任县委书记、县长和 118 位普通干部群众的名字。

从中华人民共和国成立至今，右玉已经迎来了 18 任县委书记、17 任县长，他们每一位都是种树能手。从 "哪里能栽哪里栽"，到 "哪里有风哪里栽"，再到 "哪里有空哪里栽"，直到如今的 "山川遍地靓起来"，植树造林成为右玉县历届领导班子坚持不懈的 "要务"。

然而，在高寒缺水的沙地上种树，谈何容易！树木的成活率

227

异常的低。往往刚抽芽就被大风卷走，被黄沙掩埋，甚至被严寒冻死。在那些艰苦的岁月里，曾有来访的外国专家建议右玉举县迁徙，放弃这个"不适合人类居住"的地方。但右玉人不答应。他们说：我们要守护这一方土地。他们用秸秆固定沙坑，用河泥包裹树根，死一棵就补一棵。全县齐动员、男女都上阵，到很远的地方取水、取泥，像呵护孩子一样呵护每一棵小苗。栽三年、扶三年、勤浇勤护又三年，就这样一棵一棵地将绿色染遍了山头和田野。

而植树也早已成了右玉人生活的一部分。每年春秋两季，右玉都会组织全县植树活动。各单位都有自己包片的林场，这些年个人包山绿化的也越来越多。小孩子们从拿得动铁锹的时候就去种树。记者随意和右玉人攀谈起来，人人都能说出一套种树经。

一个地方一年做一件事不难，难的是六十年如一日同做一件事。一个班子出一套思路不难，难的是历届班子按照一张蓝图绘到底。"艰苦奋斗、自强不息、持之以恒、久久为功"的"右玉精神"传扬开来，感染和激励着越来越多的人。

事实上，"右玉精神"已经成为右玉人性格的一部分，在每一项工作中，每一个细节里，你都能感觉到它的存在。在右玉，所有政府建设项目的资金都得县直主管部门的干部自己先期想办法，建成后通过验收再拨款。选拔干部的条件就是：看谁能完成看似完不成的任务，看谁能用最少的钱办成最大的事。用县发改局局长黄庆和的话说："谁能干成让谁干！谁能干好就给谁更大的舞台！"

大自然是奇妙的，当生态环境改变的时候，生物会自然地随之变化；而当人文环境形成的时候，每一个进入其中的人也会悄然改变。不只是18任县委书记，不只是右玉的干部群众，就连这两年陆续进入右玉的投资者和企业家们，也深深融入了右玉艰苦创业氛围，成为这支艰苦创业大军中的一部分。

（载《经济日报》2010年8月8日头版头条）

同心共建绿色家园
——山西省右玉县坚持植树造林、加强生态建设纪实之二

漫山的苍翠，是右玉宝贵的财富。60年坚持不懈的植树造林，为右玉积累了丰厚的生态资源。保护这片绿色资源，丰富这片绿色资源，用好这片绿色资源，让这绵延不尽的绿色成为百姓享有幸福、安康的永续动能，彻底改变这里长期以来贫困落后的面貌，成为新一代右玉人不懈奋斗的新追求。

恶劣的自然条件决定了右玉树木品种比较单一，生态林占主体，经济林几乎没有。然而，单纯地种植生态林，只投入，不产出，虽然解决了生存问题，但经济发展一直比较落后。从20世纪80年代开始，随着松树的引进，改善了树种结构，也将林业资源的综合利用摆上了右玉的议事日程。如今，右玉人在思考：如何在保证生态资源不被破坏的前提下，向生态林要效益？他们找到了答案，就是推进生态二次创业，将生态建设产业化，发展林下经济，为百姓开辟增收致富路。

虽然地处高海拔高寒地带使右玉的农作物生长期长、产量低，但这里出产的荞麦、莜麦、豆类、胡麻等小杂粮和油料作物富含丰富的营养物质，品质优良，因此被许多企业"盯"上了。汇源集团在这里建起了沙棘果汁生产线，老字号六味斋来这里开发小杂粮，中大集团看中了这里的胡麻，建立起och—亚麻酸生产基地，而李达窑的优质燕麦、右卫镇的土豆、威远镇的蔬菜也因纯天然、无公害在市场上打响走红，并漂洋过海出口到了东亚地区。

2005年以来，右玉充分发挥体育休闲项目对旅游业的拉动作用，先后举办了三届生态健身旅游节，承办了全国汽车短道拉力赛、全国摩托车锦标赛等多项国家级体育赛。丰富的旅游项目、优美的自然环境、鲜明的文化内涵，去年为右玉带来了68.2万人次的游客。

夏如绿翡翠，冬似白玉石，来到右玉的游客无不为"塞上绿洲"的美景所陶醉，赞叹右玉是一块散发着人文之光的"美玉"。

右玉的生态旅游因独特的自然、历史、文化韵味，步入了快速发展的轨道。

右玉的煤炭资源已探明储量就有34亿吨。20世纪80年代，周边不少地方纷纷开挖小煤窑，迅速致富，但深知环境重要性的右玉人顶住诱惑，为子孙后代守住了这方资源。他们坚持不懈，一棵树一棵树艰难地进行着植树造林的事业。

直到近几年，随着生态环境的逐步改善和相关技术的成熟完善，右玉才开始引进大型煤炭集团，走出了一条煤电综合开发的循环经济发展之路。

绿色的右玉散发着与日俱增的吸引力，越来越多的投资者和企业前来落户，融入了这片振奋人心的绿色。

山西国际电力来了，国电华北电力来了……北京格瑞特、太原诚达等一批风电领域的龙头企业也陆续进驻右玉。"右玉的风是真有名啊！过去风沙蔽日，大风是大害，现在只有风没有沙，大风就成了宝贝。"看着在建的一个个风电场，66岁的王德功老人感慨万千。

"不管是风电还是煤电，我们都要把右玉的发电项目做成绿色项目。"山西京玉发电有限责任公司副总经理王刚说。

今年7月，在北京召开的首届中国低碳旅游建设峰会上，右玉县被评为中国低碳旅游示范基地。这一荣誉的取得，是对右玉人民历年来持之以恒改善生态环境的褒奖，更是对新一代右玉人坚持走科学发展之路，实现生态效益与经济效益双丰收的极大肯定。

右玉人用60年的坚守和创新证明，没有高耸的烟囱、没有遍地的煤窑、没有刺鼻的浊气、没有流淌的污水，靠绿树林海、牛羊成群、遍野清风、蓝天碧水，不仅同样能够走向富裕，还能走得更坚实。

（载《经济日报》2010年8月9日头版头条）

书写壮丽的绿色诗篇
——山西省右玉县坚持植树造林、加强生态建设纪实之三

　　朴实的右玉人肯干实干，不爱说道，但当说起种树，似乎每个人都有讲不完的故事，上了岁数的人更会撩起无尽的回忆——亲历 60 年与风沙争绿的奋战，其中的艰辛与成就感，自然格外刻骨铭心。随便指着哪一片绿色，他们都会说出那里曾留下哪一位县委书记的足迹，是哪一个党政部门包下来的，右玉人常常会由衷地说："今天的满目春色，是右玉县一任任领导班子带着大伙儿干出来的！"右玉创造的绿色奇迹，离不开历任县委领导班子矢志不渝的执政为民理念，离不开各级领导干部甘于奉献、不懈奋斗的优良作风。青山无语，只用满山的苍翠诉说着 18 任县委书记和广大党员干部造福一方的作为和贡献。领导干部带头，上下齐心协力，60 年的艰苦创业，书写出了壮美的绿色诗篇。

　　每到植树的季节，右玉的干部就自带干粮，自买树苗上阵了。他们不仅要栽树，还要包活。"记得 1983 年我还是个村干部的时候，到村里察看树苗，发现前年种的 270 棵苗死了 17 苗，咋办？自己从工资里省出钱买了 17 苗树，用自行车驮着就去补栽上了。还专门多花了些钱，买那种粗一点儿的、带根多的苗，好保活啊！"王德功说。

　　几十年来，仅右玉机关干部就义务造林 30 多万亩。有人算过一笔账：近 20 年来，右玉全县干部职工的义务绿化投入累计达4000 多万元，算上每年的义务植树捐款，人均 10000 多元。

　　右玉干部喜欢说，成绩是脱皮掉肉干出来的，是不畏艰难、不懈奋斗换来的。他们还说，好作风是领导抓出来的，也是领导带出来的。

　　张荣怀、马禄元、常禄、师发……右玉人提到这些老书记的名字，都会满怀崇敬地讲起他们率先垂范、真抓实干的故事，右玉的每一寸土地、每一片绿荫，都浸透着他们带领广大人民群众顽强拼搏、无私奉献的汗水。

231

"要树立吃大苦、耐大劳的精神，如果你怕困难、怕吃苦，那绝对搞不成。"马禄元当年的话，人们还记得。现年70岁的韩祥老人，见证了那段历史："在沙丘上种树，太难了、太苦了，但是只要干部努力，群众再苦也会跟上。那时候，干部总是冲在前面，干得好、种得多。"

"一个地方要发展，就得领导干部扑下身子干。"王德功说，"领导率先干，干部带头干，群众同心干。右玉的领导既是植树造林的组织者，又是劳动者。同吃、同住、同劳动，领导与一般干部一个样，干部与农民一个样。小南山那片林，最后被百姓叫做干部林、作风林。"

朔州市委书记田喜荣说，在当年极度恶劣的自然条件下，右玉人不是搬迁，就是改变环境。右玉人选择了守护自己脚下的土地，也就选择了植树造林、改善生态。以百姓的利益为利益，以群众的需求为需求，默默坚守，无怨无悔，这就是右玉领导干部朴素的政绩观。

右玉县历任领导班子之所以能够咬住生态目标不放松，60年种树不止，关键是他们心里始终装着人民群众的利益。

是的，来右玉不栽树，百姓不答应。半个多世纪的植树造林让右玉人认准了一个理：改变生存环境必须先改善生态环境。右玉人说，我们都有"绿色情结"——从小看着父母植树，长大后自己植树，生在右玉，不植树心里就不踏实！

正是右玉历任领导班子都能本着对人民、对历史负责的态度，不为眼前利益所惑，不计个人得失，多做打基础、利长远的事情，才有了今天秀美如画的新右玉。难怪右玉的人们爱说，那无边无尽的绿色，就是共产党人写在锦绣大地上的政绩！

（载《经济日报》2010年8月10日头版）

每一片绿色都是一块丰碑

—— 山西右玉60年植树造林系列报道之一

右玉人的植树造林之路走得并不平坦。他们面临三大难题：一是本地气候寒冷，往往是树苗还没长多少，就被冻死了。二是干旱少雨，土地贫，一棵树要经过三年的适应才能成活。三是风沙侵害，常常第一天栽下树苗，到第二天不是被大风刮走就是被黄沙掩埋。

面对这种状况，全县上下迎难而上，靠着一张铁锹两只手，展开艰苦卓绝的造林绿化"人民战争"。为了使树苗在黄沙地和碎石山头成活，人们挖开黄沙找新土，秸秆打捆堵流沙，出碎石换土层，栽不活树不罢休。经年累月，营造出一片片人工绿洲。

在科学理念指导下，顽强不屈的右玉人，在不同时期和不同地域，发起了一个又一个绿化战役，并且捷报频传。"哪里能栽哪里栽，先让局部绿起来""哪里有风哪里栽，要把风沙锁起来""适地适树合理栽，又把三松引进来""乔灌混交立体栽，绿色屏障建起来"……朗朗上口的科学口号，变成人们的行动指南，右玉大地上的绿色画卷不断铺展。

60年前，右玉人不懂得什么是"生态"，植树造林只是出于生存的需要；60年间，右玉人用自己的实践诠释了"生态"，创造了人与自然和谐共处的新的生态文明。右玉之路，就是一条可持续发展之路——没有高耸的烟囱、没有遍地的煤窑、没有刺鼻的浊气、没有流淌的污水，靠绿树林海、牛羊成群、遍野清风、蓝天碧水，同样能够走向富裕。

（载《光明日报》2010年8月7日头版头条）

一张蓝图绘到底

——山西右玉 60 年植树造林系列报道之二

所谓奇迹，就是不可能发生的事发生了。

山西省右玉县，在中华人民共和国成立后的 60 多年里，18 任县委、县政府领导班子，带领 10 万多右玉人民，矢志不渝，永不言败，吃大苦，耐大劳，一年四季植树造林，抗击风沙，建设家园，硬是把风沙肆虐、不宜人居的"不毛之地"变为风景秀丽的"塞上绿洲"，创造出一个现代版的"愚公神话"。

右玉绿化，也许是中华人民共和国成立后时间跨度最长、参加人数最多的一项工程。而且，这项工程还将继续下去。

郁郁葱葱 20 平方公里的南山公园全部是靠县级机关的干部捐款买树苗，40 多年义务劳动建起来的。这里最雄伟的建筑是"右玉绿化纪念碑"，上面刻着 17 位右玉历任县委书记的名字（现任书记还没有刻上去），纪念他们的理由是历任县委、县政府一班人，把绿化右玉、造福人民始终作为为官施政的第一要务，换届不换方向，换人不换精神，一任接着一任干，一张蓝图绘到底，拼死拼活搞绿化。

种绿就是种福。右玉 60 年的绿色接力，接续的是共产党员一心一意为人民群众谋福祉的公仆意识；接续的是实事求是，一切从实际出发的科学精神。

在这一史无前例的"绿色长征"中，最难能可贵的一点是不论形势如何变化，右玉历任领导班子始终从县情实际出发，排除一切干扰，把植树种草、改善生态作为全县的头等大事，带领干部群众摸爬滚打在栽树的第一线，顽强执着地为右玉大地披绿增翠，全身心地为右玉人民和子孙后代造福谋利。

一个地方，一年做一件事并不难，难的是六十年如一日地做同一件事；一个班子念一本经并不难，难的是历任班子同念一本经。右玉县历任领导在这片土地上留下了永远的绿色政绩，足可感天动地，昭前启后。

（载《光明日报》2010年8月8日头版）

新时代的愚公精神
——山西右玉60年植树造林系列报道之三

走进原始森林你可以感觉到大自然的神奇，但走进右玉的森林，你感觉到的是人的伟大。60年，右玉旧貌换新颜，这里的干部群众为此付出了巨大的辛劳、汗水乃至生命，其过程之曲折艰难，如愚公移山般感天动地。

右玉县委常委、宣传部部长张祥说，右玉能够60年植树不止，主要是得益于艰苦奋斗这一优良传统在右玉一辈辈地传承下来。右玉很多干部在孩童时期就跟着父母栽树、抬水、拾树枝；上学以后，在老师的引领下植树；参加工作后，依然年年如此。一到植树季节都自觉自愿地全部出动，不讲条件，不计报酬。许多干部在办公室放着一把铁锹和一双胶鞋。人人挖坑、年年植树已成为为官的必修课、做人的修身路。

在右玉，当干部必须得吃苦。不吃苦就不是好干部，不吃苦群众就不认可你。干部们早已习惯了脚踏一双胶鞋、手握一把铁锹、与群众摸爬滚打在一起的野外生活。

右玉是国家级贫困县，干部的工资不高，为什么能作出如此奉献？右玉县委书记陈小洪说，右玉60年植树造林，靠着一张铁锹两只手，形成了苦干加实干、义务加觉悟、镢头加窝头的优良传统。在潜移默化中，干部们已形成了一种习惯和自觉。

右玉的每一棵树，都有一个故事。她发芽抽枝勃发成长，同时也孕育成长为一种精神。右玉的绿不是大自然赐予的，也不是拿钱买来的，而是靠艰苦奋斗、百折不挠、自强不息的右玉精神干出来的。

媒体关注

235

从乡干部到县政协主席，全程参加了右玉绿化各个战役的王德功老人说："右玉的绿，给右玉人民留下了丰厚的物质财富和精神财富。领导和群众的合力，形成了千万人的合力。右玉改天换地，促进了人与自然的和谐。而人与自然的和谐又促进了干群和谐。而干群和谐，产生的合力将越来越大，事业也会越做越大。"

（载《光明日报》2010年8月9日头版）

山西右玉：60年的绿色接力发展之路

把生态建设当作一场永不落幕的长跑比赛，山西省右玉县18任县委书记带领当地干部群众植树造林，60年来，这种从未间断的绿色接力，走出了一条绿色发展道路，书写出黄土高原上的生态奇迹。

60年来，右玉150万多亩森林，每一棵树都是人工栽植的，森林覆盖率由解放初的不到0.3%提高到现在的50%，近90%的沙化土地得到治理。60年来，右玉共经历了18任县委书记和17任县长。他们一任接一任持之以恒植树造林，右玉县先后被评为全国绿化模范县和国家级生态示范区。

（中央电视台2010年8月6日《新闻联播》头条新闻）

山西右玉：六十年的变与不变

60年坚持不懈地植树造林让原本风沙漫天的山西右玉县山变绿，人变富，但始终不变的是艰苦奋斗、自强不息的精神。正是凭借着这种矢志不渝的精神，右玉实现了一次次的新跨越。

60年坚持不懈的植树造林，右玉的生态环境呈现出一增一减的巨大变化，降水量比周边地区平均高出30多毫米，而沙尘天数比中华人民共和国成立初减少了一半。生态旅游如今成为右玉的一大品牌。60年来积累的这片绿色不仅成为当地最大的财富，而且已经开始回报右玉人民。目前全县牲畜饲养量超过了70万只，汇源果汁、六味斋、中大科技等大型企业纷纷落户这片绿色的土地。2009年，右玉县可持续发展增长速度位居山西全省第一。

（中央电视台2010年8月7日《新闻联播》头条消息）

右玉精神谈·看右玉怎样诠释以人为本（一）

为老百姓生存而绿化，为老百姓发展而绿化，为老百姓的文明生活而绿化。各个历史阶段虽然面临的问题不同，但以人为本、勤政为民的执政理念没有变。从人民群众的根本利益出发来谋发展、促发展，是右玉县贯彻落实以人为本、勤政为民思想的永恒主题。右玉把"以人为本"写在了大地上，写在了老百姓心坎上。实践证明，我们"执政"只要"为民"，就会有无穷的智慧和力量；只要把百姓的事情当作自己的事情做，不管多大的困难也都能克服。

（载《山西日报》2010年8月30日A1版）

右玉精神谈·像右玉那样坚持不懈（二）

坚持不懈始于坚定的决心。没有一种对事业成就的强烈追求，右玉就不可能由"不毛之地"变身"塞上绿洲"。右玉人认准绿化这条道，硬使90%以上的沙化土地得到治理，与其说是环境迫从，不如说是当地人愚公移山般的坚强意志使然。

坚持不懈源于十足的信心。尽管右玉栽树难于其他地方，但

237

"人一之我十之"，耕耘十分终能收获一分——惊人的信心竟然这样艰难确立！

（载《山西日报》2010 年 8 月 31 日 A1 版）

右玉精神谈·向右玉学习艰苦奋斗（四）

那时，右玉县植树似乎是个"悖论"：这里特别需要植树，以茂盛的森林抵挡风沙的侵袭；但这里过低的气温、干旱的气候、沙漠化的土壤却很难植树。摆在右玉面前的有两条路，一是选择向大自然屈服。植树难，就另觅他途。一是选择迎难而上，再苦再难也要植下去。众所周知，他们选择了逆势而上、不屈不挠的奋斗。是信念、是勤奋、是艰苦奋斗的精神，让右玉跳出了那个非常需要植树却非常难植树的"悖论"，成就了今日新右玉。

我们必须像右玉植树那样不怕困难，不畏艰险，锐意进取。尤其是领导干部要做艰苦奋斗的模范，以寝不安席、食不甘味的责任感，以自觉奉献的实际行动，带领广大群众同心同德，不断克服发展道路上的艰难险阻。因此，我们学习右玉精神，尤其要学习右玉艰苦奋斗的精神。

（载《山西日报》2010 年 9 月 2 日 A1 版）

右玉精神谈·把右玉精神化为真抓实干行动（五）

离开了真抓实干、狠抓落实，再好的决策也只能在文件中沉睡，任何宏伟的蓝图只能是空中楼阁，任何美好设想只能是纸上谈兵。而埋头苦干，创造条件，再难的事情也能办到。右玉人正是靠实干精神，用一把铁锹两只手，"挖开黄沙找新土，刨开碎石换土层，捆住秸秆堵流沙"，一棵一棵把树栽活，办到了常人办不到的事。

"一步实际行动胜过一打纲领"。我们看到，右玉60年的植树过程中，县党政机关干部总是冲在最前面，主动带头义务植树并且专挑最难的地方栽，也正是领导干部的率先垂范，焕发了右玉广大群众高涨的植树热情。毋庸置疑，领导干部作风如何，关键看是不是真抓实干了，能不能务求建设发展之实效。

（载《山西日报》2010年9月3日A1版）

右玉精神谈·拿什么保证学习的成效（七）

有人问过右玉的一些干部群众，今后你们不植树行不行？答曰：不行。又问：县领导不带领群众植树行不行？又答曰：恐怕还是不行。为什么不行？就是因为右玉植树造林有其内在的积极性、内生的动力，同时也在长期的植树造林过程中形成了一种"不得不植树"的激励机制。因此，要干成干好一件事，既要发挥好调动好人的主观能动性，也要建立这样的"不得不……"的机制。凡事都能做到"不得不"干，大概就离成功不远了。

学习右玉精神是思想的洗礼，更是生动的创新创业实践。学习右玉精神，就是要学习其不屈的奋斗精神，而不是胶柱鼓瑟，生搬硬套。要把学习右玉精神与本地实际结合起来，大胆创新，建立起一套能够促进工作上台阶的有效制度机制，真正把干部群众干事创业的积极性调动起来。

（载《山西日报》2010年9月5日A1版）

习近平谈落实重提"右玉精神"有何导向意义?

绿色铸丰碑

右玉精神70年

党员干部尤其是领导干部树立正确的落实观要坚决摒弃错误政绩观的影响,对于领导部而言,政绩观是导向、是方向、是指挥棒。右玉精神之所以引起人们关注,值得大家颂扬,引起中央领导的关注,就是因为右玉十八任县委书记都有一个科学的政绩观,他们不是为自己谋取一时之成绩、政绩、业绩,而是甘于铺路、甘于打基层、甘于为长远,而不是迷恋于轰轰烈烈的眼前利益、一时之壮观、短期之成效,他们把中央精神原原本本地贯彻执行到当前的实际工作之中,把当前老百姓的长远的利益摆在了至高无上的位置,因而,他们甘于在自己的任内平庸、没有重大的成绩、没有惊天动地的业绩、没有什么轰动效应,但是,60年的积累、60年的传承、60年的延续,他们每一任县委书记都创造了丰功伟绩,都得到了党和人民的认可,都得到了高度赞扬,在老百姓心中,他们是英雄,他们是优秀的党员干部,他们功不可没。这就是习近平所说的"功成不必在我"的理念和境界,注意防止和纠正各种急功近利的行为,不贪一时之功、不图一时之名,多干打基础、利长远的事。

学习右玉精神,强化执行力、确立正确的落实观,呼唤党员干部高度的从政自觉。落实就是执行,就是把中央精神真正贯彻落实到地方、基层、老百姓之中,就是把中央惠民政策、措施、精神传达到每个老百姓心中,就是把中央精神宣传到位、落实到位、执行到位,就是要把全国人民的思想意识高度团结在党中央周围,以形成一往无前的战斗力,取得各种建设、斗争的胜利。高度的从政自觉,是基于高度的党性修养,扎根于牢固的马克思主义理论素养,源于高度的使命感、责任感以及牢固的宗旨意识、大局意识、公仆意识,也就是以人为本执政为民理念的具体体现,也就是真正的"情为民所系,权为民所用、利为民所谋"。

(中国共产党新闻网 2011 年 3 月 17 日)

山西"右玉精神"生态文明的礼赞

有人戏言：右玉种活一棵树，比养大一个孩子还难！有人要生存要发展，首先必须改善恶劣的生态环境。60年来，右玉县委、县政府领导班子换了一任又一任，但兴林播绿这根"接力棒"没有换。

在领导的率先垂范下，右玉县机关干部也发展成为一支永不褪色的造林生力军。有人说，右玉的机关干部比其他地区的干部职工多一项任务——义务植树，手里多一样工具——铁锹。的确，他们作为右玉庞大植绿军团的指挥员、示范员、战斗员，既是改善生态的组织者、实践者，同时又是科学营林的探索者、推广者。

为了发挥党员干部的先锋模范作用，右玉力推"干部一线工作法"：实现了"领导在一线指挥、干部在一线工作、问题在一线解决、经验在一线总结、业绩在一线创造、精神在一线闪光"。

右玉经过几十年的不懈努力，山绿了、水清了、空气也清新了。然而，对绿有着特别"钻"劲的右玉人还不满足，他们对自己提出了更高的要求：打造生态精品工程！

（载《中国绿色时报》2012年3月22日）

右玉精神与党的群众路线

右玉位于山西省西北端，与毛乌素沙漠毗邻，自古以来风沙肆虐、寸草难生。中华人民共和国成立后，右玉人民在党的领导下，与大自然进行了英勇顽强的斗争，把一个一穷二白的不毛之地建成了草木葱茏、如诗如画的塞外绿洲，形成了以"执政为民、尊重科学、百折不挠、艰苦奋斗"为核心的右玉精神。右玉精神集中体现了立党为公、执政为民的群众理念，闪耀着群众路线的灿烂光辉，是我们进行群众路线教育实践活动的鲜

241

活案例和生动教材。

右玉人60多年的梦想，有变也有不变，不变的是通过植树造林改变生存环境的追求，变的是右玉人的思想观念、发展思路以及各个阶段植树造林的具体措施和目标。从为生存而种树到为发展而种树，再到为建设生态文明而种树，60多年来，右玉人在党的领导下，以坚韧不拔、顽强不屈的毅力，追梦、圆梦终使梦想成真。右玉精神承载着右玉群众的梦想，为我们党员干部特别是领导干部进行群众路线教育实践活动提供了深刻的启示。

右玉人之所以取得了历史性的成就，关键在于党员干部确立了正确的事业观，他们以功成不必在我的胸怀，默默地做着打基础、利长远的工作，坚持不懈、久久为功，为右玉人追梦、圆梦筑牢了坚不可摧的基石，表现出了无私奉献的高尚追求和崇高品格。

右玉精神体现的以人为本、心系民生的公仆精神，百折不挠、坚持不懈的执着精神，尊重规律、求真务实的科学精神，与时俱进、开拓创新的时代精神，艰苦奋斗、公而忘私的奉献精神，同心同德、万众一心的团结精神，所有这些精神，都蕴含着、彰显着伟大人民群众的力量。这是右玉精神的根本所在，也是右玉奇迹产生的根本原因。在群众路线教育实践活动中，在推动改革发展的伟大实践中，要始终正确对待群众，永远相信群众，坚决依靠群众。

右玉的各级党组织之所以有凝聚力、战斗力，就是因为他们始终站在人民群众的立场上谋事干事，同人民群众心连心、同甘苦、共命运。因此，在群众路线教育实践活动中，要把立场问题作为第一个重要的问题，作为解决党员干部特别是领导干部存在的突出问题的总开关、总钥匙。要使广大党员干部对人民有感情、有爱心、有忠心、有诚心，把人民放在心中的最高位置，把人民群众的期盼作为最高价值追求，坚持不懈地为人民谋利益，不断满足人民群众的生存需求、发展需求、幸福需求。

右玉奇迹的创造，充分说明团结就是力量，团结就是胜利，团结就是生产力。群众路线贯彻得好不好，最显著的标志就是看能不能有效地把群众动员起来、组织起来、凝聚起来、团结起来。因此，我们的党员干部特别是领导干部要对群众有敬畏之心，充分认识到群众力量的强大，就要有引领群众前进的能力和本事，就要有崇高的境界和优良的品德。

（载《光明日报》2013 年 9 月 5 日）

礼赞"久久为功"的政绩观

以人为本、执政为民是右玉县委书记们政绩观的根本价值追求。60 多年来，历任县委书记始终坚持党的根本宗旨，把人民群众的根本利益作为谋划发展的出发点和落脚点，是解决群众的生存问题、温饱问题，再是解决群众的富裕问题、幸福问题，始终热爱人民、忠于人民、尊重人民、依靠人民、为了人民，把人民拥护不拥护、高兴不高兴、满意不满意、答应不答应作为政绩的根本评判标准，充分体现了大仁大爱的公仆意识和为民情怀。他们用自己的实际行动，诠释了以人为本、执政为民的政绩追求，书写了科学发展观和正确政绩观。

坚持不懈、久久为功是右玉县委书记们政绩观的鲜明品格。"不经一番寒彻骨，怎得梅花扑鼻香。"面对风沙弥漫、荒漠遍布极端恶劣的自然环境，右玉县的领导干部带领人民没有逃避和退缩，而是知难而进、迎难而上，用坚韧不拔的意志、顽强不屈的毅力植树造林、防风固沙、改善生态。历任县委书记目标不改、痴心不变，换届不换方向，换人不换精神，一任接着一任干，在长达半个多世纪的艰苦创业历程中，带领群众披荆斩棘、历尽磨难，黄沙洼逐渐变成绿山冈，横行的黄风变成了缕缕清风，正所

243

谓"年年立业是公仆，久久为功尚风流"。他们清楚地认识到，在右玉种树，投入多、见效慢，一棵树要成材往往需要几十年，这是在做前人栽树、后人乘凉的事。他们自觉选择了种树，就是选择了"为官一任、造福一方"的理想，选择了"山河秀美、人民幸福"的信念，选择了"心忧天下、关爱百姓"的情怀。

艰苦奋斗、勇于奉献是右玉县委书记们政绩观的政治本色。"艰难困苦，玉汝于成。"60多年来，右玉县的领导干部带领人民面对恶劣的自然环境，不怕吃苦，不怕牺牲，舍小家，为大家，战天斗地，攻坚克难，每一棵树都浸透着他们的汗水，每一片林都熔铸着他们的心血，不知有多少人把青春和生命奉献给了这片土地。历任县委、县政府领导同志都把带领人民植树造林作为自己的责任和使命，胸怀长远、干在脚下，不图显赫的政绩，不谋当下的形象，愿作人梯，甘当铺路石，表现出了无私奉献的高尚追求和崇高品格。

（载《求是》杂志 2014 年第 2 期）

65 年造林不止，森林覆盖率从 0.3% 到 54%
——右玉守绿

右玉种树最难是缺水。肩挑马驮提水上山，常常一担浇下去，瞬间就没了影，树苗枯死更是常事，反复浇水好几次才能成活。在右玉种树，付出九分才会有一分收获。为了治理黄沙洼，右玉县干部群众用了整整八年：头两年，干部群众几千人在沙地不停歇地种树，结果辛苦种下的树不是被大风连根刮起，就是被黄沙掩埋，最后只活了几棵。后来，采取乔灌固沙的办法，大面积种植沙棘、柠条、草木樨等耐寒固沙植物，林草结合、立体种植，才实现了"绿龙锁黄沙"。

右玉造林离不开党员干部身先士卒，铁锹、卷尺、剪刀是他们的"标配"——挖土坑、量深浅、剪枝条，大家全在风沙地里忙活，人晒得黝黑，汗水和着泥土沾在脸上。

干部吃苦、群众使劲，就这样，一个眼看着要被沙漠吞掉的地方竟然在全省率先实现了绿化达标。

（载《人民日报》2015 年 5 月 25 日头版头条）

接力 60 年，沙漠变绿洲
——山西右玉的绿色发展之路

在水土丰美的江南，长棵树不算什么，可是在右玉，种活一棵树，比养大一个孩子还难！就说两任县委书记苦战 8 年的黄沙洼吧，这原是右玉县城东北的一道 4 公里宽 10 公里长的沙丘，年复一年，沙丘步步向县城逼近。从 1956 年 4 月起，第四任县委书记马禄元带领千余人，在风口地带栽树抗击风灾。可是头一天栽下的树，第二天就被刮出了根。上千人栽了两年树，只活了几棵。巨大的打击没有吓退右玉人，经过二战、三战黄沙洼，到 1964 年，终于让风沙止步，山川披绿。

凭着"敢教日月换新天"的信念，右玉全县 120 多个机关和事业单位先后营造了文教林、政法林、财贸林、宣传林等十几个造林基地，绿化面积 30 多万亩。

为了发挥党员干部的先锋模范作用，右玉力推"干部一线工作法"："领导在一线指挥，干部在一线工作，问题在一线解决，经验在一线总结，业绩在一线创造，精神在一线闪光"。

为提高树苗成活率，他们探索建立起规范严格的工程管理机制：当年预付 30% 树苗款，秋后验收成活率达到要求的再付 30% 工程款，第二年秋季成活率合格的再付余下的款。

60 多年的植树造林让右玉人认准了一个理：改变生存环境必

须先改善生态环境。右玉人从小看着父母植树，长大后自己植树，生在右玉，不植树心里就不踏实！

怎样将绿色魅力尽量发挥，让绿色资产更多惠及百姓？右玉县坚持"生态立县、旅游活县"的理念，深度融合生态、旅游优势资源，通过举办各种生态旅游节、文化节，加强基础设施建设等工作，努力打造山西省生态旅游基地和北方避暑胜地，生态旅游产业得到快速发展。

（载《人民日报》2016 年 6 月 19 日头版）

弘扬"右玉精神" 建设美丽中国

在右玉，曾经"栽活一棵树，比养活一个娃还难"，但在党的团结带领下，干部群众始终保持迎难而上、艰苦奋斗的干劲，以"敢教日月换新天"的豪情与斗志，创造了气壮山河的绿色奇迹。事实证明，只要干部群众团结一心、埋头苦干，就没有克服不了的困难。推动形成绿色发展方式和生活方式，任务艰巨，涉及环境污染综合治理、生态保护修复等方方面面，不仅要求领导干部勇于担当，也需要每个人都行动起来，以实际行动做生态文明建设的践行者、推动者，才能形成攻坚克难、共同参与的合力，让中华大地天更蓝、山更绿、水更清、环境更优美。

（载《山西日报》2017 年 6 月 22 日头版）

山西右玉：近七十年生态立县借助森林音乐会交出完美答卷

9 月 5 至 6 日，由中共山西省委宣传部、中共朔州市委、朔州市人民政府主办，山西演艺集团、中共朔州市委宣传部、中共右玉县委、右玉县人民政府承办的"绿色的旋律——2018右玉森林音乐会"在山西省右玉县南山森林公园成功举办。本次音乐会旨在深入贯彻习近平总书记考察调研山西重要指示精神和关于学习弘扬右玉精神的重要批示,宣传"绿水青山就是金山银山"的发展理念,在扎实推进生态文明建设的同时打造中国有影响的音乐品牌;并借助此次音乐会,充分展示和诠释右玉县生态立县决策的正确性和前瞻性。这一场旷日持久的绿色革命,是县委书记们的接力赛,更是全县人民的马拉松,右玉干部群众70年众志成城,砥砺奋进,合力交出了一份完美的绿色答卷。目前,右玉县已获得"国家水土保持生态文明县、国家生态文明建设示范县、国家可持续发展示范区、最值得向世界推荐的旅游县、绿水青山就是金山银山实践创新基地"等众多项殊荣。并于今年的8月8日,由山西省人民政府批准退出国家级贫困县行列。

今天的右玉,山清水秀,绿海荡漾,成为一方生态文化旅游的胜地,一块环境宜人、充满活力的创业热土。在右玉精神的有力指引和持续推动下,右玉将坚定不移加大传统产业的转型发展力度,围绕提升绿水青山品质、共享金山银山成果的主题主线,大力实施全民致富和旅游兴县"两大战略",巩固提升脱贫成效、决胜全面建成环境好、产业忧、人民富足的小康社会,在绿风绿韵的浩歌中谱写出新时代中国特色社会主义右玉的华丽篇章。

(载《经济日报·中国县域经济报》2018年9月7日)

党的领导视角下的"右玉精神":内涵与启示

习近平总书记先后5次对右玉精神作出重要批示和指示,极为罕见,这是对右玉奋斗史的充分肯定,饱含着对右玉人民的深情关怀。回顾右玉精神形成的历史背景和科学内涵,我们可以看到,右玉精神是右玉历届县委、县政府带领全县人民在70年来植树造林、防风治沙的实践中形成的一种时代精神，也是党的光荣传统和优良作风在新时期的表现和升华，是创造辉煌事业必不可少的奋斗精神和负重奋进的创业精神，也是党的宗旨意识和马克思主义群众观的真实体现。

（一）右玉精神体现了人类应对大自然挑战的高贵品质。奋斗是中华民族的光荣传统，是中国共产党人的宝贵品格，也是人类在面对自然挑战时的高贵品质。右玉精神的可贵之处体现在，在困难重重之下经过人工栽植把一片不宜人类居住的荒漠之地变成了塞上绿洲，创造了一个黄土高原高寒冷凉区生态建设的人间奇迹。

在人类社会发展的长河中，人与自然的关系是最基本的，是最根本的矛盾对立统一体。人类虽是能够创造世界万物之灵长，但同样也是自然界的产物。大自然是人类生存的依托、永远的家园。人与自然是相通相依的，要和谐友好相处，协调一致，才能达到一种平衡。勤劳质朴的右玉人民，面对风沙肆虐的贫瘠山川，面对生存家园脆弱的生态环境，没有任由自然"主宰"，屈服于命运的驱使，止步于发展甚至重返原始状态，而是展示出了战天斗地、坚持不懈的宝贵精神，不断应对来自各方面带来的困难和挑战。右玉精神让我们看到，改变恶劣的自然环境，人类并非无能为力、无所作为，通过迎难而上、艰苦奋斗的韧劲，通过"坚持科学、按客观规律办事"的科学精神，人们可以让昔日穷山恶水得到极大改善。

右玉精神是中国人民积极迎接大自然挑战的一个缩影，是中国共产党领导人民群众旷日持久、艰苦卓绝与恶劣自然条件做斗争的一个缩影。凡是在科学改造自然和社会的人类活动中创造出不朽业绩的人群，都是值得全人类尊重和敬仰的。从这一意义上看，右玉精神不仅仅属于右玉，她是新时代全党的精神，是新时代伟大的中国精神，也是让全世界肃然起敬的人类精神。新时代，讲好右玉故事，就是讲好中国共产党的故事，就是讲好中国故事，就是讲好全人类最宝贵品质的故事。

（二）右玉精神体现了党的领导的强大力量。办好中国的事情，关键在党。中国共产党的坚强领导是中国实现社会主义现代化的根本保证，是维护中国国家统一、社会和谐稳定的根本保证，是把亿万人民团结起来、共同建设美好未来的根本保证。这是中国各族人民在长期革命、建设、改革实践中形成的政治共识。

70年来，右玉各级领导班子始终坚持全心全意为人民服务的宗旨，始终把解决民生问题作为发展的核心，先是解决群众的生存问题、温饱问题，再是解决群众的富裕问题、幸福问题，自始至终把人民群众的根本利益作为谋划发展的出发点和落脚点，热爱人民、忠于人民、尊重人民、依靠人民、为了人民，充分彰显了中国共产党党员干部的大仁大爱和高尚的为民情怀。70年来，右玉人民对中国共产党的感情之所以那么深，就是右玉的共产党人在任何情况下都没有丢掉共产党的党魂，都一直保持了共产党人的精气神。

右玉故事用70年的实践告诉我们：中国特色社会主义最本质的特征是中国共产党领导，中国特色社会主义制度的最大优势是中国共产党领导；右玉干部用实际行动回答了这样一个问题：中国共产党的执政权力是人民群众赋予的，人民群众的利益就是最大的利益。右玉精神能够在近70年绿化事业的推进中孕育形成和传承弘扬，就证明它具有很强的生命力。这一生命力的源泉就在于，党的领导和执政反映了人民群众内心的呼声，符合人民群众的切身利益。右玉精神由此成为我们党的性质、宗旨、优良传统和执政理念在新时期的集中体现。

右玉精神进一步提示我们，中国共产党是一个先进的政治组织，不是政权组织，不是经济组织，不是社会组织，党在抓经济建设的时候千万不能遗忘了自己作为政党组织的基本职能，要会算政治账。要善于通过为人民掌好权、管好权、用好权，有效巩固扩大党执政的阶级基础和群众基础，有效赢得越来越多人民群众的信赖支持，有效形成党的强大凝聚力向心力。

（三）右玉精神体现了党内政治文化的深厚滋养。文化是一

249

个国家、一个民族的灵魂。文化兴则国运兴，文化强则民族强。中国共产党长期革命和建设的实践揭示，文化润泽心灵、滋养精神、引领风尚，一个政党的兴旺发达，离不开先进政治文化的支撑。

按照制度建设的一般逻辑，应该是先有制度安排，而后逐渐形成文化。但右玉故事并非如此。70年来，右玉历任县委书记面对各种各样的困难，没有怨天尤人，没有消极无为，而是选择了"心忧天下、关爱百姓"的情怀，硬是凭着一颗火热的亲民之心，浓浓的亲民之情，把改变山河面貌、让群众过上好日子作为一项不变的追求。右玉的历任县委书记，没有更多的"新官上任三把火"，没有更多地考虑个人的政绩，坚持做慢活、累活、苦活，甘为他人做"嫁衣裳"，干"后人乘凉"的"傻事"，绿色"接力赛"一棒接一棒地往下传，只有方法上的改进，没有方向上的偏差。右玉的上述许多做法原本并没有太多制度安排层面的东西，这其中就是一种无形的精神和文化层面的力量在起作用。

从右玉精神中折射出的是中国共产党党内政治文化的深厚滋养和强大力量。中国共产党不仅有对马克思主义政治规律的高度自觉，而且在中国革命和建设的伟大实践中，创造性地培育了党的优秀政治传统和政治文化。在右玉的这片土壤上，党内政治文化充分发挥了正面的导向、激励、约束功能，忠诚老实、光明坦荡、公道正派、实事求是、艰苦奋斗、清正廉洁等价值观在干部队伍中得以大力倡导和弘扬，良好政治生态的土壤不断培厚。

右玉精神展现了中国共产党思想建设的凝聚力和战斗力，展现了中国共产党思想建党和制度治党同向发力的独特优势。当我们把良好的党内政治文化内化为全党的内心信念，外化为全党的行为自觉，我们就必定能够通过思想建党与制度治党的结合和统一，实现制度建设与文化建设的良性互动，最终把这种文化沉淀为全党的政治自信和政治定力。

（载《前进》杂志 2019 年第五期）

"右玉精神"的三个启示

"要牢固树立绿水青山就是金山银山的理念，发扬'右玉精神'，统筹推进山水林田湖草系统治理，抓好'两山七河一流域'生态修复治理，扎实实施黄河流域生态保护和高质量发展国家战略，加快制度创新，强化制度执行，引导形成绿色生产生活方式，坚决打赢污染防治攻坚战，推动山西沿黄地区在保护中开发、开发中保护。"习近平总书记在山西考察时的重要讲话引发社会各界热烈反响。

树牢"全心全意为人民服务"的宗旨观。中国共产党的宗旨是全心全意为人民服务。"人民对美好生活的向往，就是我们的奋斗目标"。右玉精神的首要一点，就是始终坚持以人民对美好生活的向往为奋斗目标，任风沙反复刮、困难比天大，70年初心不改。右玉地处毛乌素沙漠的天然风口地带，是一片风沙成患、山川贫瘠的不毛之地。从新中国成立之初开始治沙造林，一张蓝图、一个目标，县委班子一任接一任，率领全县干部群众坚持不懈，用心血和汗水绿化了沙丘和荒山，现在树木成荫、生态良好，生活水平和质量节节攀高。老百姓记着他们、感激他们，自发地为他们立碑纪念。坚定"全心全意为人民服务"的宗旨观，一心为了实现和维护人民利益，就能不惧前进征途上的各种"风沙"阻挡，战胜任何风险挑战。

树牢"功成必定有我、功成不必在我"的政绩观。一张好的蓝图，只要是科学的、切合实际的、符合人民愿望的，就要锚定不放，持久奋斗。右玉历届县委不断"烧旺旧任的火"、认真"接好前任的棒"，走出了一条生态建设、人居环境、经济效益三者相得益彰、持续发展之路。认准一个正确目标，一走到底，久久为功、利在长远。每一位继任者都对前任的生态建设决策坚定不移执行，并不断进行提升、完善，换人不换方向，确保了生态建设决策上的连续性和科学性。中国从站起来到富起来再到强起来，就是一场"一棒接着一

251

棒干下去的接力赛"。实现"两个一百年"奋斗目标,早日圆梦民族复兴,更需要牢固树立"功成必定有我、功成不必在我"的政绩观,振奋接续撸起袖子加油干的精神和劲头。

树牢"绿水青山就是金山银山"的发展观。人不负青山,青山定不负人。70多年来,右玉人像"愚公移山"一样,一代接一代地植树造林,人人都以绿化家乡为己任。"种绿"就是"种富","绿水青山"就是"金山银山",在观念和实践转变中,右玉变得美丽而富饶。近年来,全国第一个以县域命名的AAAA级生态景区,在右玉建设;山西省第一个现代的生态文化旅游开发区,在右玉崛起;环保部还授予右玉县第一批国家生态文明建设示范县和"绿水青山就是金山银山"实践创新基地荣誉称号。实践证明,"右玉精神"已经成为激励全国人民践行"两山"理论、推动绿色发展的精神力量源泉。不断践行绿色发展观,大力发扬"右玉精神",以实际行动做生态文明的践行者、推动者,就一定能让天更蓝、山更绿、水更清,人民更幸福。

(载东方网2020年5月5日)

文献选辑

右玉县人民委员会
关于 1956 年林业建设工作总结

　　我县一年来的林业建设工作，在农业合作化基础上，依据中央提出 12 年绿化祖国的伟大号召，在各级党政的直接领导下，正确地贯彻了各项林业政策，本着保持水土建设山区的精神，从群众当前要求出发，结合长远利益，开展了各项林业建设。在全县各级干部的努力工作和广大群众的热情参与下，全县范围内掀起了一个带有全民战役的绿化运动。

　　今年的林业工作，是以农业生产为中心，抓住农闲时间，农林两不误的原则下进行的。在工作进行前，做了一系列的思想发动和准备工作。

　　首先，从上而下建立了领导机构。各乡以党、政、团、妇、武等部门成立了经常性的林业委员会，各社成立了林业股和组。在造林运动中，县里成立了造林指挥部，杀虎口、城关、新庙子、小蒲州营、威远、威坪、董半川、下柳沟等 8 个造林重点地还成立了造林指挥所，有组织、有领导地开展了工作。

　　培养并训练了基层干部和积极分子。在整个造林季节前，均以不同的会议形式和方法对基层干部进行了技术培训与政治思想教育。如春季造林前，在正月二十七，抽调了乡、社干部共334名，进行了5天时间的培训，传达了12年绿化祖国的意义，布置了我县1956年的林业任务，利用课堂讲授与实地操作进行了技术传授；在雨季造林前的7月间，又调动农村有技术和经验的老农与林业员共91人，召开了一次林业技术经验交流大会；在秋季造林前的10月份，全县又以高家堡、梁家油坊、城关等为中心，召开基层林业干部技术训练班，先后2次共训练了干部594名。这些干部通过政治报告、交流经验与技术的学习，不但在思想上大大提高了一步，而且掌握了一般简单的造林技术，因而在一年工作中不论是发动群众还是技术指导均起了一定积极作用。

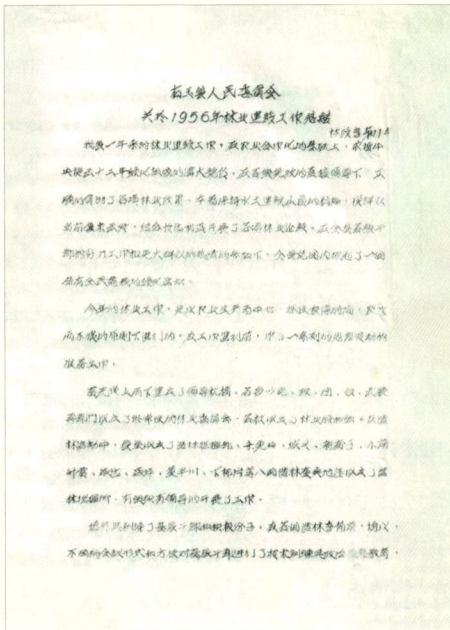

右玉县人民委员会
《关于1956年林业建设工作总结》

大张旗鼓地展开了深入而又广泛的宣传工作。在每个造林运动中，各乡都通过不同场合，利用黑板报、广播筒等工具，针对我县森林面积较少，水土流失严重，风沙、水、旱等自然灾害越来越严重，木材缺乏的实际情况，向群众进行12年绿化祖国和根治黄河水害、开发黄河水利的宣传。特别是针对树木稀少、风沙水旱灾害严重的特点，向群众说明，只有大力造林、开渠，进行水土保持，两年内改变我们右玉"十山九无头，洪水遍地流，造田不得粮，农民生活苦"的贫困面貌，从而大大地启发了群众的造林积极性。如牛心社牛信常二旦听了绿化祖国的号召后，心里就琢磨自己在绿化祖国中如何尽自己的力量，于是他积极地参加

255

了春季造林，并争得了县造林模范光荣称号。再如邓家村88岁的两个老汉，一个名叫唐登义，一个叫刘仲华，他们平日连门也不出，今春居然也参加了造林，并说："毛主席号召咱栽树是为了咱自己，咱们等不上得利，也给孩子们栽个发财的根。"据统计，全县参加造林的青年、少年就有1.2万名，壮年和老年8000多名，其中青年共组成了180个突击队。

紧接着进行了一系列的准备工作，如在春季造林前，县里抽调十几名干部将西大河和原子河流域的自然与社会情况进行了了解，对整个面积所需劳力、树秧作了计划。并对几个较大的山头，相继作出我县1956年的林业工作计划方案。紧接着各乡也做出了本乡计划，并通过劳力规划，组织了造林队与青年突击队。这样，三季造林就有计划、有目的、有组织地开展起来。因此运动的发展是正常的、健康的，收到的成绩也是肯定的。

4月上旬开始到11月上旬结束，在这7个月的时间内，全县共完成大片造林3.27万亩，其中荒山播种（主要是酸柳）2750亩，零星植树42万株，为原计划60万株的30%；公路植树7.8万株，重新造林及补植315亩；群众育苗100亩，为原计划1000亩的10%；幼林栽植410亩，为原计划的85%，其中国营抚育1674亩；封山育林8079亩，为原计划8079亩的100%；民营公助育苗整地200亩，为原计划7700亩的18%。

在完成上述任务中，超额完成的乡有丁家窑、西窑沟、董半川、威远、梁家油坊等5个乡，这5个乡的总任务是8700亩，实完成10.4万亩，超过原任务的195%。基本上完成任务的乡有威坪、下柳沟、薛家堡、小蒋屯、火烧洼、李达窑、高家堡等7个乡，这7个乡的总任务是1.36万亩，实完成2.44万亩，超原任务的80%。其余13个乡均未完成。马连滩、杀虎口、欧家村、牛心、鸟林村等9个乡的任务是1.7万亩，只完成4528亩，仅占原任务的26.6%。

在工作中，我县依据群众现实要求结合长远需要的方针，并按照各乡具体条件，因地制宜地营造了不同数量的防护林和用材林。杀虎口、西窑沟、新庙子、威远、威坪等5个乡，在沿苍头河（西大河）流域100里长的两岸，营造雁翅形防护林带9000余里。董半川乡、下柳沟乡两乡沿元子河两岸，营造了雁翅形防护林4000多亩。除此，范家窑、李达窑、丁家窑、杨家堡、小蒋屯、梁家油坊等13个乡，在马头山、二把山、大南山、小南山等12个山头上用鱼鳞坑植树方法营造了水土保持林1.5万亩左右。

在运动中，由于强调了质量第一，一般来说都合乎规格，基本上掌握了国营造林技术规程，均比往年有所提高。经检查，春季造林成活率是：苍头河最高为95%，一般的85%，最低的68%，平均80%（其中，新庙子到小蒲州营一般内的，最高98%，一般85%，382M录最低80%，平均为95%）。威远到威坪一般最高96%，一般92%，最低87%，平均为91%。元子河最高96%，一般80%，最低74%，平均为85%（其中，增子坊到董半川最高为97%，一般89%，最低86%，平均为88%；由董半川到下柳沟最高81%，一般为78%，最低为74%，平均为76%）。小南山绿化最高90%，一般85%，最低75%，平均为85%。

今年在林业建设上所以能取得上述成绩，这首先是由于农业化运动的发展和各项政策的贯彻，特别是县委领导的重视，12年绿化祖国的伟大号召及延安五省区青年造林大会的召开，大大地鼓舞了我县群众的造林积极性。在这一伟大政治力量鼓舞下，广大群众认识了林业工作的重要性，并加强了他们建设山区的信心和决心，有力地推动了林业建设工作的发展。首先从参加造林人数来看，全县共有男女劳力27292名，而参加造林的就有2万多名，占劳力总数的73%。今年的造林不仅参加的人员多，而且范围广，使运动深入到各个角落，不少的青年妇女、民兵也投入了绿化运动。

其次，培养训练。干部积极分子对今年绿化运动起了积极推动作用，如共青团社主任刘顺同和白塘子社林业员董茂林同志等，他们不辞劳苦亲赴林地进行指导，一直参加到始终。像这样的积极分子真是不可枚举。在他们这种模范行动影响下，运动中涌现了不少模范人物和先进集体，经春、秋两季评比的学校有城关完小、高家堡完小、三里庄小学、右玉中学，绿化模范社8个，模范青年突击队5个，妇女造林队1个，个人有两个，并且全县营造了不少的青年林、民兵林、妇女林和学生林等纪念林。

今年的林业工作取得的成绩虽比往年大，但检查起来，发生和存在的缺点、偏向、问题是较多的，甚至也有严重的。

首先，从各级领导部门检查，只着重了造林，而忽视了其他林业建设，因此育苗、幼林抚育等任务都没有完成，有的乡连这项工作提也不提，所以多数群众连培育、封山育林的名词也不懂，这就给林业建设全面发展造成很大的困难。特别是护林工作做得更差，像乱伐林木和毁坏幼林现象仍然严重存在，如后所堡农业社今秋3天的时间就有204亩国营杏树幼林被破坏。破坏林木原因很多，一方面各建筑用材单位在购买群众树木时不顾政策规定，砍伐了防护林的有很多。甚至有的单位如采购科、供销社不经任何部门批准，私自砍伐了公有林。另外，因林木作价处理不当，引起了群众不满，因而有不少人将不该砍的树木砍倒做了燃料，形成了林木的乱砍滥伐。但最根本的原因还是各级领导机关，特别是个别的乡、社领导，没有真正重视这一工作，对林业政策的贯彻执行不细的缘故。

其次，各乡、各社没有把林业列入生产内容，如何合理利用大地，在什么地方宜农、什么地方宜林缺乏规划，特别是培养典型、树立旗帜、搞出经验、及时总结、推广全面，做得更差或没做。以上这些偏差和错点，在今后工作中必须注意改进。

1956 年 12 月 19 日

右玉县人民委员会
关于 1964 年春季绿化工作总结

我县发扬创业思想，决心改天换地，渠路林带成网；每户造林 1 亩，育苗定打硬仗；全党全民上阵，开展比学赶帮；大搞 7 天突击，定让山河换装。于 4 月 10 日，全县 1.2 万余人、200 辆大车、500 余驮子，掀起了声势浩大、规模壮阔的绿化运动。在运动中，各级领导带头，群众干劲十足，不避风雨，不顾疲劳地奋战 10 余天，获得显著的绿化成果。

今春的绿化，既是轰轰烈烈，又是扎扎实实。不仅数量多，而且质量好；不仅营造了防护林带，而且还初步树起了四旁绿化样板。这些新事的出现，为今后开展林业上的"比学赶帮"竞赛运动创造了有利条件，给尽快绿化全境、改变右玉面貌闯开了门路。

全县有 161 个生产大队参加了国营造林，256 个大队给集体栽植了杨柳，137 个大队播种了酸柳，142 个大队已经为今后植树造林培育了苗木。据初步落实：（1）绿化沟壑 500 条、坡梁 300 余处，造林面积 2.18 万亩（包括果树 39 亩、杏树 1 亩），超过计划 2.35 万亩的 18%。其中，国营造林是以坡梁为主，完成 1.24 万亩，超过计划 1.05 万亩的 18%；集体是以沟壑为主，种 1.64 万亩（包括酸柳林 6323 亩），超过计划 1.3 万的 26%；营造起防护林带 12 条，长 2 万米，面积 700 余亩，种植乔灌混交林 1100 亩。（2）栽植零星树 54.3 万株（包括果树 27 株、杏树 30 株、沙枣 600 株），占计划 130 万株的 42%。比去年同期增长 5 倍多。开始扭转了不在村内、路旁植树的陈旧习惯，为美化环境揭开了序幕。右玉县城的四大街、八小巷、城墙城坡与 22 个机关单位，以及梁家油坊、杨村、威远堡、白塘子、石头河、高墙框、杀虎口、马连滩、上堡子、牛心堡、林家堡、台子村、丁家窑、崔家沟、耿家沟、海子湾等 16 个村庄基本实现了绿化。除在 76 华里的同右公路两侧植树 1.5 万株，还绿化了简易公路及大车路 62 条，长 167 华里，植树 5.3 万株，绿化渠道 19 条，长 24 公里，植树 5 万株。（3）完成育苗 635 亩（不包括留床面积），占计划 1050 株的 60%，其中集体 579 亩，占任务 850 亩的 68%（沙枣育苗 501 亩）。与去年同期比较，真是跃进再跃进，不仅数量多，而且质量很好。多数大队是选择了二阴下湿地，甚至是产量很高的水浇地，普遍进行了深翻，加施肥料，确定专人，从种子处理到播种管理，一包到底。据统计，沙枣育苗亩施肥 20 担以上的有 150 余亩，10 担以上的 300 亩，上水地 100 余亩，下湿二阴地 300 余亩。宋官屯大队计划种高粱的基本农田，亩施肥 40 多担，完成沙枣育苗 5 亩。（4）幼林抚育 1.22 万亩，占计划 4.5 万亩的 27%，其中，国营 7512 亩，占计划 2.5 万亩的 30%；集体完成 4652 亩，占计划 2 万亩的 23%。（5）国营补植 1620 亩，造林整地 8236 亩。（6）在运动中，通过群众大会、牧工与饲养人员等座谈会议，大搞护林教育，划定坡牧道，封禁沟坡及山梁 800 余处，封山育林面积达 4 万余亩。为巩固绿化成果，共商护林办法，采取了种种措施。永胜园大队，增添牧工，分小了畜群；燕家窑等大队，划定林地封禁界线，严防牲畜入林；白塘子队划出牧坡 6 片、牧道 3 条；威远 17 个大队，队队整顿护林组织，数千人接受了护林教育，90 多名牧工与饲养员进行了座谈，普遍制订了 7 条护林公约；城关以 11 人组成城市绿化委员会，又以 20 人组成 4 个街道绿化委员会，制订了管理树木的办法，划分护树责任段，挂牌标名，长期固定养护。

运动后，各地又进一步整顿护林组织，继续完成育苗，种植酸柳与开展幼林抚育等常年性的林业工作。

今春为什么会出现上述可观之情况呢？主要是：

层层加强领导，深入贯彻政策，广泛发动群众

县、公社和生产大队，逐级分别组成绿化指挥部、所与组。全县划为五大战区，抽派 18 名干部，由县长和 4 名科局长带领蹲点。各公社又划成 65 个战区，抽派 180 余人蹲点指挥。威远公社分 4 个战区，书记亲自带领，党委分工蹲点。高墙框公社，为了农林两不误，将造林纳入生产计划之内，统一加强领导。

造林开始前后，县里召开了 4 次电话会，5 次机关等单位负责人和千余人参加、万余人收听的广播大会，利用广播大讲特讲植树造林的好处，宣传"谁种谁有""护林者奖、毁林者罚"的林业政策，并通过处理大蒋屯牲畜啃坏树木一事，激发了群众造林护林的积极性。各公社分别召开了生产大队干部和公社所在地的机关学校等大型小型会议，广泛深入进行组织发动，反复贯彻林业政策。丁家窑公社在县里召开第一次电话会议后，马上也召开了生产大队电话会议。高墙框把生产大队干部集中到公社进行研究。欧家村公社听完电话会议，党委立即研究，第二天把公社下乡和县在公社下乡的干部全部调回公社，传达精神，安排任务，进行分工到战区蹲点，公社成立五人指挥所，各大队以支书大队长为主成立指挥组。生产队普遍召集广大社员，进一步宣传造林意义，贯彻林业政策，具体进行部署。因此，所有的机关干部、学校师生、街道居民，及 288 个生产大队的广大社员都投入了绿化运动。运动中积极性很高，劲头很大。广大社员除积极参加国营与集体植树造林，还抽早搭黑或中午时间绿化了自己的房前屋后。杨村公社白头里社员李风义在院周围栽两行计 60 余株树木，且用酸刺圈起保护。全县社员零星植树 30 余万株，比过去任何一

年都多。滴水沿16名青年突击队自愿搞绿化，白塘子大队白天搞大片造林，抽早晚时间自动地绿化"四旁"。60多岁的王国政，领导7个老汉参加绿化；15岁的郝金中和大人们完成同样的任务；郝二旦冒雨为集体造林，皮袄湿了也顾不上。

领导重视带领干，狠抓竞赛树样板

运动中，不论机关的，不论在农村搞"四清"的，亦不论在公社、生产队搞其他工作的县、社干部和生产队干部，都亲自参加植树，带头劳动，领导绿化。县委书记庞汉杰同志带病投入县城绿化，不仅召开了4次县级机关等单位负责人会议，而且每天到各街检查，亲自掌笔，进行评比登记，大大加快了速度，确实保证了绿化质量。县长解润同志，虽然年过五旬，却与社员一起大战黄沙洼，不仅大大鼓舞了群众，而且在发现问题之后，立即在工地召开会议，及时扭转了个别生产队干部不加强领导、不顾造林质量的现象。当天，指示县绿化办公室，电话通知了各地，普遍引起了重视。威坪公社书记夏润同志，每天和社员干在一起，帮助大队进行育苗。窑沟支书施亮同志取沙枣、学技术，选择水地，从浸种到播种，他一包到底，保证了育苗质量。崔家沟支书王风录同志召开牧工会议，划定林地封禁界线，严禁牲畜糟蹋。十八户营支书贾亮同志日挖坑100多个，质量很好，影响带动了妇女植树积极性，她们每天挖坑50多个不降低质量。据统计，全县有500余名国家干部、1000余名生产大队和生产队干部，都干在前边，对群众鼓舞很大。

运动中，开展了社与社、队与队、组与组、人与人之间的"比学赶帮"竞赛运动。除大学外地经验，县里印发6期绿化快报，又召开了数次电话会议以及随时不断地用电话等表扬好的、批评坏的，及时进行指导外，还分批调回公社书记、主任口头汇报，大大促进了运动的蓬勃发展。梁家油坊公社主任贺荣同志汇报后，当天晚上召集公社所在地各机关单位和生产队干部紧急会议，第二日一早，160 余名干部、社员冒着雨大战梁家油坊村内村外，经过几天奋战，初步树起了"四旁绿化"样板。为了今后更好地开展"比学赶帮"运动，全县还树起了乔灌混交的盘石岭，全面发展的白塘子，结合农田基本建设营造防护林带的魏家堡、盆儿洼等各类样板。

各地"比学赶帮"的形式很多，威远公社由书记高选同志带领，16 个大队支书到白塘子参观学习，作用很大。白塘子知道开会后，又冒雨植树 2000 株。樊家窑大队造林 2 亩，计划结束，会后又栽 6 亩。南八里学到了规划与验收办法，回去马上推广，提高了质量。盘石岭大队主动支援李达窑大队 1000 公斤树秧，促进了干部、群众植树积极性，很快完成了造林任务。李达窑公社组织全社范围的竞赛，薛家堡大队连续组织评比，提前 3 天超额 5% 完成 90 亩的造林任务，造林结束时总评出先进个人 28 名，进行了表扬。魏家堡大队，造林初，一队好二队坏，通过评比，促进了二队提高造林质量。据统计，全县有 50 多个大队，支援 70 多个大队树秧 10 余万公斤，评出先进单位 151 个、个人 2400 名，从而促进了绿化运动的健康发展。

加强技术指导，严格检查验收
始终注意质量，普遍建立档案

县、社与生产大队、生产队，从运动开始到结束，始终注意质量，每次会议都要强调质量，把质量提到第一位。造林前，除雇用 60 多名协助人员进行技术训练，还召开了技术训练大会。运动中，技术力量遍布各地。造林时，队队组成验收组，严格进行检查验收，普遍建立林木档案。盆儿洼大队提出"一到、二落实、四登记"，即：责任到人；落实质量、数量；登记地块、株数、亩数、树种。薛家堡实行栽时登记，秋后检查，成活 30% 以下不予记工，30% 以上，成活多少，记多少工，或者缺多少补栽多少。全公社推

263

行了这些制度，效果很好。全县普遍实行了挖坑后马上验收，合格方可放秧埋土，以及"以作业组划段，以人分行，建立林木档案，登记入册"等办法，大大保证了造林质量。

充分进行准备，科学安排劳力，合理定额报酬

从 3 月中旬着手准备，造林运动开始前夕各地又更进一步进行了任务、林地、劳力、秧苗及定额报酬等一切落实工作。因为造林运动正处在春播紧张时期，各地根据不同情况科学地安排了劳力。首先是争取劳力多出勤，白天在远处造林，早晚在村附近植树。威远战区将各队妇女组织起来，成立了看护小组，出勤提高 30%，提前 3 天超额完成了造林任务；高墙框大队饲草很缺，一天不打草，牲口就得饿肚，他们为了绿化，每天上午打草，下午突击造林。为调动群众造林积极性，各地预先就通过群众讨论和实地试验，制定了定额与报酬，全县集体造林普遍执行按定额计工，参加当年分红。有国营造林任务的地方，多数实行了款归大队记工分红，一部分队采取队七劳三或按工预分等报酬办法。蔡家屯大队预先通过实验每工定额 80 个坑，所得款，按队七劳三分，这样，就进一步巩固了集体经济，解决了队内生产上的急需和社员生活上的困难，大大激发了广大社员的劳动干劲。他们起早搭黑大战 10 余天，完成国营造林 321 亩，超过任务 1 倍多，并造集体林 50 亩。

因地制宜规划，成带成片营造，精兵强将歼灭

普遍克服了过去那种见地就栽的习惯，因地制宜地进行了规划。哪里宜农，哪里宜林、宜牧等都通过群众讨论初步进行了规划。采取集中力量绿化了一处再"搬家"的方法。白塘子大队，不仅

规划出牧地，而且今春所造的林木，与原有林连在一起，形成了完整的防护林带。最精锐的是青年民兵，他们在绿化运动中担负了艰巨的任务。林家堡大队70名民兵，白天歼灭荒梁，早晚大战"四旁"，营造起一条2里半长的民兵防护林带和绿化了6条5里长的道路。全县集中1000余人大战同右公路，基本上一春实现了绿化。

1964 年 6 月 3 日

右玉县革命委员会
关于加强护林防火工作的布告

新中国成立以来，在毛主席革命路线指引下，我县广大干部群众坚持党的基本路线，认真贯彻落实毛主席"绿化祖国""实行大地园林化"的伟大指示，艰苦奋斗十几年，使林业建设取得很大成绩。这对调节气候、涵养水源、保持水土、防风固沙，促进农业生产，壮大集体经济，发展多种经营，改善群众生活，支援国家社会主义建设都发挥了有效的作用。

但是，近来发现，有些地方和单位放松了林木管理，乱砍滥伐，破坏林木的现象不断发生。一部分人盗窃国有林木，投机倒把，牟取暴利；有的制造林权纠纷，侵吞蚕食国有森林；有的挑唆毁林开荒，毁林搞副业。全县广大干部、群众，必须加强林木管理，严禁乱砍滥伐，保护森林资源，促进林业建设。为此，布告如下：

一、积极发展林业，是社会主义革命和社会主义建设的需要，是加强战备的需要，也是改变我县农业生产基本条件的一项重要措施，各级领导要充分认识加强护林防火工作的重要意义，认真贯彻中央颁发的《森林保护条例》《关于加强山林保护管理，制止破坏山林、树木的通知》和《农业六十条》《全国农业发展纲要》的有关规定，进一步加强林木管理。严禁乱砍滥伐（包括灌木林），严禁引火烧山，严禁套购木材，严禁盗窃树木；不准毁林开荒，不准毁林搞副业，不准在幼林区及封山育林区放牧，不准在林区乱砍薪柴。广大干部、群众要树立保护林木人人有责的革命风尚，积极保护森林资源，坚决与各种毁林行为作斗争。

二、坚决执行党的各项林业政策，保障国家、集体和个人的林木所有权。国营和集体的林权不容侵犯。要坚持"国造国有、社造社有、队造队有"的政策，不准将国有林划归集体，不准将集体林分给个人。凡被侵占的国有林和集体林，必须归还国家和集体。

国家林场需要砍伐林木，须经县"革委会"审查，报地区主管部门批准。大队、生产队需要砍伐林木，须经大队讨论通过，报公社"革委会"批准。社员砍伐自留树，须经大队讨论通过。

凡因林权界限不清，存在林权纠纷的地方，各级领导要过细地做好工作，本着有利于团结、有利于林业发展的原则，充分协商，合理解决。在林权纠纷未解决前，有争议的林木不准砍伐，更不准挑动林权纠纷，借以破坏林木。

要贯彻"社员个人在宅旁栽的零星树木永远归个人所有"的政策，鼓励社员在房前屋后和生产队指定的其他地方种树，自种自有。绝不允许平调和收、砍社员个人的零星树木。

三、国家机关、工矿企业、学校、农牧场以及农村社队，都不得毁林占地。确因建设需要占用部分国有林地时，必须事先提出申请报上级主管部门批准。因占地所砍林木，由占地单位按合理价值赔款，或在指定地点补栽林木。

四、凡属护田、护路、护岸、护渠的林木，城镇绿化树木，风景树，名胜古迹林木，主管单位有责抚育保护，严禁砍伐。

五、火灾是森林的大敌。各级领导要充分发动群众，贯彻"预防为主，积极消灭"的方针，开展经常性的护林防火活动，一旦发生火灾，立即组织扑救。进入林区，要遵守有关用火的规定。

六、各级领导要加强爱林、护林的宣传教育，建立和健全护林组织和护林制度。坚持"护林者奖，毁林者罚"的政策，发动群众保护好山林树木。对护林有成绩的单位和个人，要表扬奖励。对乱砍损坏林木的错误行为，要批评教育，并须赔款补栽。对毁林开荒的错误行为，要坚决批评制止，也必须赔款补栽。对少数人的破坏活动，要依法惩办，严厉打击。以上各条，务希认真遵照执行。

1976 年 3 月 1 日

右玉县革命委员会
关于砍伐树木的规定

　　新中国成立以来，我县人民坚持不懈，年年造林，林业生产有了较大的发展，木材蓄积量已达 20 万立方米，人均蓄积量只有 2 立方米。但是，成材的林木较少，远远不能满足人民生活的需要。近年来，由于木材审批手续不健全，致使林木管理混乱，有的批的在甲地，砍在乙地；有的批得少，砍得多；个别地方不经审批随意砍伐；有的以木易物，毁林开荒，甚至搞投机倒把，因而出现了"社员乱砍，大队不管"的现象。

　　为了认真贯彻国务院《关于坚决制止乱砍滥伐森林的紧急通知》，有效地制止危害山林的各种活动，使全县的林木做到管而不死、活而不乱，根据省、区护林防火会议精神，结合我县情况，特作以下规定：

　　一、凡列入国家基本建设或经主管部门同意兴建和续建、维修的单位，如上拨木材指标不够，要求砍伐本县树木时，要向林业部门提出申请，经林业部门审查，可根据各公社木材蓄积情况，

右玉县革命委员会
《关于砍伐树木的规定》

介绍给有关社队，经过协商，同意出售木材时，可由出售单位提出申请，经公社同意，县林业部门可批给木材10立方米以下，如超过10立方米，可由主管林业的常委同意后，发给采伐证，办理采伐手续时，每立方米交纳育林基金7元。

二、社员用本队木材，要向生产队和公社申请同意，报县林业局批准后，可发给采伐证，在本队购买木材，不再交纳育林基金。

三、个人凡在外社、外队购用木材，要向林业部门申请和出售单位协商，经林业部门批准后，可发给采伐证，并按规定交纳育林基金。

四、社员砍伐自留树，须经公社注销林权证后方可采伐。但必须做到多栽少伐，永续利用。

五、不论集体和个人砍伐树木时，都要向公社林业员或公社委托的林业负责人验收后，将采伐证附件退回林业局，以备查。凡超越批准范围的林木，由林业部门没收，按破坏森林论处。

六、加强林木采伐运输管理。集体林的采伐，必须由县林业行政部门按照国家下达的计划和《中华人民共和国森林法（试行）》的有关规定进行审批。木材运输及其半成品出县的，必须由县林业行政部门发给运输证明；出省、自治区的，必须有省、自治区林业行政部门的运输证明。没有林业行政部门的证明，交通运输部门不得承运，违者要严肃处理。林业部门违反规定要从严惩处。

七、山林权不清或有争议的，在纠纷解决之前，任何一方都不准砍伐。对蓄意制造林权纠纷，引起森林破坏的，要予以惩处。属于集体与个人的林权纠纷，由所在公社根据有利于生产、有利于团结的原则，抓紧解决；属于集体与国营的林权纠纷，由县林业部门会同有关单位，协同解决。

八、坚决贯彻"谁造谁有"的林业政策，维护林业所有权属。严禁乱砍滥伐，违者处理。根据情节严重程度，分别给予批评教育、罚款，直至追究法律责任。情节轻的，给予批评教育；较严重的，给予罚款（罚款按雁北行署规定的"一、二、三、四"处理，即毁 1 株罚 2 元，栽活 3 株树，40% 罚款归管护人）；情节严重的，要给予法律制裁。

九、护岸林、公路两侧的行道树、风景林、观赏树种一律不准砍伐。需更新时，要由主管部门按照隶属关系，与有关部门共同研究并经主管部门审批后，先植后更新。

十、上述规定如有未尽事宜或与修改后的《森林法》有抵触时，以修改后的《森林法》为准。

1981 年 1 月 3 日

右玉县人民政府
关于开展全民义务植树运动的决定

第五届全国人民代表大会第四次会议通过的《关于开展全民义务植树运动的决定》和省人民政府为贯彻全国人大五届四次会议《关于开展全民义务植树运动的决定》，是两个具有深远意义的文件，是绿化祖国、整治国土的一项重大战略措施，对于发扬中华民族植树爱林的优良传统，进一步树立集体主义、共产主义的道德风尚具有深远的意义。

为了切实搞好全民义务植树运动，特作如下决定：

一、大力开展全民义务植树运动的宣传教育活动。结合总结我县在林业生产上已取得的成绩，通过多种典型事例，大力向全县人民宣传植树造林对于美化环境、涵养水源、保持水土、防风固沙、保护农田、调节气候的重大作用，使每个公民都认识到植树造林是彻底改变我县山区落后面貌的根本措施，是有益当代、造福子孙的伟大事业，是每个中华人民共和国的公民应尽的义务，从而自觉地、坚持不懈地参加义务植树，为绿化自己的家园，为社会主义精神文明建设和物质文明建设作出贡献。

全民义务植树运动的宣传工作，由县绿化委员会和宣传、教育单位及其他有关部门负责。在1982年春季要进行一次比较集中、比较系统的宣传教育活动，真正做到家喻户晓、人人皆知，以后每年在植树节前后开展一次大张旗鼓的宣传活动，形成一个人人植树、户户育苗的新的社会风尚。

二、凡年满11岁的中华人民共和国公民，每人每年都要在植树季节参加义务植树活动。11岁至17岁

文献选辑

右玉县人民政府
《关于开展全民义务植树运动的决定》

可视其情况，每人植1至3株；18岁以上有劳动能力的公民，每人每年植5株。如进行育苗、种花、种草，可按育苗或种花、种草1平方米抵顶植1棵树计算。对于老弱病残公民，不规定具体任务，但要鼓励他们参加力所能及的各种绿化活动。植树地点由集体指定，不论栽植、育苗、种花、种草，都要做到保栽、保管、保成活。义务植树的任务，由各级绿化领导组织具体安排，注意做到绿化、美化、香化、生产化相结合。任务可以一年一定，也可以一定几年。

各级领导干部都要带头参加义务植树活动。

三、县、社、队都要分别确定义务植树重点，并搞好作业设计。县确定油坊、右玉城、威远为重点。各公社、县级各系统也要确定2至3个队或单位为重点，走前一步，总结经验，带动全面。梁家油坊公社、威远公社要以建设农田林网为主，城关公社以绿化公路和城墙为主。县级机关除搞好四旁绿化、公路绿化和育苗外，还要继续扩大造林基地。各机关、学校、厂矿要搞好驻地绿化和

273

育苗，交通、水利部门要搞好公路、渠道、水库的绿化，广大乡村要大力开展"四旁"绿化。

四、全民义务植树中种植的树木、花草，按参加植树单位的性质或绿化委员会规划的宜林、宜草地的权属，分别确定为国家和集体所有，并由县人民政府颁发林权证书，切实保障其合法权益。

五、要开展大规模的育苗活动。要切实办好县营苗圃和社、队骨干苗圃。1982年，全县育苗面积要达到7000亩，提倡和鼓励机关单位、社队集体和个人育苗（包括营养袋育针叶树苗），义务植树需要的苗木，由承担义务的公民所在单位或由林木权属所有单位负责提供。县、社机关和企业单位院内育苗占地，不能少于可育苗地的50%。没有条件自办苗圃的单位，可借地育苗或与其他社、队签订合同联合育苗。

六、实行科学营林，杜绝形式主义。要大力宣传和普及植树造林的科学技术知识，办好我县林业学校，为社队培养林业技术骨干。要搞好规划，因地制宜，合理布局，先近后远，先易后难。县级各系统、各公社都要制订"五定、一检查"制度，即定地点、定任务、定时间、定质量、定成活率，按时检查验收。验收后，对超额完成任务和成活率高的，要给予表扬奖励，对没有完成任务和成活率低的，要给予批评处罚。由绿化组织落实到单位，单位再落实到户、人。

开展义务植树，要做到适地适树，讲究栽种技术，做到栽一棵活一棵，要特别强调抚育管理。各单位都要确定专人，负责此项工作。有条件的单位，要建立专业队伍，常年抚育管理。

七、县级各单位、各公社，每年秋季，对义务植树都要进行一次检查评比，成绩优异的单位和个人，给予表扬和奖励；无故不履行植树义务的单位和个人应给予处罚。损坏树木、花草的，要酌情赔偿，情节严重的要给予纪律处分以至法律制裁。各单位、各大队都要制定护树、护花、护草公约和守则，养成人人爱护花草树木的良好社会风气。

八、义务植树运动所需的苗木、肥料、工具和管护、运输等费用，机关学校及单位由行政费开支，厂矿企事业由经营管理费开支，社队集体由公共积累开支，职工家属由所在单位负责，无职业的居民等，县地方财政每年要拨出一定数量经费支持义务植树，有条件的公社也要从社办企业收入中，拿出一些资金资助林业建设，煤矿按吨煤提取的造林费以县和公社集中使用，要专款专用，不得挪作他用。

九、县人民政府成立绿化委员会，统一领导全县植树造林工作。各社、队、县级各系统、较大的企事业单位，都要成立相应的绿化领导组，分别领导公社、大队、机关单位（包括机关干部家属）的义务植树活动，各社、队和机关单位对本单位的群众、工人、干部及其家属都要清点人数，造册登记，记载义务植树活动的情况。

各级绿化组织要建立常年性的工作制度，完成上级绿化委员会交给的任务，切实抓好义务植树运动的安排部署、组织宣传、规划设计、林木管理和评比奖罚等项工作。

1982 年 2 月 5 日

中共右玉县委　右玉县人民政府
关于社员户承包小流域的若干政策规定

　　为了解除社员户承包小流域的种种顾虑，从政策上调动广大社员承包治理、管护小流域的积极性，现就户包小流域有关政策作如下规定：

　　一、社员户承包小流域不受地点、数量限制，既可在本社承包，也可跨社、跨队承包。只要生产队有需要治理的面积，社员户又力所能及，就不受数量限制承包给社员，鼓励、支持他们靠开发流域致富。

　　二、凡承包到户的小流域，在本队社员代表会议或社员大会通过后，由县人民政府发给使用证。使用证要写明流域面积、四至界限、原有工程设施等。使用权属一经确定后，长期不变，本人年老死亡，允许子女继承。

　　三、关于小流域的承包方法，可根据流域面积的大小，以户承包或分段划片联户承包。但不论哪种承包形式，都要贯彻谁承包谁治理、谁管护、谁使用、谁受益的原则。

　　四、社员承包的小流域，在治理之前，生产队和承包户要签订治理合同。治理合同要根据全面规划，以土为首、土水林草综合治理的方针，做到生物措施、工程措施、耕作措施同时考虑，并按照先治上、后治下，先治山梁坡墚、后治沟滩的顺序，确定治理内容、标准、数量和时限。对积极履行合同、进度快、标准高、管理好、效益大或有新创造的承包户，可给予精神或物质奖励；对不认真履行合同的，生产队有权追究以至收回承包的流域转包给他人。

五、承包户在承包流域范围内新修的梯田、坝地、滩地等基本农田，10 年内不征购、不提留、不纳税，收获全部归承包人，产品可以自行处理。

六、社员承包小流域，凡在 15 度以上的山、坡、梁、墚都应造林、种草。幼林期间，在保证水土绝对不流失和不影响树木生长的情况下，允许林粮、林油间作，间种的收获不论多少，全都归承包者所有。

七、在承包流域范围内，原有的未成材幼树，经过社员代表会议统一议定，划归承包者所有，但要合理收取一定数量的苗木工本费。已成材的树木，登记造册，由承包者负责管护，将来砍伐出售时，实行比例分成。分成比例一般是：小树四六，大头归社员；橡树三七，柱树二八，檩树一九，大头归集体。原有经济林可参照用材树的办法处理。

八、社员在承包小流域治理管护过程中，不准破坏原有水利、水保工程，不准毁林、毁草，不准开荒种地，不准随意进行未经设计的水利工程。凡违背上述"四个不准"者，视其情况，进行经济赔偿或给予其他方面的处理。

九、承包小流域的农户，为发展生产进行的开发资源性的投资建设，产权归承包者所有，国家和集体因建设需要收回承包土地时，对承包者在治理面积上投入的工料和栽种的林草，要给予合理补偿。

十、国家或社队对治理小流域的各项投资，不论数量大小，一律按规定付给承包户，任何单位和个人不得以任何理由截留或挪作他用。

1983 年 5 月 24 日

中共右玉县委　右玉县人民政府
关于大力发展种草养羊的决定

　　从 1984 年以来，全县广大农村认真贯彻县委、县政府制定的"种草种树，发展畜牧，促进农副，尽快致富"的"十六字方针"，农业生产结构得到不断调整，种草养畜得到突破性发展，其中养羊业在畜牧业体系中又占据了绝对优势。实践证明，这是一条符合右玉客观实际、深受群众欢迎的致富之路。县委、县政府决定，在"七五"计划期间，在发展养牛、养猪、养鸡、养兔的同时，要把养羊业作为畜牧业的重点，使种草、改良、防疫和饲料加工等方面形成一个比较完整的体系，带动全县农村商品经济的全面发展。

　　我县发展种草养羊具有得天独厚的自然条件和社会条件。在广阔的土地上，有 30 多万亩自然牧坡，27 万亩人工草地，近 50 万亩大片的可牧林地，25 万亩沙棘林，近 10 万亩柠条，都可作为牧地，为养羊提供饲草。在正常年景下，有上千万斤的饲料粮、250 多万公斤野豌豆、500 万公斤左右麻饼，以及上百万斤的草籽，可为生产全价饲料提供比较充足的原料。全县有 251 条天然水源的支流和支沟，多数村庄地下水比较多，养羊饮水不成问题。气温凉爽，适于羊群的繁殖与生长。广大农民群众有着传统的养羊习惯和丰富的牧羊经验，村村都会养，家家都能养。近几年全县大力推广细毛羊改良，各乡镇都相继建立起绵羊改良繁殖基地，细毛羊发展到8300余只，为改良土种羊奠定了基础。在推动养羊业发展过程中，全县涌现出像李志义、赵长寿等养羊大户，出现了丁家窑、黄家窑、破虎堡、庄窝坡等养羊重点乡和一大

中共右玉县委、右玉县人民政府
《关于大力发展种草养羊的决定》

批养羊重点村，为发展养羊业树立了典范。所有这些自然的和社会的有利条件都足以说明，我县发展养羊业，既是客观的要求，又是实际的需要，不仅是可能的，而且是可行的。

实践证明，养羊成本低，周期短，见效快，经济效益高，易为广大农民所接受。所以近两年来，全县种草养畜有了迅速发展。到1985年年底，大牲畜发展到3.18万头，比1984年增长17%；羊发展到11.1万只，比1984年增长1%；人工种草面积达到27万亩。畜牧业产值822.6万元，占到农业总产值的24.4%，比1984年的12%增长了1倍多，人均畜牧业收入比1984年净增了30%。县委、县政府于去年提出"抓改良、养站羊、因地制宜上山羊"的号召以后，养羊业发展健康。据重点调查，平均养1只羊，成本20多元，饲养1年，平均收入70元，是单位成本的3.5倍；养一只站羊，平均收入120元，是单位成本的6倍；养一只二代改良细毛羊，平均产羊毛3～4公斤，仅羊毛一项，就可收入40～50元。

另外，养羊业的发展，促进了人工种草面积的扩大和自然牧坡的改良，增加了地面植被，加快了生态系统的良性循环。因此，我们要将养羊作为全县农业经济中的一个拳头项目，大力抓好。要发动每村每户，大养其羊，大种畜草。在"七五"期间，全县养羊达到25万只，人均3只，其中1986年达到13万只。人工种草面积达到80万亩，人均9亩，其中1986年种草20万亩。提供商品羊15万只，其中1986年5万只，户均2只。产羊毛60万公斤，其中1986年达到20万公斤。并且要通过养羊，促进养牛、养猪业，带动饲料加工业和皮毛、食品加工业的发展。

要把种草养羊发展起来，要在最短的时间内见到效益，必须着眼当前，抓好以下几项工作：

1. 把草立为一业。我们要把种草作为大农业生产中的一项重点工程，同种粮、种油等同对待。要充分利用各地的草地资源，改良草地、草坡，建立人工草场和繁殖优良牧草草籽基地。要有计划地退耕还牧，实行"三结合、三为主"的方针，即：改良牧坡和人工种植结合，以人工种植为主；大片种和小块种结合，以小块种为主；多年生和当年生结合，以发展当年生牧草为主。从今年起，每年平均人工种草20万亩，3年内做到草籽自给；村村都要有种草重点田，摸索总结种草经验；各地都要加强现有草场和草坡的管理，实行轮封轮放，合理利用。在"七五"期间，全县草食牲畜总数折合羊单位40多万个，每个羊单位平均占有草场2亩、干鲜草500公斤。

2. 调整畜群结构。我县当前的羊群结构不太合理，生产母羊仅占到总数的49%，必须有计划地进行调整，提高养羊繁殖率。今后，要建立在自繁自养的基础上，适当购进优种母羊和优种公羊。每年秋冬严格控制宰杀生产母羊，使生产母羊比例逐步占到总羊数的70%。与此同时，要大力推广短期育肥技术，当年的羔羊需充分利用牧草生长季节的优势，抓紧育肥，做到快育快长，提高经济效益。

3. 加快绵羊改良进度。为了尽快提高养羊经济效益，必须坚持和加快绵羊改良，通过圈羊和阉割，控制野交滥配，通过本交和人工授精的办法，逐步改良本地土种羊。全县要积极配合行署科委在我县建立养羊改良基地，1986 年"播下火种"，1987 年初见成效，1988 年形成规模，1990 年"遍地燎原"，到 1990 年，绵羊二代改良羊要占到羊总数的 50% 以上，养羊专业户和重点户的绵羊改良争取达到 100%。

4. 健全防疫系统。从今年开始，要自上而下地整顿县防治站和各乡镇的畜牧兽医站，搞好畜牧兽医人员的培训，逐步提高防治技术水平。各站要有计划地购置一些先进的治疗设备，保证药物齐全，做到服务周到、防治及时。在"七五"期间，要能够控制和消灭脑包虫、甘片吸虫、羊疥癣、布氏杆菌等主要传染疾病，提高一般病的治愈率，保证养羊业的健康发展。

5. 搞好饲料建设。在抓好种草的同时，要大力挖掘和利用一切可以利用的饲料、饲草。要充分利用秸秆类饲料资源，合理利用植物饼类饲料，切实做好草、叶的收打贮放工作，尽力减少浪费。且要本着适地适树的原则，有计划地扩大放牧林的种植面积。要特别注重发展配合饲料，提高饲料的营养成分和利用率。除办好县里年产 150 吨饲料加工厂外，从今年起，每年建设 3～4 个年产 50 吨的乡（镇）配合饲料加工厂。到 1990 年，全县配合饲料生产总量达到 900 吨，一些养羊重点村和养羊专业户也要逐步开展小规模的饲料生产和草粉加工。

6. 合理使用基金。为了促进我县养羊事业的发展，省、地、县三级共集资 50 万元给予扶持，这部分款的使用原则是：选好对象，择优扶持，低息贷款，分期归还，促进致富，积累资金，各地一定要管好、用好，使这部分资金充分发挥它的作用。

7. 试办家庭牧场。近几年来的实践证明，举办以家庭为单位的养羊牧场，对促进全县养羊事业的发展可起到带头作用。各乡镇都要根据当地的饲草饲料、饮水、技术等条件，选择 3～5 户，试办以养羊为主的家庭牧场，其规模可在 50 只左右、100 只左右、150 只左右。凡重点养羊户，每只羊至少种好 2 亩牧草。

8. 确实加强领导。县里要以一名副县长为首，吸收科委、计委、经委、畜牧等有关部门负责同志和技术人员，成立发展养羊和细毛羊基地建设领导组，并聘请省农业厅、山西农大等单位的专家、学者担任技术顾问，各乡镇也要确定一名副乡长专抓此项工作。县、乡领导要定期研究，加强指导，提供信息，搞好服务，各有关部门要在资金上、物质上和技术上给予积极帮助，使我县的种草养羊业逐步走上完善化、系统化的道路。

1986 年 4 月 29 日

右玉县人民政府
关于 3 月 12 日召开全县 1992 年实现
基本绿化誓师大会的专题报告

雁北行署：

我县为保证今年按期完成基本绿化任务，3 月 12 日召开了全县 1992 年实现基本绿化誓师大会。地委杨大椿书记、省驻右玉工作队队长、省人行王一开副行长，以及地委农工部、行署农委、绿化委员会、林业局和新闻单位的负责同志参加了会议。我县参加会议的有县五套班子成员、县直机关干部职工、各乡镇党委书记、乡镇长和乡镇林业员。会上，县委书记、县长师发作了《拼死拼活，决战一年，圆满完成基本绿化任务》的动员报告，副县长徐建宝对今年的林业工作作了安排，有 5 位同志作了表态发言，地委书记杨大椿、行署绿化委员会主任韩忠孝作了重要讲话。

县委书记师发在报告中要求全县为实现基本绿化，要做到"八个保证"。1. 思想认识保证。要继续增强绿化意识，发扬一任接着一任干的光荣传统。全县干部、群众要确立"接过接力棒，林业再大上""为官一任、绿化一方""不造林不是右玉的好领导，不栽树不是右玉的好干部""右玉要想富、不能少栽树"的行动准则，从我做起，从现在做起。2. 组织领导保证。一是成立全县植树造林指挥部，由书记、县长任总指挥，各乡镇、各单位都要照此办理；二是成立规划、宣传、后勤等9个绿化小组，由常委或副县长任组长，各司其职，各负其责；三是层层签订绿化责任状，县对乡和大口，乡对村，大口对单位，绿化任务要逐级分解，落到实处。3. 宣传舆论保证。要开展"九个一"为主题的绿化宣传活动。一要造林前，县、乡、村三级党组织都要开好植树造林民主生活会；二要放好《绿洲右玉》电视录像片；三要办好右玉40年林业成就大型展览；四要组织林业宣传车；五要树好一块"绿化宣传碑"；六要编辑出版《右玉林业功臣录》一部书；七要办好乡村、机关绿化业余文艺宣传队；八要编好一组广播节目；九要各个乡村都要办好一块板报。4. 各项投入保证。采取多种投资形式解决林业投入。一是向上级要一点；二是财政拨一点；三是乡镇集体筹一点；四是向煤矿收一点；五是个人投一点，农村劳力每人全年投义务工、积累工不少于30个；六是让社会助一点，全县所有的汽车、拖拉机每辆投义务车工5个；七是干部、职工捐一点等。5. 技术服务保证。一是搞好技术培训；二是推广应用适用造林技术；三是实行技术承包；四是搞好场、圃、站基础建设。6. 政策规定保证。过去，我县在林业中制定过一系列政策，概括叫做："一固定、二归己、三不交、四优先、五奖励"。今后我们还要长期稳定这些政策。7. 奖惩兑现保证。继续实行"一票否决"制。若预期完成了绿化任务，一是对全县从正局到一般干部进行越级提拔。二是全县拿出5个农转非、20个招工指标用于奖励绿化成绩突出的机关和乡镇干部。三是财政拿出3万元的资金用于物质奖励。如没有完成基本绿化任务，要进行重罚。县委书记、县长自动请求降职降级，林业局副局以上干部一律免职，乡镇党委书记、乡镇长一律降职使用。8. 制度规定保证。即坚持领导办点制度、干部参加劳动制度、出勤考核制度、造林检查验收制度、林木管护制度、每晚召开五套班子和大口负责人碰头会议制度等。

地委书记杨大椿在讲话中指出：这几年右玉林业建设取得了很大成绩，受到林业部及省、地的表彰，我向大家表示热烈的祝贺。今年是右玉实现基本绿化的关键一年，是右玉县委带领全县10万人民绿化右玉接力赛中的最后一棒冲刺，地委、行署甘愿做你们的后盾，当好你们的啦啦队，给你们鼓劲加油。今天的大会开得很好，反映了右玉人民的品德和"老黄牛"精神。这次会议的召开，突出反映了一个"早"字，就是早动手、早准备、早发动，应该肯定，应该表扬，对基本绿化的决心大家现在讲出来，还要靠艰苦劳动把树木种出来，秋季长出来，检查验收时能够看出来。我代表地委向大家保证，把你们的经验让报社登出来，电台、电视台播出来，最后你们把奖品拿回来。当前全党上下正在认真贯彻落实中央2号文件精神，中心议题是全党动员，集中精力，贯彻党的基本路线，最突出的就是要搞好经济建设这个中心。右玉一个很大的特点，就是荒山多、风沙多，右玉县委抓住了春季这个大好时机，首先从植树造林开始，这就抓住了发展经济的主攻方向和主导产业，这是右玉县委带领全县人民贯彻落实邓小平同志南方谈话精神的具体行动。希望同志们在今年的植树造林当中，继续为全区起到一个带头作用、推动作用。

右玉县人民政府
1992 年 3 月 15 日

中共右玉县委
关于加强生态环境保护的决定

（2001 年 1 月 10 日中共右玉县委十届二次全体会议通过）

新中国成立以来，历届县委、县政府团结带领全县人民群众发扬艰苦奋斗精神，坚持不懈大搞植树造林，改土治水，使全县生态环境建设取得了显著成效，全县森林覆盖率达到 40.7%，有林面积由解放初的 8000 亩，提高到现在的 120 多万亩。全县先后荣获全国治沙先进县、全省绿化达标县、生态环境建设红旗县等称号，并因此赢得了"塞上绿洲"的美誉。特别是去年以来，全县启动实施了退耕还林还草还牧战略，生态环境建设步入了林草并重、综合治理、良性循环的新阶段。然而，由于认识不高、管理滞后等方面的原因，全县在生态环境建设方面还存在着边治理、边破坏的现象，一些地方出现了乱砍滥伐林木、毁林毁草开荒、乱采滥挖河道、非法占用林地草地、随意捕猎毒杀野生动物等现象，这些行为，不仅损害了我县生态环境建设的良好声誉，而且也极大地破坏了生态平衡，直接影响到全县可持续发展，对我县生态安全造成了严重威胁。必须采取坚决有效的保护措施，严厉打击破坏生态环境的行为。为此，特作如下决定：

一、严禁乱砍滥伐，停止林木采伐审批

1. 从 2001 年 1 月 1 日起，3 年内，停止我县境内各种林木采伐活动，有关部门一律不得再办理林木采伐手续。

2. 严禁乱砍滥伐包括灌木林在内的所有林木，对特种用途林（如风景林、水源涵养林、护岸林等）的修枝抚育、果实采摘，必须经县林业主管部门批准，并严格操作规程。

中共右玉县委文件

右发〔2001〕8 号

★

中共右玉县委
关于加强生态环境保护的决定

（二〇〇一年一月十日中共右玉县委十届三次全体会议通过）

解放以来，历届县委、县政府团结带领全县人民群众发扬艰苦奋斗精神，坚持不懈大搞植树造林，改土治水，使全县生态环境建设取得了显著成效，全县森林覆盖率达到 40.7%，有林面积由解放初的 8000 亩，提高到现在的 120 多万亩，全县先后荣获全国治沙先进县，参省绿化达标县，生态环境建设红旗县等称号，并因此赢得了"塞上绿洲"的美誉；特别是去年以来，全县启

中共右玉县委
《关于加强生态环境保护的决定》

3. 严禁在幼林地、封山育林地放牧、砍柴，严禁在公路两侧的林带周围堆放、燃烧秸秆、柴草和放牧等人为毁坏林木的行为。

4. 在森林防火期内，严格执行林区用火制度，控制火源、火种，禁止在林地内和林区边缘地带吸烟、烧荒、野炊、上坟烧纸等。

5. 林业、水利部门，要经常组织专门人员对全县森林资源分布、水利水保工程进行全面清查核实，建档立案，调查生态环境资源增长发展情况。

6. 林业部门要调查制定特种用途林、防风固沙林、水源涵养林和护岸林的保护区范围及四至界线，划定封山育林、重点林业项目工程保护区范围及四至界线，划定禁牧区域界限范围。要依据国家天然林保护工程要求，年内要建立 10 个天然林保护管理站。

二、严禁毁林、毁草、开荒地，破坏生态植被

7. 要立足我县实际，立草为业，发展畜牧，对草地划分禁牧区，严格实行草场禁牧期和轮牧制度，严禁毁坏生态环境植被，严禁随意毁林、毁草、开荒、采矿、采砂、采土，对已经退耕还林还草区域，严禁复垦种植各类作物。

8. 从 2001 年起，要在新城镇等全县生态建设重点工程周边24 个村庄逐步推行禁牧圈养，同时要总结经验，示范推广。

三、严禁违法猎捕野生动物，破坏生态平衡

9. 严禁猎捕和利用毒饵诱杀各类野生动物。县林业主管部门要在全县范围内划定狩猎区和禁猎区，并设置明显标志，配备专人进行管理、巡护。对擅自非法狩猎、毒杀以及收购、贩运、买卖野生动物的不法行为，要依照《野生动物保护法》进行严厉打击、查处，并没收其非法所得，依法予以重罚，构成犯罪的，要追究刑事责任。

对于正常狩猎非国家或地方保护的野生动物行为，经县林业主管部门审核批准后，到指定狩猎区狩猎非保护性野生动物；否则，将扣留或没收其所持器械和非法所得，并处以经济处罚。

四、严格责任追究制度

10. 生态环境保护是功在当代、造福子孙的千秋大业，全县各乡（镇）党委、政府，各村党支部、村委会的主要领导，要把生态环境建设保护工作列入重要议事日程。要在全社会掀起宣传、教育新高潮，深入贯彻落实《中华人民共和国森林法》《中华人民共和国水土保持法》《中华人民共和国草原管理法》以及《中

华人民共和国野生动物保护法》等有关生态保护法律、法规，大力倡导保护生态光荣，破坏生态可耻，形成人人保护生态环境的良好风尚。

11. 增强各级领导干部对生态环境保护的责任感和使命感，严格责任追究制度，按照谁主管的地域谁负责的原则，乡、村党政一把手要亲自抓，负总责。县、乡、村都要建立健全护林护草组织，配备专职或兼职护林护草人员，订立护林护草公约，落实护林护草责任制和管护经费。各业务主管部门要依法行政，定期检查管护工作，发现问题，及时处理。如违反本决定，造成生态环境破坏的，政法部门必须加大打击力度，除按有关法律、法规对当事人给予重处重罚外，要对案件发生地的乡、村主要领导、分管领导、业务主管部门领导及管护人员给予相应的处罚，对于失职、渎职造成生态环境破坏损失的，依照有关法律追究其刑事责任。

12. 对在生态环境保护中作出较大贡献的，以及检举揭发破坏生态环境行为的，县委要给予大力表彰、奖励。

13. 具体细则要由县政府及有关部门制定。

右玉县人民政府
关于进一步加强森林资源保护工作的意见

各乡（镇）人民政府、县直各委、办、局、厂矿及企事业单位：

近年来，我县林木管护工作取得了较大成绩，但还存在牛羊进入林地放牧、重点造林工程被牲畜毁坏等现象。为了有效遏制林地放牧，严厉打击各类毁林不法行为，切实保护我县森林资源，巩固生态建设成果，促进全县林业建设可持续发展，根据《中华人民共和国森林法》等有关法律、法规，特作如下规定：

一、加强对保护森林资源的宣传，各乡（镇）、村及有关部门要经常开展多种形式的宣传活动，大力宣传《中华人民共和国森林法》和县委、县政府《关于加强生态环境保护的决定》，在全县范围内形成全民参与、社会监督、护林光荣、毁林可耻的良好氛围。

二、各乡（镇）人民政府、村委会和有关单位，都要建立护林组织机构，设置专人。县林业主管部门要对全县重点工程配备具有热爱林业工作，责任心强，敢于同毁林犯罪行为作斗争的专职护林人员，全面落实护林责任制，并根据护林面积大小和管护效果，每月给予护林工资300～500元，并以月进行工作实绩考核。保留能干的，淘汰混饭的，辞退不干的，惩处违法的，使其在生活上有保障，集中精力从事管护工作。

三、严禁乱采滥伐林木，控制森林采伐，坚决制止无证采伐、超计划采伐。对采伐林木的单位和个人，如没有按照规定完成更新造林任务的，处以经济处罚，并对责任人给予行政处罚；对违反规定非法采伐，毁坏珍贵树木的要依法追究刑事责任。

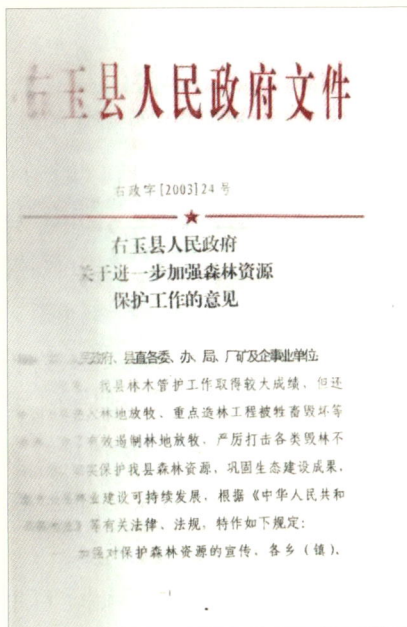

右玉县人民政府
《关于进一步加强森林资源保护工作的意见》

四、坚决禁止盗伐、滥伐森林树木，有下列行为的要加重处罚：

1. 盗伐林木材积不足0.5立方米或幼树不足20株的，除没收盗伐或变卖所得外，责令补植盗伐株数10倍的树木，并处盗伐林木价值3～5倍的罚款；

2. 盗伐木材超过0.5立方米或幼树20株以上，除补植盗伐株数10倍的树木，没收盗伐林木或变卖所得外，并处盗伐林木价值8～10倍的罚款；

3. 滥伐林木材积2立方米以上的，要依据《中华人民共和国森林法》的有关规定，依法追究当事人的刑事责任。

五、严禁在林地内从事毁林开垦、采矿、采石、采砂、采土、采种等活动。违者造成森林、林木和林地毁坏的，责令补植毁坏株数2～3倍树木，并处毁坏林木价值3～5倍罚款；擅自开垦林地、破坏林地植被的，要限期恢复原状，并处每平方米7～10元的罚款；擅自改变林地用途的，责令限期恢复原状，并处以每

291

平方米 20～30 元的罚款。

六、禁止在小南山、贾家窑山、大南山等重点林区建坟、倒垃圾，违者从严处理。对新建的坟墓，由林业部门责令限期迁出，对拒不迁出者，全部铲除。每座坟墓处罚坟主 1000 元罚款，对故意违反本决定新建坟墓者，责令其停止建坟，并处罚金 2000 元。

七、严禁在幼林地、封山育林区和特种用途林内砍柴、放牧，严格实施禁牧、封育。各乡（镇）、村辖区内，要以乡包片、以村划界、以户定块，责成专人管护，并将林权落实到户，任何单位和个人不得在退耕还林地和山和线、百里绿色生态走廊等县级重点项目造林区、保护区内破坏森林资源，违者每损坏 1 株大苗罚款 50～100 元，每毁坏一亩幼林罚款 500～1000 元，情节严重的，要追究有关人员的刑事责任。

八、全县干线公路两侧、百里绿色生态走廊两侧县级造林重点工程和退耕还林项目区，全部划定为禁牧区。发现放牧，对放牧人员每次罚款 1000 元，如现场无法交清罚款者，执法人员有权扣留牲畜，并限期 24 小时内交清罚款，否则执法人员有权处置牲畜，以补偿经济处罚。对态度极端恶劣，阻碍公务，拒不接受处罚者，执法人员要及时报告县公安部门依法执行。案情严重的，追究乡、村两级主要领导的责任。

九、对运输木材、经营加工木材的单位和个人，要进行严格监督检查。所有经营加工木材的单位和个人，要提供木材来源的有关合法证明。对既不能提供相关证明，又无正当理由的，要一律封存，没收其所有货物，同时要对主要责任人进行严肃处理。对无木材《准运证》而运输木材的，没收非法运输的木材，并对货主处以非法运输木材价格 30% 的款；对伪造、涂改木材《准运证》运输木材的，没收非法运输的木材，并处没收木材价格 50% 的罚款；对贩运盗伐木材的，除没收木材外，对贩运者处以所得价格 3 倍以上的罚款，触犯刑律的，依法追究法律责任。

十、不准擅自移动或毁坏林业宣传标志、损坏林区工程设施，发现上述行为，除责令其赔偿损失外，并处以工程设施造价 3～5

倍罚款。

十一、严格执行林区用火管理制度，控制火源火种，禁止在林区内吸烟、烧荒、野炊、上坟烧纸等，因过失引起森林火灾，尚未造成重大损失的，责令赔偿损失，限期更新残林，并处以3000～5000元罚款；造成重大损失的，要追究其刑事责任。

十二、依法保护护林人员、木材检查人员、森林植物检疫人员、林政执法人员执行公务。对聚众闹事、毁坏、哄抢林木，阻碍林政执法检查的集体和个人，要从严惩处，并追究有关责任人的刑事责任。

十三、对护林有功人员及举报破坏森林者大张旗鼓地给予表彰奖励；对有毁林案件发生的乡村主要领导、分管领导、管护人员，要给予相应的处罚；对于失职、渎职造成生态环境破坏的，按照有关条例、法规，追究有关人员的党纪、政纪、刑事责任。

十四、林业部门和各级护林人员，要切实承担起全县森林资源保护责任，对破坏林木的行为不准包庇掩盖，不准徇私舞弊，违者给予有关人员党纪、政纪处分，直至追究刑事责任。

十五、林业行政处罚由县林业局执行，构成犯罪的，移交司法部门追究刑事责任。要重视和发挥林业派出所的职能作用。

各乡（镇）人民政府、县直各有关部门要采取各种措施严厉打击各种破坏森林资源的不法行为，特别是县公安、司法部门必须紧密配合，共同担负起保护森林资源的重任，促进全县林业建设稳定、快速、健康发展。

2003 年 7 月 19 日

中共朔州市委　朔州市人民政府
关于在全市组织开展学习右玉精神的决定

（朔发〔2008〕12 号）

　　右玉县是我市唯一的国定贫困县。从中华人民共和国初期，右玉县委、县政府面对自然条件恶劣、生态环境脆弱、群众生产生活极为困难的现实，展开了一场没有终点的艰苦奋斗、改造自然、建设美好家园、科学发展的接力赛。58 年来，17 任县委书记把改造自然、改善群众生存和生活条件当作首要任务，依靠艰苦奋斗，依靠坚持不懈，凭着坚定的信念、执着的追求，一张铁锹两只手，党员干在头，觉悟加义务，一任接着一任干，一张蓝图绘到底，因地制宜，实事求是，在塞上沙漠化地带，矢志不移搞绿化、坚定不移谋发展，走出了一条生态与经济协调发展、人与自然和谐发展、价值与政绩等量发展之路，展示了正确的政绩观，诠释了科学发展观，实践了"三个代表"重要思想。右玉县由过去的"一年一场风，从春刮到冬；白天点油灯，晚上土堵门"，发展成为今日塞上绿洲。全县林地由解放初的 8000 亩残林，增加到现在的 150 万亩。森林覆盖率由不到 0.3% 提高到现在的 50%，高出全国平均值的 30 个百分点，225 万亩沙化土地中，得到治理的占 90%，沙尘暴天气减少50%，风速降低30%，创造了宜居宜发展的良好环境。同时，在艰难困苦的绿色追求中，在与恶劣的自然环境抗争的实践中，锻炼了意志，坚定了信念，培养造就了一批作风朴实、勤廉为民、执着干事的干部。也正是凭借着绿色环境和干事创业的干部队伍这两个轮子，推动了右玉的可持续发展。县域经济综合实力实现新跨越，煤电能源项目建设纵深推进，招商引资、新

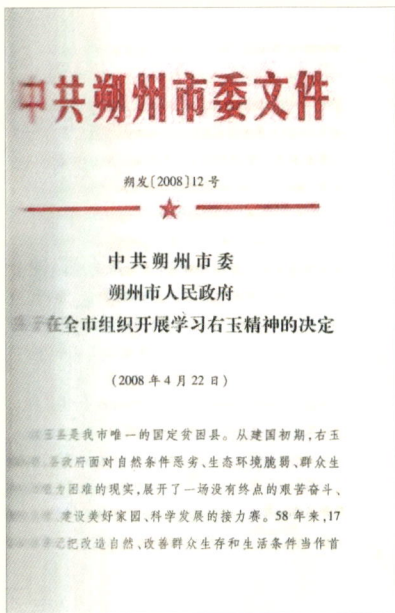

中共朔州市委、朔州市人民政府
《关于在全市组织开展学习右玉精神的决定》

农村建设、生态旅游、城乡基础建设、文化教育等各项事业有了长足发展，党的建设工作呈现出新的气象。截至2007年，全年财政总收入达1.6609亿元，是2005年的2倍。2006年被国家环境保护局命名为国家级生态示范区。右玉县在生态建设方面作出了卓著成就。这种不以牺牲环境为代价，追求人与自然和谐发展的路子，体现了科学发展和正确的政绩观。为大力宣传和弘扬右玉精神，用榜样教育干部，用典型鼓舞士气，进一步推进市委提出的"使朔州成为蓝天碧水、生活舒适的最宜居城市和环境宽松、人气旺盛的最宜发展城市"和实现"两个翻番"目标的早日实现，市委、市政府决定在全市组织开展学习右玉精神活动。

右玉县在半个多世纪的艰苦探索、顽强拼搏、不懈追求中，形成了朴实无华而又特色鲜明的"右玉精神"。"右玉精神"的内涵十分丰富，其核心是追求文明、执着干事、艰苦奋斗、科学发展。体现了知难而上、扎实苦干、负重奋进的艰苦奋斗传统；体现了立党为公、执政为民、廉洁从政、勇于牺牲的无私奉献的

本色；体现了大局为重、群众为重、一心一意谋发展的团结协作品格；体现了锐意进取、开拓创新、与时俱进的要求；体现了前赴后继、不求近利、坚强信念的追求。正是这种精神的鼓舞、感召、凝聚，才使右玉形成了党心聚集民智、干群同心拼搏的良好局面。市委、市政府认为，右玉县是新时期、新形势下我市县级班子涌现出来的优秀代表，右玉精神具有鲜明的时代特色。在推进全市社会经济科学发展中需要这种精神，在实践"三个代表"重要思想、建设社会主义核心价值体系中需要这种精神，在解放思想、奋力赶超、建设塞外最宜居最宜发展的城市中更需要这种精神。因此，全市各级党委、政府和广大干部群众要充分认识学习弘扬右玉精神的现实意义，积极行动起来，广泛开展学习宣传，使右玉精神发扬光大。

——学习右玉精神，核心是要坚持科学发展、和谐发展的理念。全市各级党委、政府要把科学发展作为执政理念，毫不动摇地坚持发展第一要务，立足本地实际，因地制宜，不以牺牲环境、破坏资源为代价，实现经济社会的可持续发展、和谐发展和又好又快发展，切实增强综合经济实力。

——学习右玉精神，重点是要学习艰苦奋斗、负重奋进的精神。全市各级都要向右玉干部那样，在社会主义市场经济建设中，勤俭办事、艰苦创业，在准确把握本地实际与市场经济规律的基础上，进一步理清发展思路，突出重点，奋力赶超，全力抓好实施，使区域特色经济尽快有新的突破性发展。

——学习右玉精神，关键是要保持执着干事、自强不息的意志。各级党委、政府要向右玉县委、县政府历届班子那样，一张蓝图绘到底，一任接着一任干，团结协作，勇于实践，顽强拼搏，不懈追求，百折不挠，奋力赶超，促进经济和社会各项事业的大发展。

——学习右玉精神，本质是要落实求真务实、勤政为民的要求。要认真践行"三个代表"重要思想，真正做到情为民所系、利为民所谋、权为民所用，不断适应加快改革和发展的新要求，切实为群众办实事、办好事，各级各部门和广大党员干部要在贯彻市委四届三次全会精神中，认真开展对照检查，查找自身差距，采取过硬措施，扎扎实实抓好机关纪律作风整顿，加大对干部的评议监督力度，进一步转变干部作风，以好的作风带动好的政风行风，进一步增强各级党组织的号召力、凝聚力和战斗力。

市委、市政府要求，开展学习右玉精神活动，要求全市各级领导班子和领导干部要起带头作用。要把学习右玉精神作为一项重要工作进行安排部署，坚持"五个结合"。一是同全市解放思想大讨论活动结合起来，二是同机关纪律作风整顿和政风行风建设结合起来，三是同加强农村基层党风廉政建设结合起来，四是同领导干部廉洁从政、严格执行各项制度规定结合起来，五是同廉政文化建设结合起来。营造扎实干事、廉洁干事氛围，做到既要全面学习右玉精神，又要注意总结本地本部门的好典型，既要寻找工作和思想上的差距，又要采取切实可行的改进措施。要注重实效，力戒形式主义，真正把右玉精神转化为自身的具体实践，把学习效果体现到加快发展的实际工作中去。市纪委、组织部、宣传部要做好学习活动的安排、指导和督促检查工作。广播、电视、报刊等新闻媒体要开辟专栏专题，大力宣传，及时报道学习动态和各级各部门的好典型，不断把学习活动引向深入。

市委、市政府号召，全市各级党委、政府和广大干部要把学习右玉精神同弘扬朔州精神紧密结合，融为一体，全面落实党的十七大精神，自觉践行"三个代表"重要思想，认真贯彻落实科学发展观，树立正确的人生观、价值观、权力观、政绩观，以与时俱进的思想作风和奋发有为的精神状态，全力推进改革开放和社会经济更好更快发展，为建设最宜居最宜发展的新朔州而努力奋斗。

2008 年 4 月 22 日

文献选辑

中共山西省委
关于大力学习弘扬"右玉精神"的决定

(晋发〔2009〕26号)

    右玉县位于晋西北地区，毗邻毛乌素沙漠，历史上生态环境恶劣。新中国成立60年来，右玉县历届县委、县政府团结带领全县党员干部群众，坚持不懈植树造林，坚韧不拔改善生态环境，全县森林覆盖率由不到0.3%提高到52%以上，创造了令人惊叹的奇迹，有力促进了全县经济社会发展，在艰辛的探索实践中铸就了以"执政为民、尊重科学、百折不挠、艰苦奋斗"为核心的"右玉精神"。"右玉精神"是我们党60年来执政为民、践行宗旨的一个缩影，是党的科学发展理念的质朴诠释和成功实践，是太行精神（吕梁精神）在新时期的发扬和深化，是我省党的建设特别是作风建设上的一个宝贵典型。为了推动和深入学习实践科学发展观活动，进一步加强领导干部作风建设，为推动转型发展、安全发展、和谐发展和新基地新山西建设提供强大精神动力，省委要求全省各级党组织和广大党员干部群众大力学习和弘扬"右玉精神"。

一、学习和弘扬"右玉精神"，
就是要切实增强执政为民的宗旨意识

　　右玉县解放初期土地沙化面积达 76.4%，恶劣的生态环境严重制约着经济社会发展和人民生活水平提高。右玉历届县委、县政府坚持人民利益至上，顺应群众的愿望和要求，把植树造林作为全县人民的生命工程和发展工程，带领全县干部群众播撒绿色、阻遏风沙，发展经济、建设家园。全县生态建设和经济社会发展实现了翻天覆地的巨变，人民生活水平不断提高。学习和弘扬"右玉精神"，要更加自觉地坚持全心全意为人民服务的根本宗旨，把群众呼声作为第一信号，把

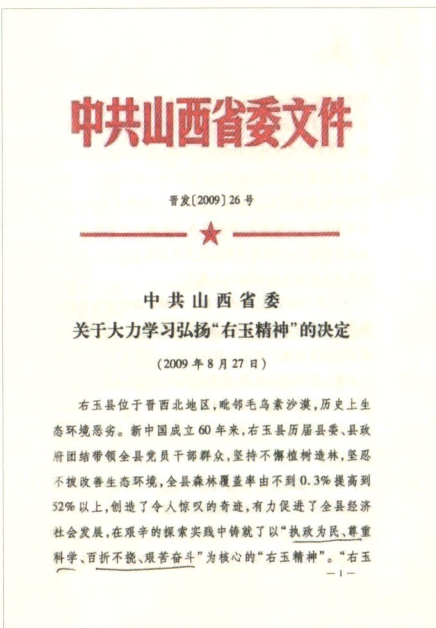

中共山西省委
《关于大力学习弘扬"右玉精神"的决定》

群众需要作为第一选择，把群众满意作为第一标准，真诚倾听群众呼声，真情关心群众疾苦，真心解决群众困难，切实做到权为民所用、情为民所系、利为民所谋；坚持问政于民、问计于民、问需于民，多办顺民意、解民忧、增民利的实事好事，把实现好、维护好、发展好人民群众的根本利益作为一切工作的出发点和落脚点。特别是各级领导干部要始终保持同人民群众的血肉联系，始终保持爱民为民的公仆情怀，任何情况下都要与人民群众同甘苦、共命运、心连心，尽心竭力为群众谋福利，从群众中汲取前进力量，把我们党的执政根基深植于人民心中。

二、学习和弘扬"右玉精神"，
就是要牢固树立尊重科学的发展理念

60年来，右玉县广大党员干部群众立足实际、因地制宜，尊重客观规律，科学制定决策，准确把握塞北高寒风沙地区植树造林的特点和规律，正确处理建设生态与发展经济的关系，积极探索人与自然和谐发展之路，逐步形成"绿树转生态、生态变资源、资源促发展"的绿色经济发展模式，在推动科学发展、促进社会和谐上取得突出成绩。学习和弘扬"右玉精神"，要更加自觉地坚持发展是第一要务，认真贯彻落实科学发展观，统筹处理当前利益与长远利益、经济发展与生态建设的关系，把生态文明建设摆在更加突出的位置，推动发展由资源依赖型向创新驱动型转变，富有成效地推进全面协调可持续发展；坚持实事求是，一切从实际出发，把握规律、尊重科学，走生产发展、生活富裕、生态良好的发展道路，加快建设资源节约型和环境友好型社会；坚决反对以牺牲资源、生态环境甚至人民生命财产安全为代价换取经济的一时发展，多做打基础、利长远、强根本、惠民生的事，努力创造经得起实践、人民和历史检验的业绩。

三、学习和弘扬"右玉精神"，
就是要大力培养百折不挠的优秀品格

植树对于右玉县来说不仅难度很大而且短时期内难以见效。面对树种少、劳力少、资金少和调苗难、栽种难、成活难等突出困难，右玉县党员干部群众不气馁、不退缩，"咬定青山不放松"，以大无畏的气概和敢于胜利的精神顽强拼搏，在战胜重重困难中绿化了家园、磨炼了意志、增进了团结。特别是历届县委、县政府"一任接着一任干，一张蓝图绘到底"，换届不换方向，换人不换精神，"绿色接力棒"代代相传。学习和弘扬"右玉精神"，要更

绿色铸就丰碑

右玉精神70年

加自觉地树立强烈的事业心和责任感，始终牢记党和人民的重托，激发迎难而上、攻坚克难的顽强斗志，保持矢志不渝、锲而不舍的工作韧劲，发扬百折不挠、愈挫愈奋的进取精神，积极应对改革发展稳定中面临的困难和挑战，不断开创全省各项事业发展的新局面。

四、学习和弘扬"右玉精神"，就是要继续发扬艰苦奋斗的优良作风

60 年来，右玉县党员干部群众克服种种困难，"觉悟加义务、镢头加窝头、苦干加实干"，凭着一股流血流汗、无私奉献、勇于献身的精神，不仅使昔日的不毛之地变成了绿色海洋，而且推动了全县经济社会又好又快发展。右玉的实践充分证明，党以艰苦奋斗而兴，国以艰苦奋斗而强，业以艰苦奋斗而成，艰苦奋斗作为我们党战胜一切困难的传家宝，永远也不能丢。学习和弘扬"右玉精神"，要始终牢记"两个务必"，增强党的意识和群众观念，自觉在艰苦奋斗中加强党性修养和养成良好作风；坚持求真务实、真抓实干，讲实话、办实事、出实招、重实效，坚决反对官僚主义、形式主义和劳民伤财的"形象工程""政绩工程"；带头讲党性、重品行、作表率，经得起诱惑、守得住清贫、耐得住寂寞，勤政为民，廉洁奉公，防止为政失德、工作失职、行为失范，永葆共产党人的先进性和政治本色。

学习和弘扬"右玉精神"要与贯彻落实科学发展观、推动"三个发展"紧密结合起来，增强发展信心，凝聚发展力量，认真贯彻落实中央和省委、省政府保增长、保民生、保稳定的各项政策措施，扎实推进经济结构调整，有效促进发展方式转变，坚定不移走科学发展之路，推动能源基地和老工业基地全面创新；要与学习弘扬太行精神（吕梁精神）和纪兰精神等紧密结合起来，发扬革命老区讲政治、顾大局、能奉献，不等不靠、艰苦创业的优

良传统和作风，发扬山西人民勤劳智慧、淳朴善良、诚实守信的优秀品格，通过苦干实干建设美好家园、创造幸福生活；要与加强干部队伍建设特别是县级领导班子建设紧密结合起来，努力建设科学谋事、团结共事、务实成事、干净干事的坚强领导集体，激发广大党员干部始终保持昂扬向上、奋发有为的精神状态；要与加强作风建设紧密结合起来，加强领导干部党性修养，大力树立和弘扬良好作风，实实在在地为群众解难事、办实事、做好事，始终做到为民、务实、清廉。各级党组织要把学习和弘扬"右玉精神"作为一项重要政治任务来抓，切实加强组织领导，主要负责同志要亲自安排部署，引导广大党员干部群众深刻理解"右玉精神"的丰富内涵和精神实质，牢固树立科学的世界观、人生观、价值观，坚持正确的事业观、工作观、政绩观。宣传部门和新闻单位要大力宣传右玉经验，深刻阐释"右玉精神"，及时报道各地开展学习活动的情况。通过学习和弘扬"右玉精神"，激励和鼓舞全省党员干部群众积极投身转型发展、安全发展、和谐发展，加快建设新型能源和工业基地，为构建充满活力、富裕文明、和谐稳定、山川秀美的新山西而努力奋斗！

2009 年 8 月 27 日

中共右玉县委
关于认真学习贯彻习近平同志重要批示
持续大力传承弘扬右玉精神
推进转型跨越发展的实施意见

右发〔2012〕19 号

2012 年 9 月 28 日，中共中央政治局常委、中央书记处书记、国家副主席、中央军委副主席习近平在山西省委报送的《关于我省学习弘扬右玉精神情况的报告》上作出重要批示："右玉精神体现的是全心全意为人民服务，是迎难而上、艰苦奋斗，是久久为功、利在长远。山西持续开展学习弘扬右玉精神，抓得好，成效大。望你们再接再厉，结合迎接党的十八大和贯彻落实十八大精神，继续学习弘扬右玉精神，深入贯彻落实科学发展观，牢固树立正确政绩观，在转型跨越和推进山西经济社会又好又快发展中取得新的更大成绩。"随后，省委书记袁纯清作出批示，要求省委办公厅以通报的形式将习近平同志的重要批示及《关于我省学习弘扬右玉精神情况的报告》印发各地各部门，进一步深入学习、大力弘扬右玉精神，树立科学发展观和正确政绩观，加快全省转

303

中共右玉县委
《关于认真学习贯彻习近平同志重要批
示持续大力传承弘扬右玉精神
推进转型跨越发展的实施意见》

型跨越发展步伐。市委召开常委会传达学习了习近平同志的重要批示，研究部署了贯彻落实意见。10月17日，市委又在我县召开中心组（扩大）学习会议，会议印发了《中共朔州市委关于认真学习贯彻习近平同志重要批示精神，进一步引深学习弘扬右玉精神活动、推进转型跨越发展的实施意见》。我县及时专门召开县委常委（扩大）会议，学习传达了习近平同志重要批示，并对学习贯彻习近平同志重要批示、传承弘扬右玉精神、推动转型跨越发展提出明确要求。为了进一步推进习近平同志重要批示精神的贯彻落实，根据省委、市委有关要求及县委常委（扩大）会议精神，现特提出如下实施意见：

一、全面把握，深刻领会，用习近平同志重要批示精神统一思想认识

习近平同志的重要批示，站在时代的、战略的、政治的高度，着眼世情国情党情的新变化，对右玉精神进行了精辟阐述，对我省持续开展学习弘扬右玉精神活动给予了充分肯定，对今后继续学习弘扬右玉精神和推进我省经济社会发展提出了明确要求。它充分体现了我党坚持科学发展观和正确政绩观的根本要求，深刻诠释了我党艰苦奋斗、求真务实的优良传统，对加强党的建设、推进我省转型跨越发展具有十分重大的现实意义。

同时，习近平同志这一重要批示，也饱含了对右玉人民的深厚感情、对右玉发展的关心关注、对右玉未来的殷切期望，是对右玉人民的极大鼓舞和有力鞭策。它也必将激发出我县广大干部群众攻坚克难、奋发有为的热情，调动起各方面工作的积极性、主动性和创造性，必将使我们发展的思路更加清晰、发展的动力更加强劲、发展的干劲更加高涨。因此，全县上下要把学习贯彻习近平同志这一重要批示精神，作为当前一项重要政治任务抓紧抓好。要高度重视，加强领导，精心组织，迅速行动，尽快在全县掀起学习贯彻习近平同志重要批示精神高潮。要组织广大党员干部认真学、反复学、深入学，全面把握批示精神实质，深刻领会批示丰富内涵。同时，要以学习宣传、贯彻落实习近平同志的重要批示精神为契机，利用各种新闻媒体，广泛宣传，营造氛围，充分激发全县干部群众干事创业、攻坚克难、推动发展的强大动力。要大力宣传习近平同志对我县人民的深厚感情，对我县发展的关心关注及对未来发展的期望与要求，进一步增强全县干部群众加快发展的使命感；大力宣传中央和省市委对我县的关心、重视和支持，进一步增强全县干部群众加快发展的责任感；大力宣传我县经济社会发展取得的新成就，进一步增强全县干部群众推进转型跨越和经济社会又好又快发展的信心和决心。通过大力学习宣传，进一步增强广大干部群众的政治意识、大局意识、机遇意识和责任意识，使全县上下真正把思想统一到习近平同志的重要批示精神上来，把行动统一到中央和省市委的决策部署上来，把力量凝聚到实现经济社会发展的各项目标任务上来。

二、丰富内容，活化载体，用习近平同志重要批示精神再掀弘扬右玉精神新高潮

学习贯彻习近平同志的重要批示精神，必须进一步传承弘扬好右玉精神，赋予右玉精神新的时代内涵，丰富右玉精神新的实践特色，激发右玉精神新的生机活力。全县上下要按照省

市委的总体要求，特别是市委《关于认真学习贯彻习近平同志重要批示精神，进一步引深学习弘扬右玉精神活动、推进转型跨越发展的实施意见》的安排部署，构建多种载体，运用各类平台，挖掘宣传渠道，创新宣传方式，推动我县尽快掀起一个以学习传达习近平同志重要批示精神为契机、传承弘扬右玉精神的新高潮。

一要强化宣传，积极扩大影响。要充分利用广播电视、手机网络、报纸杂志、标语牌匾、乡土教材等各种宣传媒介，采取开辟专栏，举办报告会、生活会、班前会、主题班（队）会等形式，进一步推动右玉精神进机关、进农村、进企业、进学校，努力做到家喻户晓。要在做好内宣工作的同时，通过邀请全国主流媒体记者莅右采风、举办右玉生态建设成就展和右玉精神专题展、组织右玉精神宣讲团赴各地巡回宣讲，并借助反映右玉造林绿化先进事迹的话剧《立春》作为党的十八大献礼全国优秀剧目巡演，进一步提升右玉生态文明建设和右玉精神的知名度、影响力。

二要拓展载体，用好优势资源。尽快启动运营干部教育基地，邀请绿化劳模、老干部开设课堂，对全县各级干部进行右玉精神再教育。邀请专家学者、领导干部深入研讨右玉精神，总结新经验、探讨新课题，使右玉精神与时俱进、历久弥新。尽快布展新的绿化纪念馆，组织各级干部参观绿化丰碑、绿化纪念馆、苍头河湿地公园等体现生态建设成就的景点，增强广大干部群众荣誉感、自豪感和责任感。根据时代特点，创新义务植树形式，将全民义务植树活动深入持久地开展下去。同时，要以筹拍一部反映右玉精神的电影为重点创作一批艺术作品，以完成一部关于右玉生态建设的理论著作为重点创作一批文化理论著作，完成宣传弘扬右玉精神的"十个一工程"，不断增强右玉精神的现实说服力和宣传感染力。

三要活动引领，挖掘先进典型。要通过组织各类活动，及时总结各级各部门推进工作的好经验、好做法，选树和挖掘各行各业的先进集体和个人，进一步丰富右玉精神的群体典型和个人典型，使右玉精神渗透到各个领域，成为推动全县各项工作的强大动力。重点要在全县深入开展"传承弘扬右玉精神、爱岗敬业比奉献"活动，进一步营造干事创业的良好氛围；结合领导干部下乡住村和基层组织建设年活动的开展，培树一批党建先进典型；配合全市开展好"学习弘扬右玉精神感动朔州十佳人物"推选、表彰及宣传活动。

三、抢抓机遇，创新求效，用习近平同志 重要批示精神推动转型跨越发展

学习贯彻习近平同志的重要批示精神，最根本的是要抢抓机遇，创新求效，把干事创业的激情转化成为推动转型跨越发展的强大动力和有效举措。各级各部门要深入贯彻落实科学发展观，按照全省转型跨越发展的总要求和全市"三新一城"建设的战略部署，围绕"十二五"实现地区生产总值和财政收入"双翻两番"、城市居民可支配收入和农民人均纯收入有较大幅度提高的总目标，以转型综改试点县建设为重大机遇，实施"五大战略"，推进"四化"建设，打造"六大基地"，加快建设富美和谐的幸福新右玉。

强力推进大开放战略。要站在新的历史起点，强化机遇意识、主动意识，走敢为人先、开放发展的路子。在开放引进中加大招商引智力度，广泛引进科技含量高、带动性强的高新技术产业和新兴产业，吸引更多的优秀人才为县域经济发展服务。以开放思维推进工业项目建设、城市品质提升以及农产品深度加工，加快引入要素资源，强力推动外向型经济发展。深入推进全方位多层次区域合作，进一步拓宽发展空间，着力打造晋蒙开放合作的重要通道和物流基地。

强力推进大项目战略。抢抓全省转型综改试验区建设的有利机遇，以元堡煤电循环经济园区、梁威低碳绿色产品工业园区和环县域清洁能源工业带为依托和载体，强化资源要素集聚，大力推进项目建设，做大做强煤电循环经济、清洁能源、新型材料、农畜产品加工四大支柱产业，全力打造全省一流的煤电循环经济园区、最大的清洁能源基地。围绕"一县一业、一村一品"发展方向，打特色牌，走规模路，加快小杂粮、肉羊、种苗等优势产

业基地建设，引进和扶持一批农业产业化龙头企业，全力打造全省特色农产品和生态畜牧产业基地。

强力推进大生态战略。从传承弘扬右玉精神的新高度和建设生态文明的新要求出发，把生态兴县和富民强县结合起来，坚持走"生态建设产业化、产业发展生态化"道路。以提档升级、扩带增量、打造精品、拓展基地为目标，大力实施造林绿化工程和蓝天碧水工程，着力打造多层次立体化的晋西北防风固沙生态屏障。延伸生态产业链条，积极发展林下产业等生态经济。依托我县独特的生态资源，大力发展特色生态旅游业，建设"全景右玉"5A级旅游景区，打造全国特色生态旅游名县。坚持生态环境优先，促进能源资源节约和循环利用，积极推动我县从生态建设大县向生态文明强县迈进。

强力推进大县城战略。按照统筹城乡发展的总体要求，推进以新区和旧城为体、南北两个生态区为翼的一轴两区、一体两翼的大县城发展战略。坚持规划一张图、建设一盘棋、管理一张网，统筹实施道路、供水、供热、绿化、净化、水系六大市政设施建设工程，加快现代服务业发展步伐，完善城市功能，提升城市品位，全力打造塞北生态宜居县。按照"一城一区四镇五十村"发展布局，推动资源要素、公共服务、基础设施、现代文明向集镇和中心村覆盖，加快完成农村新的"五个全覆盖"工程，高标准建设四大集镇和50个中心村。

强力推进大惠民战略。把解决民生问题作为最大政治、最大政绩，让人民群众共享发展成果、得到更多实惠。坚持教育优先发展战略，下功夫提升教育教学质量。推进基本公共卫生服务均等化，完善县、乡、村三级医疗卫生保障体系。多渠道促进充分就业，创造条件千方百计提高城乡居民收入，加快推进覆盖城乡的社会保障体系建设。进一步健全完善城乡最低生活保障制度和社会救助体系建设，加快社会福利服务体系建设和慈善事业发展。健全完善社会网格化管理体系，努力提高社会管理科学化水平。坚持以群众工作统揽信访工作，加强安全生产工作，持续推进"平安右玉"建设。

四、转变作风，提升能力，用习近平同志重要批示精神推进党的建设

习近平同志的重要批示，集中体现了保持党的先进性和提高党的执政能力的具体要求。全县各级党组织和广大党员干部要按照习近平同志重要批示要求，树立正确的政绩观，真正把传承弘扬右玉精神作为永恒课题，把改进工作作风放在突出位置，保持党员干部的良好形象，不断增强基层党组织的凝聚力、战斗力，为转型跨越发展提供坚强组织保证。

一要弘扬优良传统，促进作风转变。艰苦奋斗、真抓实干是我党的优良传统，也是右玉精神的珍贵本色，更是学习贯彻习近平同志重要批示精神的内在要求。全县各级领导干部要求真务实、真抓实干，更加自觉地摸实情、说实话、出实招、干实事、求实效、重实绩。要不断引深干部下乡住村和领导干部包村增收工作，把基层一线作为转变干部作风的主阵地，让广大党员干部真心实意地为群众办实事、办好事、解难事，在亲民、安民、富民的实践当中锤炼优良作风。要坚持重视基层、重视一线的导向，按照严格的标准评价干部的工作成绩，使评价结果与干部使用、奖惩、激励紧密挂钩，进一步形成比实干、抓落实的良好制度环境。

二要强化党性修养，提升执政能力。学习贯彻习近平同志重要批示精神，进一步传承弘扬右玉精神，就要自觉地在真抓实干中强化党性修养，进一步增强党的宗旨意识和群众观念。要紧跟转型跨越发展形势要求，围绕迎接党的十八大和学习宣传贯彻党的十八大精神，以县乡党委中心组和基层党组织为重点，狠抓党员干部，特别是领导干部的思想政治建设和理想信念建设，更加自觉地按照党的要求，讲党性、重品行、做表率，要把立党为公、执政为民的理念自觉地坚持下去，努力预防为政失德、工作失职、行为失范，永葆共产党员的先进性和政治本色。要把提升党员干部素质能力作为着力点，继续组织干部群众赴发达地区和高等院校学习培训，切实提高各级领导班子的工作能力和水平。

三要恪守纪律要求，推进廉政建设。要在全县党员干部中深

文献选辑

入开展以右玉精神为主题的思想入党教育和党风廉政教育，使各级干部特别是领导干部始终牢记"两个务必"，进一步增强宗旨意识和法纪观念，始终筑牢拒腐防线，真正做到用权为民不徇私、廉洁自律不出事，使清风正气在潜移默化中深入人心，形成以优良的党风带政风促民风的良好社会风尚。要坚持教育在先、惩防结合、注重预防，加强对领导干部、重点领域和重要岗位的监督检查。要深入开展整治吃拿卡要、整顿干部纪律作风专项行动，及时发现和纠正党员干部在纪律作风方面存在的突出问题，切实提高行政效能，推进服务型机关、服务型政府建设。

我们要以全面贯彻落实习近平同志的重要批示精神为动力，振奋精神，坚定信心，创新思路，强化措施，在全力推进转型跨越发展的同时，更加重视保障和改善民生，更加重视维护社会和谐稳定，更加重视加强党的建设，努力开创我县各项工作新局面，以更加优异的成绩回报习近平同志和中央省市各级领导的亲切关怀。纪检、组织、宣传等部门要总体协调，工青妇等群团组织要密切配合，努力推动全县形成广泛参与、积极践行的良好局面。

各级各部门学习贯彻情况要及时报告县委。

中共朔州市委
关于深入开展"右玉精神在朔州"
活动的意见

（朔发〔2013〕2号）

为了深入贯彻党的十八大和习近平总书记重要批示精神，全面落实省委引深学习弘扬右玉精神的工作部署，以实际行动迎接明年即将在市县开展的党的群众路线教育实践活动，市委决定在全市上下广泛开展"右玉精神在朔州"活动，教育、激励广大党员干部艰苦奋斗，迎难而上，久久为功，不断增强推进"两大任务"、建设美丽朔州和"塞上明珠"的精神动力。为此，特制定如下意见。

一、统一思想，充分认识
"右玉精神在朔州"活动的重要意义

1. 开展"右玉精神在朔州"活动，是贯彻习近平总书记重要批示精神的具体体现。2011年3月，习近平同志在中央党校春季学期开学典礼上的讲话中指出："右玉的可贵之处，就在于始终发扬自力更生、艰苦创业、功在长远的实干精神，在于始终坚持为人民谋利益的政绩观。我们抓任何工作的落实，都应该这样去做。"2012 年 9 月 28 日，习近平同志作出重要批示，指出："右玉精神体现的是全心全意为人民服务，是迎难而上、艰苦奋斗，是久久为功、利在长远。山西持续开展学习弘扬右玉精神活动，抓得好，成效大。望你们再接再厉，结合迎接党的十八大和贯彻落实十八大精神，继续学习弘扬右玉精神，深入贯彻落实科学发展观，牢固树立正确政绩观，在转型跨越和推进山西经济社会又好又快发展中取得新的更大成绩。"习近平同志的重要批示体现了党中央的科学执政理念，充满了对山西、对朔州、对右玉的厚望重托。省委及时贯彻落实习近平同志重要批示精神，对引深学习弘扬右玉精神作出一系列安排部署。全国、全省学右玉，右玉精神在朔州，深入贯彻落实习近平总书记重要批示精神，进一步学习好、传承好、弘扬好右玉精神，是摆在我们面前一项重大神圣的政治任务和义不容辞的政治责任。开展"右玉精神在朔州"活动，就是要进一步掀起学习弘扬右玉精神新热潮，以推进经济社会又好又快发展的实际成效回报习近平同志和党中央，以及省委、省政府的殷切期望和关怀厚爱。

2. 开展"右玉精神在朔州"活动，是推进经济结构优化和发展质量提升"两大任务"的现实需要。在今年 5 月 17 日召开的全市领导干部大会上，市委、市政府进一步明确了推进经济结构优化和发展质量提升"两大任务"的工作主题，确立了突出五大重点、打造五个基地、提升"四率"水平、实现"一超"目标、建设美丽朔州和"塞上明珠"的工作思路和奋斗目标，既符合中央的大政方针和省委省政府的决策部署，又符合朔州实际，得到省委、省政府的充分肯定。推进"两大任务"，事关朔州事业全局，事关朔州长远发展，任务艰巨，责任重大，使命光荣。为此，我们必须大力学习弘扬右玉精神，强化精神支撑，激发工作热情，充分调动全市上下的主动性、积极性、创造性，切实增强干事创业的紧迫感、责任感和使命感。特别是在当前煤炭行业结束"十年黄金期"、宏观经济形势严峻复杂的情况下，我们要更加发扬艰苦奋斗、迎难而上的光荣传统和优良作风，积极引导党员干部立志艰苦创业，倡导久久为功，不断把"两大任务"推向前进。

3. 开展"右玉精神在朔州"活动，是开展党的群众路线教育实践活动的重要"前奏"。按照中央的安排部署，从今年下半年开始，要在全党开展以为民务实清廉为主题的党的群众路线教育实践活动，教育党员干部牢固树立宗旨意识和马克思主义群众观点，切实改进作风，始终赢得人民群众的信任和拥护，不断夯实党的执政基础，巩固党的执政地位。这是新形势下坚持党要管党、全面从严治党的重大决策，是顺应人民期盼、加强学习型服务型创新型马克思主义执政党建设的重大部署。右玉精神是加强党的建设特别是作风建设的一面旗帜。开展"右玉精神在朔州"活动，就是要以学习弘扬右玉精神为主题，教育党员干部带头落实中央八项规定、省委"四个"实施办法和市委十项规定，坚持群众路线，站稳群众立场，服务人民群众，不断丰富党的群众路线教育实践活动载体，为确保活动成功开展奠定基础、探索路径、创造经验。

4. 开展"右玉精神在朔州"活动，是提升文化软实力和综合竞争力的重要载体。文化是城市的灵魂，是一个地区发展软实力和核心竞争力的象征。右玉精神是朔州文化的重要品牌。开展"右玉精神在朔州"活动，就是要把传承弘扬右玉精神作为推进文化强市战略的主要内容，在深化学习中挖掘，在弘扬传承中提升，彰显本土特色，扩大品牌效应，着力塑造具有朔州地域特色的文化精品和文化精神，不断提升全市文化软实力和综合竞争力。

二、明确任务，准确把握
"右玉精神在朔州"活动的工作要求

1. 总体要求：

坚持以习近平同志重要批示精神为指导，按照省委学习弘扬右玉精神的工作部署，深入贯彻落实全市领导干部大会精神，以党员干部为重点，迅速掀起学习弘扬右玉精神新高潮，为推进"两大任务"提供强大的精神动力，不断开创朔州科学发展新局面。

2．目标任务：

（1）思想境界有新提高。要深刻理解习近平同志重要批示精神的本质内涵，深切体会和领悟右玉干部群众"种树就是种生活、种事业、种历史"的质朴情怀，克服个人功利思想，树立"为人民立功、为人民谋利"的思想观念，不断增强党性修养，忠实践行党的宗旨。

（2）工作作风有新变化。要大力学习弘扬右玉干部群众艰苦奋斗、迎难而上、坚持不懈的实干精神，紧密结合当前改革发展实际，不断增强责任意识、忧患意识、机遇意识、发展意识，做到"不自满、不懈怠"，勇于"树标杆、争一流"，自觉"在其位、尽其责"，重在"打基础、利长远"，在推进"两大任务"、造福人民群众中勇于担当、善于担当、乐于担当。

（3）发展理念有新提升。要深入学习右玉县历届党政班子"一任接着一任干、一张蓝图绘到底"的科学理念，准确把握右玉人民"利在长远、久久为功"的精神品质，牢固树立正确的政绩观，正确处理当前利益与长远利益、创造"显绩"与注重"潜绩"的关系，多做打基础、利长远的事，真正做到胸怀全局、统筹兼顾、科学谋划，切实打牢长远发展的根基。

（4）朔州精神有新内涵。要在全社会大兴学习弘扬右玉精神之风，做到全市上下人人传承右玉精神、个个弘扬右玉精神、处处体现右玉精神，使右玉精神成为朔州精神的"代名词"，使朔州精神成为右玉精神的"升级版"。

（5）各项事业有新进展。要以右玉精神为动力，加快推进"两大任务"，推动经济结构进一步优化，发展质量进一步提升，发展重点更加突出，发展路径更加明晰；基地规模不断壮大，产业特征更加鲜明，转型跨越更加有力；"四率"水平不断提高，"一超目标"逐步实现，城市魅力更加彰显，人民生活更加幸福。

3．阶段步骤：

（1）宣传发动阶段。进行深入广泛的宣传发动，动员广大党员干部充分认识开展"右玉精神在朔州"活动的重要意义，切实增强学习弘扬右玉精神的自觉性和坚定性，为活动开展营造浓厚氛围。

（2）推进实施阶段。紧紧围绕推进"两大任务"，重点开展七项活动：一是开展专题学习教育，提升干部思想境界与素质能力；二是大兴调查研究之风，完善工作思路及措施；三是开展"右玉精神在朔州"大讨论，凝聚力量推动发展；四是召开专题民主生活会，增强党员干部领导发展的能力与水平；五是开展主题实践活动，丰富活动载体；六是开展领导干部下基层活动，推动解决突出问题；七是创优发展环境，加快推进改革开放和创新驱动。

（3）总结提升阶段。认真进行对照检查，及时制定整改措施，总结成功经验，探索建立引深学习弘扬右玉精神活动的长效机制，把"右玉精神在朔州"活动推向新阶段。

三、统筹推进，努力确保
"右玉精神在朔州"活动的实际成效

1. 坚持学习教育与主题实践相结合。各级各部门要组织多种形式的学习活动，重点学习中央领导特别是习近平同志对右玉精神的重要批示精神，学习省委、市委有关大力学习弘扬右玉精神的决定、意见及一系列安排部署，学习右玉县干部群众60多年的奋斗精神，准确把握右玉精神的精神实质和深刻内涵，深切感受右玉精神的可贵品质。特别是要紧密结合学习贯彻全市领导干部大会精神开展多种形式的主题实践活动，创新活动载体，丰富活动内容，增强活动实效。

2. 坚持思想教育与纪律整顿相结合。要坚持思想教育为主的原则，充分利用和发挥党员干部教育平台的作用，以右玉精神为生动教材，不断加强党的宗旨教育、正确政绩观教育、优良传统教育等思想建设，力求党员干部思想认识有新的提高，发展境界有新的提升。在此基础上，要进一步严明党的纪律，加强纪律检查，坚决狠刹庸、懒、散、奢等不良风气，坚决杜绝不作为、乱作为、慢作为等不良现象，坚决制止吃、拿、卡、要等恶劣行为，促进

工作作风转变，营造出风清气正、共谋发展的良好环境，推动各项工作任务的有效落实。

3. 坚持扩大宣传与挖掘提升相结合。要在活动中进一步加大对外宣传力度，深入挖掘总结提升右玉精神的核心价值，为全省、全国奉献优质精神产品，努力使之成为推动实现中华民族伟大复兴的时代精神。同时，要注重对内提升，不断赋予右玉精神新的时代内涵，挖掘选树典型人物、典型事迹，切实增强右玉精神的生命力、感染力和影响力。

4. 坚持舆论引导与实地体验相结合。要充分发挥舆论的引导作用，充分利用多种媒体，营造浓厚氛围，推动活动开展。不仅要通过理论研讨等形式，深度阐释右玉精神，而且要运用多种艺术形式，充分展示右玉精神，使右玉精神更加形象、更加生动、更加感人。与此同时，要组织党员干部深入实地，亲耳聆听、亲身感受右玉精神，建设好、利用好干部教育基地等参观、体验设施，增强右玉精神的震撼力、感召力。

5. 坚持开展活动与做好工作相结合。要妥善处理好开展"右玉精神在朔州"活动和做好当前工作的关系，做到围绕中心，服务大局，统筹兼顾，合理安排，坚持把开展活动与推进项目建设、转型综改、"五城联创"、民生改善等重点工作紧密结合，在推进工作中开展活动，以活动开展促进工作、检验工作，把活动成效体现在解决问题、推动发展上，切实做到开展活动和做好工作"两不误、两促进"。

四、加强领导，切实强化
"右玉精神在朔州"活动的组织保障

1. 加强领导，形成合力。各级各部门要成立"右玉精神在朔州"活动领导组，组织、协调、领导活动开展。市委"右玉精神在朔州"活动领导组由一名市委副书记牵头，市纪委、市委组织部、市委宣传部、市委政研室等为成员单位。领导组下设办公室，办公室设在市纪委，负责日常工作。领导组各成员单位要根据各自职责分工，密切联系，相互配合，形成合力，努力构建组织有力、协调有序、运作高效的工作体系。

2. 精心组织，上下联动。要坚持思想先行，及时召开动员会，层层进行思想动员，切实把广大党员干部的思想统一到市委的决策部署上来，统一到活动的总体要求上来，统一到任务的安排部署上来。各级各部门要根据本单位、本部门的实际情况，制订具体的实施方案，明确时间安排，明确活动载体，明确任务要求，明确人员职责，做到一级抓一级，层层抓落实，保证活动健康有序开展。

3. 严格督查，强化考核。要建立健全责任落实、专题汇报、定期通报等工作制度，加强监督检查，狠抓"右玉精神在朔州"活动的推进落实。要突出抓好对领导干部的监督检查，注重选树典型发挥引领作用。要督促各级各部门认真梳理工作中存在的突出问题，制定相应措施，促进问题解决。市委"右玉精神在朔州"活动领导组要派出督导组，对各县区、市直各单位活动开展情况进行督促指导。各级党组织也要相应成立督导组，加强对活动开展的具体指导和监督检查，确保活动扎实有效开展。要把活动开展情况纳入年度目标考核，建立科学合理的评价体系，促进活动健康有效开展。

全市各级党组织要把深入开展"右玉精神在朔州"活动作为一项重要政治任务，摆上重要日程，认真组织实施，努力形成广泛参与、积极践行、争先创优的良好局面。各级领导干部要充分发挥示范带头作用，自觉在推进"两大任务"第一线弘扬右玉精神，在推动转型综改主战场践行右玉精神，为推进全市转型跨越发展、建设美丽朔州和"塞上明珠"作出新的更大贡献。

各级各部门要把活动开展情况及时报告市委"右玉精神在朔州"活动领导组。

2013 年 6 月 25 日

中共朔州市委
关于大力学习弘扬右玉精神的实施意见

（2018 年 9 月 26 日）

　　为深入学习贯彻习近平总书记对右玉精神的重要指示，在全市进一步掀起大力学习弘扬右玉精神的新高潮，激励全市人民同心协力共建塞上绿洲、美丽朔州，按照市委六届六次全会的部署要求，特制定如下实施意见。

一、牢记殷切嘱托，不负重大使命，切实增强学习贯彻习近平总书记对右玉精神重要指示的思想自觉和行动自觉

　　2011 年以来，习近平同志先后五次对右玉精神作出重要指示。2011 年 3 月 1 日，习近平同志在中央党校春季学期开学典礼上指出："右玉的可贵之处，就在于始终发扬自力更生、艰苦创业、功在长远的实干精神，在于始终坚持为人民谋利益的政绩观。我们抓任何工作的落实，都应该这样去做。"2012 年 9 月 28 日，习近平同志在中共山西省委上报的《关于我省学习弘扬右玉精神情

况的报告》上批示："右玉精神体现的是全心全意为人民服务，是迎难而上、艰苦奋斗，是久久为功、利在长远。"2015年1月12日，习近平总书记与中央党校第一期县委书记研修班学员座谈时讲到了右玉历届县委带领人民群众沿沙造林的故事，并要求大家：要有"功成不必在我"的境界，一张好的蓝图，只要是科学的、切合实际的、符合人民愿望的，就要像接力赛一样，一棒一棒接着干下去。2017

中共朔州市委文件

朔发〔2018〕24 号

★

中共朔州市委
关于大力学习弘扬右玉精神的实施意见
（2018 年 9 月 26 日）

为深入学习贯彻习近平总书记对右玉精神的重要指示，在全市进一步掀起大力学习弘扬右玉精神的新高潮，激励全市人民同心协力共建塞上绿洲、美丽朔州，按照市委六届六次全会的部署要求，特制定如下实施意见。

一、牢记殷切嘱托，不负重大使命，切实增强学习贯彻习近平总书记对右玉精神重要指示的思想自觉和行动自觉

2011 年以来，习近平总书记先后五次对右玉精神作出重

中共朔州市委
《关于大力学习弘扬右玉精神的实施意见》

年6月，习近平总书记在山西视察时强调："右玉精神是宝贵财富，一定要大力学习和弘扬。"2017年12月18日，习近平总书记在中央经济工作会议上指出："从塞罕坝林场、右玉沙地造林、延安退耕还林、阿克苏荒漠绿化这些案例来看，只要朝着正确方向，一年接着一年干，一代接着一代干，生态系统是可以修复的。"

习近平总书记对右玉精神的重要指示，充分体现了以习近平同志为核心的党中央对右玉精神的高度肯定和赞誉，体现了对朔州和右玉发展的亲切关怀和巨大支持，饱含了人民领袖的殷切嘱托，赋予了朔州新的重大政治使命，为我市改革发展注入了强大动力。全市各级党组织和广大党员干部要深刻领会习近平总书记对右玉精神重要指示的重大意义，牢记嘱托，不负使命，切实增强学习贯彻的思想自觉和行动自觉，以学习弘扬右玉精神的实际成效推动全市经济社会各项事业再上新台阶。

（一）坚持把学习贯彻习近平总书记对右玉精神的重要指示作为政治任务，切实把思想和行动统一到"两个维护"的根本要

319

求上来。习近平总书记对右玉精神的重要指示，高瞻远瞩，统揽全局，思想深邃，内涵丰富，是以习近平同志为核心的党中央执政理念、治国方略、工作思路和信念意志的反映，是习近平新时代中国特色社会主义思想的重要组成部分。认真学习贯彻习近平总书记对右玉精神的重要指示，是在思想上政治上行动上同以习近平同志为核心的党中央保持高度一致的首要任务。全市各级党组织和广大党员干部要坚持把学习贯彻习近平总书记对右玉精神的重要指示，与学习贯彻习近平新时代中国特色社会主义思想和党的十九大精神紧密结合起来，与学习贯彻习近平总书记视察山西重要讲话精神紧密结合起来，切实做到在系统领悟上用心、在坚定信仰上扎根、在学以致用上发力、在解决问题上见效，转化为忠于核心、拥戴核心、维护核心、捍卫核心的高度思想自觉和行动自觉，坚定不移维护习近平总书记在党中央和全党的核心地位，坚定不移维护以习近平同志为核心的党中央权威和集中统一领导，全力推动习近平新时代中国特色社会主义思想和党的十九大精神在朔州落地生根、开花结果。

（二）坚持把习近平总书记对大力学习弘扬右玉精神的郑重嘱托作为重大使命，以永远在路上的执着把右玉精神这面旗帜高高举起。朔州作为右玉精神的发祥地，理应在学习弘扬右玉精神上走在前列，这既是习近平总书记对我们的郑重嘱托，也是党中央、省委对朔州提出的明确要求。深入学习贯彻习近平总书记对右玉精神的重要指示，必须义无反顾地肩负起学习弘扬右玉精神这一重大使命。全市各级党组织和广大党员干部要牢记习近平总书记对大力学习弘扬右玉精神的殷切嘱托，认真回答好"全国全省学习右玉精神，右玉在朔州，朔州怎么办"这一重大问题。要坚持把右玉精神作为主题教育的"大课堂"、作风建设的"活教材"和生态文明建设的"新标杆"，不断赋予右玉精神新的时代内涵，丰富右玉精神新的实践特色，激发右玉精神新的生机活力，让右玉精神体现在党员干部的价值追求、行为规范、能力素质、工作业绩等方方面面，始终坚持为人民谋利、为人民服务的人民立场，始终保持迎难而上、艰苦奋斗的奋斗精神，始终保持久久为功、利在长远的政绩观，真正当好右玉精神的"代言人"，擦亮右玉精神的"金字招牌"，以永远在路上的执着把右玉精神这面旗帜高高举起。

（三）坚持把习近平总书记对右玉精神的重要指示作为行动指南，坚定不移朝着打造"两山"理论示范区的目标迈进。习近平总书记对右玉精神的重要指示，贯穿了科学的思想方法和工作方法，充分体现了以习近平同志为核心的党中央对右玉、朔州乃至山西发展的高度重视和期望重托，是指导我们奋进新时代、走好新征程、展现新作为的锐利思想武器、科学行动指南。全市各级党组织和广大党员干部要坚持把习近平总书记对右玉精神的重要指示作为行动指南，按照中央和省委的部署要求，突出"大力学习弘扬右玉精神，坚定大移推进转型发展"的工作主题，大力实施"生态立市、稳煤促新"战略，坚持把保护生态环境作为朔州高质量发展的根本立足点，在战略规划上坚持生态优先，在产业选择上突出生态为基，在发展理念上严守生态红线，在目标取向上改善生态民生，着力打造践行"两山"理论的示范区，奋力建设发展质量高、城乡环境美、社会风气正、人民生活好的塞上绿洲、美丽朔州。

（四）坚持把习近平总书记对右玉精神的重要指示转化为强大动力，以非常之力、恒久之功奋力谱写新时代中国特色社会主义朔州篇章。习近平总书记对右玉精神的重要指示情真意切、语重心长、催人奋进，充分体现了党的关怀和温暖，是对全市干部群众极大的鼓舞和鞭策。正是在习近平总书记重要指示的激励和鼓舞下，全市各级党员干部在增强宗旨意识、服务群众方面开拓了新境界，广大人民群众在埋头苦干、营造创业氛围方面焕发了新气象，全市经济社会各项事业开创了新局面。全市各级党组织和广大党员干部要永远铭记、始终感恩习近平总书记对右玉和朔州的深切关怀，倍加珍惜党中央、省委的关心支持，倍加珍惜大好局面，倍加珍惜良好政治生态，以"功成不必在我"的精神境界和"功成必定有我"的历史担当，以抓铁有痕、踏石留印的工作作风，全面拓展党的建设和党的事业新局面。要通过多种形式把习近平总书记的亲切关怀传达到千家万户，推动习近平总书记对右玉精神的重要指示在朔州落地生根，进一步激发全市人民攻坚克难、团结奋进的巨大热情，奋力谱写新时代中国特色社会主义朔州篇章。

二、突出传承践行，落实"五大任务"，在全市上下迅速掀起大力学习弘扬右玉精神、建设塞上绿洲美丽朔州的新高潮

新时代大力学习弘扬右玉精神，必须在传承上做文章，在践行上下功夫。当前要按照省委十一届六次全会和市委六届六次全会部署要求，认真学习贯彻习近平总书记视察山西重要讲话精神，进一步落实好五项重大任务，更高质量推进生态文明建设，更高层次推进经济转型发展，更高标准推进全面从严治党，让山川大地全面绿起来，让人民生活日益富起来，让党风政风持久正起来。

（一）更高层次推进生态文明建设，让山川大地全面绿起来。右玉近 70 年的大规模造林绿化，创造了举世瞩目的生态奇迹，铸就了伟大的右玉精神。全市上下要深入学习贯彻习近平生态文明思想，坚持生态立市的目标定位，加快推进生态朔州建设，让朔州的天更蓝、山更绿、水更清、生态环境更美好。

1. 大力实施生态文明建设"六大工程"。围绕生态立市的目标定位，以桑干河综合治理与生态修复为牵引，坚持河道治理、流域治理和全市域生态治理修复分步推进，大力实施生态文明建设"六大工程"，重点实施以市辖区内管涔山、洪涛山、恒山"三山"绿化为重点的大规模植树造林工程，实现全域绿化；实施以水污染防治、水生态修复、水资源节约利用"三水"共治为重点的水生态治理工程；实施以采煤沉陷区、露天开采区、山体裸露

区"三区"治理为重点的大规模复垦工程；实施以打造宜居环境为目标的城乡垃圾、污水集中处理和城镇集中供热"三集中"工程；实施以工业固废、畜禽养殖废弃物、农作物秸秆"三废"为重点的废弃物综合利用工程；实施以"控煤、治污、管车、降尘"为重点的大气污染防治攻坚工程。特别要深入开展桑干河清河行动，重点打好整治入河排污口、河道清淤清垃圾、拆除河道违法建筑、提升污水收集处理能力、加强工业企业监管、绿化水域岸线、严厉打击非法排污倾倒"七大攻坚战"，切实改善桑干河沿岸生态环境，消除污染隐患，保护好朔州的母亲河、官厅水库的水源地。

2. 坚决打好污染防治攻坚战。实施最全面、最严格的生态环境保护制度，对"散乱污"企业坚决关停，对生态红线范围内企业坚决拆除，对排放未达标企业坚决整改，对高污染项目坚决拒绝，对在建企业项目不达环保标准的坚决不准投产。积极推进清洁取暖工程，严格煤质管控，进一步淘汰民用分散燃煤炉灶。开展道路运输扬尘污染综合治理专项行动，持续抓好秸秆禁烧和禁燃禁放工作，推动陶瓷企业清洁化改造，加强饮用水源地规范化建设，持续推进水环境质量改善，逐步消除农村黑臭水体。加大土壤污染防治力度，扎实做好土壤污染详查工作。组织实施全国第二次污染源普查。完成全市生态红线划定工作，完善排污许可制度，严格落实排污单位持证排污、按证排污，无证不得排污。加大城市环境综合执法力度，打击破坏生态环境违法犯罪专项行动，开展生态环境保护警示教育活动。制定党政领导干部生态环境损害责任追究实施细则，建立健全生态环境损害责任追究体系。突出绿色发展，加大资源消耗、环境损害、生态效益等指标权重，完善生态环境保护目标考核体系。

3. 精心打造独具朔州特色的生态文化品牌。深入挖掘右玉精神中的生态元素，进一步丰富右玉精神的生态文化内涵，充分发挥浙江安吉、河北塞罕坝林场、陕西延安、新疆阿克苏和右玉等联盟成员的生态文化旅游资源优势，积极探索生态、文化、旅游融合发展模式，高标准打造右玉生态文化旅游开发区，努力把右玉打造成为践行"两山"理论的示范区和推动绿色发展的先行区。健全完善"谁开发谁保护，谁污染谁治理，谁破坏谁修复"的生态建设责任制度，在煤炭企业全面推行"挖一吨煤栽一棵树""一企一矿治理一山一沟"，在乡村绿化上全面推行每年"一乡一条路、一村一片林、人均五棵树"等做法，在领导干部中实行"自费购树、亲手栽树"制度，充分发挥领导干部在生态文明建设上的示范作用。坚持将生态文化作为现代公共文化服务体系建设的重要内容，加快生态文化基础设施建设，打造一批生态文化地标和景观廊道，创建一批生态保护教育基地，创作一批生态文化艺术作品。开展创建绿色家庭、绿色学校、绿色社区、绿色商场、绿色餐馆等活动，加强生态文明宣传教育，倡导简约适度、绿色低碳的生活方式，积极培育生态道德，构建生态文化体系，引导公众绿色生活，在全市形成人人、事事、时时崇尚生态文明的良好社会氛围。

（二）更高质量推进经济转型发展，让人民生活日益富起来。近70年来，右玉人民咬定青山不放松，迎难而上，艰苦奋斗，硬是把一块"不毛之地"变成了"塞上绿洲"。朔州要彻底解决"一煤独大"的结构性问题，必须大力学习弘扬右玉精神，坚定不移推动转型发展，加快构建"2+7+N"现代产业体系，努力实现经济转型发展持久的强劲态势，走出一条经济效益、生态效益与社会效益和谐统一的强市富民之路，真正让绿水青山变成金山银山。

1. 全面推进深化改革。坚持从思想深处抓改革，弘扬改革开放传统，担起"赶考"使命、扛起"补考"责任，按照省委改革大讨论部署要求，进一步聚焦"九问"，开展好全市解放思想大讨论活动。坚持聚焦重点抓改革，不断深化煤炭供给侧结构性改革、电力体制改革、农村体制改革、开发区改革创新、人才体制改革等重点领域改革。按照中央和省委部署要求，按期完成党和国家机构改革。突出抓好省定五项重点改革任务，坚决完成市委书记、市长抓改革台账任务。进一步深化"放管服效"改革，全面实行企业投资项目承诺制，开发区行政审批权要做到应授尽授、应放尽放，不断创优营商环境，在杜绝吃拿卡要的基础上，重点做到"六个决不允许"。党政主要负责同志要切实担负起抓改革"第一责任人"职责，自觉践行"四个亲自"，全市改革任务牵头部门要全力推进改革，全程负责，一抓到底，改革工作机构要深入谋划改革，充分发挥统筹协调、参谋助手作用。

2. 深入推进经济转型。围绕产业生态化、高端化、集约化、现代化，坚持"规划导引、政策扶持、园区承载、企业示范、项目支撑、基础保障、创新驱动"七大路径，加快构建"2+7+N"现代产业体系，全力打造产业转型的集聚区。持续办好用好塞上朔州长城国际旅游节和山西·朔州陶瓷产品进出口交易会、朔州羔羊肉国际交易会"一节两会"等平台载体，主动办好亚洲粉煤灰交流大会等活动，谋求更大空间、更广领域、更深层次的开放发展，全力打造对外开放的先导区。要以"转型项目建设年"为契机，扎实做好以项目促转型工作，各县（市、区）、各部门要持续推进重点项目大起底，对所涉及的省、市重点工程项目进行清理自查，认真查找存在的问题，研究制定对策措施，明确任务、责任、进度，狠抓落实，加强督办督导，确保省、市重点工程项目建设任务顺利推进。深入落实"13710"工作制度，加大重点项目督查督办力度，推动重点工作落实。

3. 统筹推进城乡共建。大力实施乡村振兴战略，坚持农牧循环、三产融合，以调结构、增效益、创品牌、强基础为重点，着力推动农业提质增效，真正把朔州打造成为北方农牧交错带结构调整先行区、雁门关农牧交错带核心区；扎实开展"百村示范、千村整治"行动，深入推进农村改革，实现农业强、农村美、农民富。大力推进精准脱贫攻坚，实施贫困村提质工程，深入开展万名机关干部深入贫困户跟踪回访活动，像支持右玉县脱贫一样支持应县，给予财力、物力、人力以及政策等方面倾斜支持，进一步巩固脱贫攻坚成果，坚决完成脱贫任务。紧紧围绕"七有"，大力提升基本公共服务水平，不断在幼有所育、学有所教、劳有所得、病有所医、老有所养、住有所居、弱有所扶上取得新进展。扎实做好安全生产和社会稳定工作，进一步防范化解安全稳定重大风险，深入开展扫黑除恶专项斗争。

（三）更高标准推进全面从严治党，让党风政风持久正起来。近年来，在习近平总书记对右玉精神重要指示的激励和鼓舞下，全市上下兴起了学习弘扬右玉精神、加强作风建设的新高潮。右玉精神已当之无愧地成为加强党员干部作风建设的一座灯塔、一面旗帜。全市各级党组织要把右玉精神作为校验党风政风的一面镜子，坚持把政治建设摆在首位，按照省委"四个坚决摈弃"的工作要求，强化主体责任，层层传导压力，全面拓展党的建设新局面，推动实现党风政风持久的风清气正，实现政治生态的山清水秀。

1. 推动"三基"建设提档升级。各级党组织要认真制定年度"三基"建设任务清单，明确任务书、时间表、路线图，确保各项任务不折不扣落到实处。市、县行业系统主管部门要突出抓好本行业本系统"三基"建设，定期分析研判推进情况，突出抓好基础达标、牵头办好能力培训、认真完成能力测评。坚持一切工作到支部鲜明导向，切实增强基层党组织的政治功能，分领域细化基层党组织建设标准，确保每一个基层党支部组织健全、制度完善、运行规范、活动经常、档案齐备、基础扎实、作用明显。实施"带头人"能力提升计划，分层级全覆盖轮训基层党组织书记，全面提高党支部直接教育党员、管理党员、监督党员和组织群众、宣传群众、凝聚群众、服务群众的能力和水平。加强制度建设，认真执行"三会一课"、组织生活会、谈心谈话、民主评议党员等制度，全面推行支部主题党日制度，鼓励基层党支部在活动主题、内容、形式上进行创新，不断增强党组织的吸引力、党员的归属感。建立市、县两级党委领导班子成员"三基"建设联系点制度，按季召开基层党建工作例会，开展"三基"建设提升年13项系列行动，重点建设356个市级标准化建设示范点，分领域选树一批"三基"建设先进典型，以点带面，整体提升。

2. 集中开展"五督查五着力"监督检查。坚持把党的政治建设摆在首位，将主体责任落实情况纳入述职述廉、考核考评等环节，

绿色丰碑

右玉精神70年

纳入纪检监察、市县巡察、派驻监督全过程，发现失责就要追责，切实提升各级党委（党组）履行主体责任的标准和成效。以"五督查五着力"为重点，集中开展监督检查活动，重点督查执行政治纪律和政治规矩情况，着力推动全市党的政治建设；督查执行党章准则条例和宪法监察法等情况，着力构建良好政治生态；督查执行中央八项规定及实施细则精神和纠正"四风"特别是形式主义、官僚主义问题情况，着力推动干部作风持续好转；督查资源型经济转型情况，着力推动中央和省、市重大决策部署落实；督查集中整治群众身边腐败问题情况，着力增强人民群众获得感幸福感安全感。

3. 教育激励干部新时代新担当新作为。深入贯彻落实省委《关于进一步激励广大干部新时代新担当新作为努力建设高素质专业化干部队伍的意见》，教育引导党员干部牢固树立"功成不必在我，但功成必定有我"的政绩观，立足当下、着眼长远，兢兢业业、担当作为，交出让人民满意的新时代答卷。坚持把政治标准放在第一位，大力选拔政治过硬、勇于担当、善于作为、实绩突出的干部，特别是注重在转型发展的主战场、维护稳定的第一线、服务群众的最前沿锻炼、检验、识别、选用、监督干部。健全完善科学有效的干部考核评价机制，合理设置干部考核指标，改进考核方式方法，将其作为干部选拔任用、评先奖优、问责追责的重要依据，有效发挥目标责任考核的"指挥棒"和"风向标"作用。坚决抵制、严厉打击拉票贿选、违规选用干部、跑官要官等问题，切实增强对用人上不正之风的纪律威慑。实施干部招录培育"育苗工程"、干部储备"蓄水工程"、年轻干部"历练工程"，大力度储备、培养、选拔优秀年轻干部。加强干部专业化能力培训，办好系列专题研讨班，开展岗位必备知识和新知识新技能培训，组织赴全国知名高校、重点企业深造培训以及到发达地区挂职锻炼，努力建设一支高素质专业化的干部队伍。

4. 广泛开展岗位建功主题实践活动。全市各级党组织要以"我担当、我承诺、我奋斗、我光荣"为主题，广泛开展党员对标定位、践行承诺、岗位竞赛等活动，引导广大党员在本职岗位上发挥作用、建功立业。各县（市、区）要根据全省县域经济考核排名，确定追赶目标，定出赶超时限，自我加压、开拓奋进；朔州经济开发区、怀仁经济技术开发区、右玉生态文化旅游开发区不仅要在全省争位次，而且要和全国同类开发区比高下；市直各部门要在提速提效、履职尽责方面作表率，在对上争取支持、对内服务群众、推动发展等方面做先进；各类企业要认清自己在本行业所处的位置，重点企业要对标国际一流企业，进一步做大做强；中小企业要坚持做精做特做优，努力在行业内占有一席之地；社会各界人士要围绕加快建设塞上绿洲、美丽朔州积极建言献策，共同推动朔州转型发展。大力选树各阶层各领域先进典型，组织评选全市 100 位生态文明建设突出贡献人物、100 位推动朔州改革发展功勋人物，让担当作为者上讲台、上屏幕、上报纸、上教材，让奋斗者有榜样，在全市上下形成方方面面树标杆、各个领域创典型、各项工作争一流的良好氛围。

三、加大宣传力度，展现美好形象，不断扩大右玉精神的知名度和影响力

全市各级各部门要紧紧围绕习近平总书记对右玉精神的重要指示，通过搭建载体、艺术展现、宣传造势等多种形式，深入挖掘右玉精神的时代内涵和现实意义，生动再现右玉精神的精神实质，大力宣传全市上下学习弘扬右玉精神、加快建设塞上绿洲美丽朔州的良好风貌，不断扩大右玉精神的知名度和影响力。

（一）深入挖掘右玉精神的时代内涵和现实意义。紧紧围绕习近平总书记对右玉精神的重要指示，积极邀请全国知名专家、学者，以论坛、研讨会等形式，深入挖掘右玉精神的时代内涵和现实意义，共同探讨新时代学习弘扬右玉精神的实践路径，形成一批实践成果、制度成果、理论成果。依托右玉干部学院和市、

县两级党校，把右玉精神作为我市加强党内政治文化建设特色品牌，在课程设置和案例教学上深入挖掘、全面阐释，努力打造全国地方党性政治文化建设特色基地。市内高校及各类中小学校要把学习了解、传承弘扬右玉精神作为新生入学、思想品德课、毕业典礼必学内容，把我市生态文明建设的最新成果编入乡土教材，引导更多青少年从小树立热爱家乡、建设朔州的坚定志向。

（二）精心组织"学习弘扬右玉精神"系列宣传活动。大力选树弘扬右玉精神的先进典型，开展总结表彰。组建"右玉精神报告团"，在全市范围内进行巡回宣讲，教育引导广大党员干部深入践行右玉精神。充分借助各类文化艺术形式，深入挖掘、生动再现右玉精神的精神实质，持续办好右玉西口风情生态文化旅游节，全力推动右玉转型升级、创新发展，形成文化与旅游融汇互动、生态与产业一体发展的良好态势。以电视连续剧《燃情岁月之右玉和她的县委书记们》即将播出为契机，通过举办新闻发布会等形式，借力宣传右玉精神。积极配合15家中央主要媒体做好对右玉生态建设集中采访报道工作，并以此为契机，组织邀请中央级主流媒体记者深入右玉集中采风，进一步掀起宣传弘扬右玉精神的新高潮。市内主流媒体要大力度、深层次报道全市各级各部门学习弘扬右玉精神的典型经验和工作成效，全力营造常态化、全方位、立体式的良好氛围。

（三）持续开展"讲好朔州故事"主题宣传活动。市、县两级新闻宣传部门要紧紧围绕全市上下学习贯彻习近平总书记对右玉精神的重要指示、加快建设塞上绿洲美丽朔州的生动实践找素材，在回应干部群众关注的焦点上定主题，持续开展重大主题宣传活动。围绕学习贯彻习近平新时代中国特色社会主义思想和党的十九大精神、习近平总书记视察山西重要指示，在重要时段和重要版面开设专题专栏，转发好《人民日报》、新华社刊播的重头文章、重要稿件，多形式、多角度宣传报道好学习贯彻的新思路、新举措、新进展，全面反映广大党员干部群众对以习近平同志为核心的党中央的忠诚拥护和真情爱戴，生动展示全市上下贯彻落实习近平新时代中国特色社会主义思想和党的十九大精神的坚定决心和热切期盼。围绕贯彻落实市委六届六次全会精神，深入宣传各县（市、区）各部门大力学习弘扬右玉精神、坚定不移推动转型发展、奋力打造践行"两山"理论示范区的新气象新作为。围绕右玉精神、生态建设、脱贫攻坚、乡村振兴、改革开放等专题，精心策划组织宣传报道，通过一线见闻、生动事例和群众的鲜活语言，推出一批站位高、接地气、有温度、暖人心的新闻报道，在全市上下营造解放思想、改革开放、凝心聚力、攻坚克难的良好舆论环境，进一步凝聚起同心协力建设塞上绿洲、美丽朔州的强大合力。

全市各县（市、区）各部门要把学习弘扬右玉精神作为一项重大政治任务，摆上重要位置，精心组织安排，创新活动载体，明确任务要求，注重实际成效，确保各项活动健康有序开展。各级领导干部要发挥好模范带头作用，争作勤奋学习的表率、攻坚克难的表率、真抓实干的表率，以上率下、层层示范，团结带领广大干部群众积极投身到学习弘扬右玉精神、建设塞上绿洲美丽朔州的伟大实践中来，推动习近平总书记对右玉精神的重要指示在朔州落地生根、开花结果。

中共朔州市委办公厅 2018 年 9 月 26 日印发

附　录

右玉绿化赋

　　时在三春，云呈五彩。古府朔平，历朝要塞。同胞眠于虎口，烽火起自狼台。也曾运佳以气顺，毕竟少欢而多哀。俱往矣，赖千里东风，扫万里阴霾。天晴也，看红艳艳一轮朝日，染绿油油一片林海。

　　敢问苍天：何以如此厚我，绿色溢群山，生态谱经典？大地对曰：知否，天道酬勤，自强以不息，天行而自健！唯其万千民众拓荒于不毛，方树起三北绿化造林之旗帜；只因数任公仆挑战于风沙，才赢得国内生态建设之模范。

　　伟哉，右玉！

　　夫治州立县，生民为先；存政之要，当在官贤。向之右玉，民生维艰。冬长夏短，地瘠天寒。征伐有代，战乱经年。滚滚兮泥流，濯濯兮尘山。风驰沙走雾漫漫，雨落水狂恶浪翻。麦菽无收头撞地，饥寒相逼口呼天。

　　嗣共和开国，政张新弦，百废待举，万民摩拳。县委政府高瞻远瞩，丁壮老幼一往无前。集众志，汇群言；改乾坤，壮河山。

不信春风引不回，敢教日月换新天。政策归心，人民奋战；党员带头，干部当先。适草适木，或乔或灌；因时因地，亦固亦迁。堵风魔于山口，治沙虐于荒滩。植沙柳以护河岸，建林网而保农田。迎风扬锄，洒血汗于荒土；傲霜挥锹，献忠勇于莽原。艰苦奋斗，有子规之诚；无私奉献，比精卫之坚。百折不挠，如夸父之追日；顽强拼搏，若愚公之移山。历六十载余，时移岁替，持之以恒无顾返；虽十九任迁，人更事迭，不改初衷又加鞭。

于是焉，岭树重遮千里目，苍河更绿两岸天。登高远眺，林涛翻卷；俯流濯足，清波涌泉。林网保田以幽幽，牧草护土而芊芊。稼禾欣荣于平畴，牛羊欢爱于旷野。花草簇楼起，山水抱城眠。景回路转，通衢连起城乡村；柳暗花明，旅游推出农家园。蓝天白云，歌声传阡陌；晴空丽日，雁影照塞边。李洪河畔，花黄蝶飞，草鲜春雨后；中陵湖上，鱼跃鸭闲，波涌暖风前。兔走雉鸡唱，辛堡岗万类竞烂漫；鸟鸣蜂忙，苍河净水不舍昼夜间。南山春临满眼翠，北地秋来遍地钱。

美哉，右玉！

看今朝：北疆大地上，红旗一杆，哗啦啦迎风飘响；湛蓝天空下，绿洲一片，浓郁郁溢彩流光。招四海好友光临游赏，邀八方嘉宾墨赐诗章。小憩齐乐，大计共商。凭谁道前人栽树，后人方乘凉？分明是立竿见影，今世便辉煌！

任重道远，前程在望；继往开来，后人更强。应知后浪胜前浪，绝非谬奖；当悟先生畏后生，毫不夸张。浩浩呼，青山不老，切盼春来碧海更卷千重绿；冉冉兮，大地友情，坚信风展红旗长飘万代香！

壮哉，右玉！

2012 年 5 月

333

右玉精神赋

晋北漠南，佼佼右玉，因绿而兴，万物偕畅。旧观不毛之地，今称高原翡翠。立楷树模，殊荣三晋；蜚声载誉，感动神州。纵览其胜概，尤在精神；涵蕴之厚重，丰碑颂绩。

右玉精神，执政为民；济济公仆，灼灼民情。忆昔共和肇基，右玉山枯水荒，垄亩年比不登，百姓浴风沐沙。县委县府，高挂赤帜无瑕；吾土吾民，当拥金坳玉谷。官为仆，民为本，惠政清节；翦风患，固农桑，慰民生息。锤镰叠淬，党政垂范接力无悔；赤子擎旗，干群同心造绿不懈。绘党旗之艳，六十载绿色远征；筑风沙藩屏，万千顷草木凝滔。宗旨领雁，党员志壮情豪，唤起十万群众；天人和谐，芳甸玉洁冰清，缔结一域绿魂。

右玉精神，尊重科学，泱泱活水，盎盎生机。观其图舆，毛乌素沙盆渐顶；自然殊异，走西口悲歌萦耳。拒沙拒贫，科学为念；亲绿亲氧，生态引领。亦灵亦秀，间植林草灌木；经风经雨，发展农林牧副。不骄不躁，理性补缀植被；一枝一叶，科技呵护浓荫。秉持敬天为民，践行科学发展观；坚定与时俱进，百代千秋树政绩。退耕还林，山川同绿，经济可循环；础固基牢，天水共蓝，百业气象新。当赞敦本培源，山水长卷溢彩；更叹丹心回肠，道德文章薪传。

右玉精神，百折不挠，久久为功，孜孜以求。雁门关外野人家，千年浩叹人居凋零；一把铁锹两只手，万民共襄壮美图腾。难忘岁月，锵锵愚公之斧，聚点滴之勠力；誓言如歌，芬芳精卫之志，集毫末以共济。锹头加窝头，繁华生于朴素；觉悟加义务，恢宏出自坚韧。涵养党性，信念百炼成钢；备极峥嵘，炽情慨当以慷。亦拙亦刚，蓝图起宏图；树木树人，伟力变魅力。何曾言败，人与绿如切如磋；躬行实践，绿与人如琢如磨。称雄称壮，鼎小康于塞上；堪歌堪泣，抒大美于天地。

右玉精神，艰苦奋斗，仆仆风尘，昭昭功业。秉信仰之高标，眼前玉树列阵；举和谐之大纛，身后桑田照毓。艰苦维艰，气有浩然，终是风宁沙静；奋斗益奋，理想无疆，仍颂革命箴言。党人铁骨，春润黄玛瑙；仁者播馨，夏生绿翡翠；德润野沃，秋拥金琥珀；冰雪砺志，冬呈白玉石。述四季美景而党风熙，歌一脉正气而民意淳。故园畴日，吃大苦，耐大劳，先辈血汗化虹；春秋续写，任更重，气更豪，新程鸿猷正展。昨为今继，嘉禾茂然而生；昭前启后，节操卓然而长。求索殷切，创业风浓，路漫漫其修远；忧乐关情，富民雨润，意昂昂兮奋进。苍河开镜，碧映生态锦幅；西口淑景，璀璨旅游宏业；锦天绣地，已见碧梧栖凤；繁阜腴壤，再续幸福华章。玉润土香，宜居宜业；玉蕴秋实，且富且美；玉成精神，亦怀亦赞；玉节千秋，更行更吟！

郁郁乎美哉，右玉！煌煌乎伟哉，右玉精神！

参考书目

右玉县志编纂委员会.右玉县志.中华书局，1999.

右玉县志编纂委员会.右玉县志.中华书局，2018.

右玉县绿化志编纂委员会.右玉绿化志，内部资料，2007.

右玉干部学院.右玉精神概论.中国社会出版社，2018.

高海、阎树智.神奇的朔州.三晋出版社，2020.

右玉干部学院.干部党性修养案例读本——右玉精神的时代价值.中共中央党校出版社，2018.

中共朔州市委宣传部、市委讲师团.弘扬右玉精神，践行正确政绩观，内部资料，2015.

中共朔州市委党史研究室.中国共产党朔州历史大事记（1921—2012）.中共党史出版社，2013.

本书编写组.干部作风建设案例读本——右玉精神解读.中共中央党校出版社、山西人民出版社，2013.

中共右玉县委、右玉县人民政府.塞上春生，内部资料，2004.

姚焕斗.弘扬右玉精神.山西经济出版社，2011.

中共朔州市委党校.英雄地——走近右玉播绿人.山西人民出版社，2019.

中共朔州市委宣传部.动力——右玉精神在朔州，2013.

郭虎.山河之诺——右玉精神英雄谱.北岳文艺出版社，2019.

中共朔州市纪委、朔州市监察局.旗帜——右玉精神学习宣传资料专辑，内部资料，2019.

康吉仁.右玉精神在朔州，内部资料，2014.

朔州市直机关纪工委.右玉精神在朔州——学习资料汇编，内部资料，2013.

后记

　　《绿色铸就丰碑——右玉精神 70 年》一书以已经出版的有关右玉精神的书籍和报刊资料为来源，经过筛选、综合、采编而成。2021 年 4 月开始征集资料，6 月开始编辑工作，8 月完成初稿，9 月初最后定稿，并付梓印刷、出版。

　　本书在征稿编辑过程中得到各级有关领导和部门的支持。朔州市委书记、市长为本书作序，朔州市委常委、市委秘书长王琳玉亲任编审，并提出指导性意见。朔州市委组织部、市纪检委、市委宣传部、融媒体中心及右玉干部学院、右玉县档案馆等相关单位积极配合提供图片、资料，从而保证了编纂工作的顺利进行。在此，我们表示感谢。

　　由于编者水平有限，加之时间有限，本书难免有不足之处。敬请专家学者和广大读者批评指正。

编　者

二〇二一年十月

图书在版编目（CIP）数据

绿色铸就丰碑：右玉精神70年 / 赵永泽, 贾尚福主
编. -- 太原：山西人民出版社, 2024.8
ISBN 978-7-203-12924-0

Ⅰ.①绿… Ⅱ.①赵… ②贾… Ⅲ.①社会主义精神
文明建设 – 右玉县 – 学习参考资料 Ⅳ.①D648

中国国家版本馆CIP数据核字(2023)第231357号

绿色铸就丰碑：右玉精神70年

主　　编:	赵永泽　贾尚福
责任编辑:	李建业
复　　审:	郭向南
终　　审:	武　静
装帧设计:	张庆超
出 版 者:	山西出版传媒集团·山西人民出版社
地　　址:	太原市建设南路21号
邮　　编:	030012
发行营销:	0351-4922220　4955996　4956039　4922127（传真）
天猫官网:	http://sxrmcbs.tmall.com　电话：0351-4922159
E-mail:	sxskcb@163.com　发行部
	sxskcb@126.com　总编室
网　　址:	www.sxskcb.com
经 销 者:	山西出版传媒集团·山西人民出版社
承 印 厂:	山西基因包装印刷科技股份有限公司
开　　本:	787mm × 1092mm　　1/16
印　　张:	21.5
字　　数:	300千字
版　　次:	2024年8月　第1版
印　　次:	2024年8月　第1次印刷
书　　号:	ISBN 978-7-203-12924-0
定　　价:	78.00 元

如有印装质量问题请与本社联系调换